TANJA KÖHLER

Vorwärts heißt zurück zu mir

TANJA KÖHLER

Vorwärts heißt zurück zu mir

AUFBRUCH IN EIN SELBSTBESTIMMTES LEBEN

Coaching-Methoden für Frauen in der Lebensmitte

KÖSEL

Alle Behandlungsvorschläge, Hinweise, Ratschläge und Übungen in diesem Buch sind von der Autorin sorgfältig geprüft worden. Sie ersetzen jedoch keine ärztliche Abklärung. Im Zweifelsfall müssen für eine korrekte Diagnose und entsprechende Behandlung stets Ärzt*innen oder Therapeut*innen aufgesucht werden. Eine Haftung vonseiten der Autorin oder des Verlags wird ausdrücklich ausgeschlossen.

FSC www.fsc.org MIX Papier | Fördert gute Waldnutzung FSC® C014496

Penguin Random House Verlagsgruppe FSC® N001967

in der Penguin Random House Verlagsgruppe GmbH,
Neumarkter Str. 28, 81673 München
Umschlaggestaltung: zero-media.net, München
Umschlagmotiv: FinePic®, München
Redaktion: Ralf Lay
Illustrationen: Stefan Dangl, München
Vignette Scheinwerfer: Vectors Point/stock.adobe.com
Satz: Satzwerk Huber, Germering
Druck und Bindung: GGP Media GmbH, Pößneck
Printed in Germany
ISBN 978-3-466-34810-7

www.koesel.de

INHALT

Für Sabine, Verena, Elke, Ruth, Tanja, Pam, Petra und Katja

#dankbar
#freundschaft
#verbundenheit
#lustamleben
#inliebe

Ein etwas längeres Vorwort

WENN DICH DIE LUST UND LEIDENSCHAFT PACKT …

Kannst du es hören? Mein Herz hüpft gerade vor Freude und pocht vor Aufregung. Warum? Na ja, für mich ist es etwas ganz Besonderes, dass du mein Buch in deinen Händen hältst und genau in diesem Moment diese Zeile liest. Wie sieht es bei dir aus? Hast du auch schon immer gerne gelesen? Es gab Zeiten, da wurde ich von allen nur »Lesi« genannt. Meine Lust und Leidenschaft für das Schreiben habe ich allerdings erst spät und auch rein zufällig entdeckt. Sie kam zu mir, als ich eigentlich weder Zeit noch Muße für überhaupt irgendetwas hatte. Ich stand inmitten eines Lebens, das im Wesentlichen auf die Bedürfnisse anderer ausgerichtet war, und in dem persönliche Zeitinseln für so scheinbar banale Dinge wie Lesen echten Luxus bedeuteten. Nicht dass es mir mit einem solchen Lebensentwurf schlecht ging. Ganz und gar nicht; aber irgendwie rauschte ich im Alltagsgeschehen durch den Fluss meines Lebens. Hochwasser, Niederwasser, Wildwasser, breite Flüsse, Bäche, Rinnsale, unterirdisch, gegenströmig – alles war dabei.

Inzwischen genieße ich es, dass ich seit einiger Zeit in einem anderen Fahrwasser angekommen bin. Ruhiger will ich gar nicht sagen. Aber klarer und bewusster. Mehr auf mich ausgerichtet und auf das, was mich glücklich macht. Und Schreiben gehört definitiv dazu. Ein Wohnmobil zu fahren übrigens auch, aber das erst seit Kurzem. Wenn dich die Lust an dir selbst und die Leidenschaft für die Gestaltung deines Lebens packt, dann verwandelst du dich in einen anderen Menschen. Dann springt dein Herz vor Freude, und du nimmst mit Leichtigkeit die Hürden, die sich dir unterwegs so bieten.

Wie kam das Schreiben nun zu mir? Oder anders gesagt, ich zum Schreiben? Dafür solltest du wissen, dass Marketingexperten uns Coaches empfehlen, einen Blog zu schreiben, um sichtbarer zu werden. Blogs sollen eine Art Schaufenster unserer Dienstleistungen sein und den Leserinnen unsere Kompetenz und Persönlichkeit vermitteln, aber auch neue Kunden generieren. Furchtbares Wort, gell? Mir persönlich widerstrebt es, Menschen unter einem Vorwand auf meine Webseite zu locken, um ihnen dann – scheinbar zufällig – ein Coaching, einen Workshop oder ein Online-Training anzubieten. Ich kann mir gut vorstellen, dass du auch nur wenig begeistert bist, wenn du das Gefühl hast, dass es nur darum geht, dir etwas verkaufen zu wollen.

Als ich Anfang 2009 dann doch damit begann, meinen Blog zu schreiben, war die Welt gerade in der Finanzkrise, was sich leider auch deutlich in meiner Auftragslage spiegelte. Und so begann ich damit, dem Vorschlag der Marketingexperten zu folgen und einen Blog rund um Themen der Psychologie und des Lebens zu schreiben. Ohne inhaltliche Stringenz, sondern immer mit dem, was mich selbst gerade beschäftigte. Auf diese Weise kam das Schreiben zu mir, denn es ging mir überraschend leicht von der Hand. Augen schließen, Worte fließen.

Eine Begleiterscheinung dieses Schreibens überraschte mich dann aber dennoch: mein eigener Klärungsprozess. Beitrag für

Beitrag robbte ich mir selbst ein Stück entgegen, arbeitete mich an meinen eigenen Themen ab und fand Antworten darauf, wie ich mein Leben gestalten möchte und wie mir das gelingen kann. Ich kann mir gut vorstellen, dass genau das der Grund ist, warum du dieses Buch in deinen Händen hältst. Wo auch immer du liest, ich werde nach dir Ausschau halten. Für eine Autorin wird es keine größere Wertschätzung geben, als wenn jemand das eigene Buch liest. Es kann gar nicht anders sein, als dass dieser Mensch einfach nur ein großartiger sein muss.

Okay, die Wahrscheinlichkeit, dass ich zufällig an deinem Sofa vorbeischlendere, ist zwar relativ gering, doch alle anderen Optionen sind durchaus möglich. Meine Begeisterung entspringt aber noch einer weiteren Quelle. Ich bin ein bekennender Fan von Frauen, die sich mit großer Lust und Leidenschaft zu ihren eigenen Wünschen, Bedürfnissen und Vorstellungen vom Leben bekennen und sich mit großer Neugier und noch größeren Augen selbst (wieder) entdecken. Sollten wir uns eines Tages tatsächlich persönlich begegnen, so bin ich mir ziemlich sicher, dass unsere Herzen miteinander seilspringen werden, während wir uns bei einer Tasse Cappuccino angeregt über unsere kleinen und auch größeren Freudensprünge unterhalten.

KUNTERBUNTE LEBENSWEGE – WELCHER IST DEINER?

Dein Leben ist zwar einem völlig anderen Flussbett gefolgt als meines, und sicherlich sind wir an verschiedenen Wegmarken vorbeigekommen. Und trotzdem begegnen wir uns heute an dieser Stelle, die uns miteinander verbindet: Nicht nur hinter, sondern auch vor uns liegt noch eine gute Wegstrecke. Und mit dieser verknüpft sich die wichtige Frage: »Wenn sich ab sofort mal alles nach mir richten würde, wie möchte ich diese Wegstrecke gerne gestalten?«

Ich wage mal kühn zu behaupten, dass keine Generation vor uns in ihren Lebensentwürfen je bunter war als wir. Einige von uns haben eine Ausbildung gemacht, andere haben studiert. Manche sogar beides, und das inzwischen sogar mehrfach. Viele haben Karriere gemacht, andere eine Familie gegründet. Und dann gibt es die große Zahl derer, die beides miteinander verbanden. So gut es eben ging. Die Ersten von uns sind inzwischen Oma, wissen aber nicht so recht, ob diese Bezeichnung zu ihnen passt. Die Gefühle tun es auf jeden Fall. Daneben gibt es unzählige Frauen, die sich ganz bewusst für ein Leben ohne Kinder entschieden haben, und auch die, die sich nichts Sehnlicheres gewünscht haben und bei denen es leider nicht sein sollte. Aus welchen Gründen auch immer. Wir haben Frauen, die Männer lieben. Wir haben Frauen, die Frauen lieben. Und wir haben Frauen, die ihre Liebe noch suchen oder auch nicht. Dann gibt es Männer, die Frauen sind, und Frauen, die Männer sind. Viele von uns engagieren sich in Vereinen, für die Kirche oder für andere soziale Einrichtungen und Ehrenämter. Manche sind zufrieden mit ihrem Leben, andere hadern. Manche pflegen ihre Eltern, andere haben ein schlechtes Gewissen, weil sie es nicht tun oder auch gar keinen Kontakt mehr mit diesen haben. Und das nicht nur, weil sie bereits verstorben sind. Vermutlich hast auch du dich an irgendeiner Stelle meiner Aufzählung entdeckt. Zumindest in Teilen. Wenn nicht, dann sei dir sicher, dass ich noch zu dir käme, wenn ich weitermachen würde.

Wie gesagt, unsere Generation ist ein riesiger Blumenstrauß an kunterbunten Lebenswegen und -entwürfen. Was uns eint, ist, dass wir uns selbst über viele Jahre mit unseren eigenen Bedürfnissen zurückgenommen und diese zurückgestellt haben. Damit eben alles andere gut klappt. Der Job. Die Familie. Das Leben an sich. Unsere Vorgängergeneration würde vermutlich über eine solche Bestandsaufnahme von uns nur müde lächeln und mit der Hand abwinken: »Du hast was? Deine Bedürfnisse zurückgestellt? Schätzchen, *wir* damals! *Wir* haben uns zurückgenommen. Ihr hingegen durftet euer Leben gestalten, wir ihr es wolltet, und es in vollen Zügen genießen!« Dabei verkennen viele in dieser Generation, mit welchen Anspruchs- und Erwartungshaltungen unsere heutige Gesellschaft uns Frauen, aber auch wir Frauen uns selbst begegnen. Letztere Erwartung entspringt häufig einem unsichtbaren Erbe, das uns unsere Eltern und Großeltern mit auf den Weg gegeben haben. Dazu später aber ein wenig mehr.

DIE LEBENSMITTE – WAS GENAU IST DAS EIGENTLICH?

Seit einigen Jahren scheint sich so manches zu ändern. Frauen fragen sich viel häufiger, was sie gerne machen würden. »Zeit des Erwachens« nenne ich es schmunzelnd. Wobei dieses Erwachen meinem Gefühl nach unabhängig von jener berühmt-berüchtigten Lebensmitte geschieht, von der alle reden. Hast du dir nicht auch schon mal die Frage gestellt, wann das denn eigentlich genau ist, diese Lebensmitte? Ist es ein fest definierter Zeitraum von – sagen wir mal – Anfang 40 bis Mitte 50? Oder ein fixer Jahrespunkt auf der Lebensachse, zum Beispiel die 41 oder 42? Oder ist es einfach nur jener Moment, an dem wir – unabhängig von unserem biologischen Alter – das erste Mal ein bewusstes Resümee über unser bisheriges Leben ziehen und gewisse Fragen in uns auftauchen? Erst leise und nur vereinzelt. Und dann immer lauter werdend. »Wie geht es eigentlich weiter? Immer brav dem Flussbett folgen? Mal links und auch mal rechts abbiegen, je nachdem, was in diesem Fluss halt so als Nächstes kommt? Oder würde ich gerne mal ans Ufer und auf eine leichte Anhöhe klettern und von dort aus diesen Fluss betrachten? Um aus einer solchen Perspektive für mich zu klären, welche Richtung ich gerne einschlagen würde, welche Wünsche und Bedürfnisse in mir schlummern. Und sehnsüchtig darauf zu warten, meinen Fluss des Lebens mitprägen zu dürfen.«

WELCHEN WUNSCH TRÄGST DU IN DIR?

Mal angenommen, ich wäre eine Fee und würde dir die Erfüllung einer deiner Wünsche schenken. Was wäre es, was du dir von mir wünschen würdest? Mein Geschenk hat allerdings einen kleinen Haken: Du darfst deinen Wunsch ausschließlich für dich selbst formulieren und hast ab jetzt dafür genau fünf Minuten Zeit.

Vielleicht liegt dir ja ein Wunsch direkt auf der Seele. Falls ja, dann vermute ich mal stark, dass es sich nicht um eine Million Euro handelt. Es sei denn, du befindest dich aktuell in einer finanziellen Schieflage oder willst das Geld unmittelbar einem guten Zweck spenden. Gesundheit? Vermutlich auch nur dann, wenn deine Lebensqualität negativ durch eine Krankheit beeinflusst wird oder du dir allgemein ein gesundes Leben wünschst. Ähnlich einem Wunsch nach Weltfrieden. Wobei ich selbst – nebenbei und ganz ehrlich gesagt – einen solchen aufgrund der unzähligen kriegerischen Geschehnisse in dieser Welt durchaus in mir verspüre.

Wenn du dich nun innerlich sagen hörst: »Hm … darüber habe ich mir tatsächlich noch nie Gedanken gemacht, was genau es ist, was ich mir für meine Zukunft wünsche!«, dann nicke ich dir wissend zu: »Keine Sorge, du bist in bester Gesellschaft. Über meine Feen-Frage sind schon viele ins Stolpern gekommen und haben erst mal keine Ahnung, was sie sich wünschen würden!« Den meisten fällt es dann leichter, wenn ich sie »um die Ecke« frage: »Mal angenommen, ich würde deine beste Freundin oder einen Menschen treffen, der dir sehr nahesteht. Ich würde mit dieser Person ins Gespräch kommen und sie irgendwann mal fragen, ob es etwas gibt, was du dir wünschst – was glaubst du, was würde diese Person antworten?« Wenn ich diese Außenperspektive einbringe, dann kann ich beobachten, wie sich die Augen meines Gegenübers leicht nach oben bewegen, als ob dort die Antwort im Raum schweben würde. »Ich glaube, ich wünsche mir einfach etwas mehr Zeit für mich. Um etwas für mich zu tun, ohne die anderen immer im Blick zu haben oder mich mit irgendjemand abstimmen zu müssen.«

Hast du dir das auch schon mal gewünscht? Einfach mehr Zeit für dich zu haben, um das zu tun, worauf du Lust hast? Wenn du eine innerliche Zustimmung vernimmst, dann habe ich jetzt eine gute Nachricht für dich. Diesen durchaus bescheidenen Wunsch kann ich dir tatsächlich erfüllen. Besser gesagt: du dir selbst. Du brauchst sie dir nämlich nur zu nehmen, die Zeit. Wer oder was hält dich davon ab? In den allermeisten Fällen sind es doch wir selbst, die wir uns innerliche Schranken auferlegen. Viele von uns nehmen sich nicht einmal die Zeit, um darüber nachzudenken, wie das gelingen könnte, mehr Zeit für sich zu haben. Meine klare Meinung dazu: Ohne Zeit keine Zeit! Oder anders gesagt: Wenn du dir nicht ausreichend Zeit nimmst, darüber nachzudenken, wie es dir gelingen kann, mehr Zeit für dich zu haben, dann wird das auch nichts mit dem Wunsch, mehr Zeit für dich zu haben. Auch deswegen freue ich mich, dass du mein Buch in deinen Händen hältst. Denn es bedeutet: Du nimmst dir Zeit für dich.

LUST AUF VERÄNDERUNG UND GUTE METHODEN

Lust auf Veränderung machen, psychologische Hintergründe erklären, eine persönliche Bestandsanalyse durchführen, eine Idee deines ganz persönlichen Glücks entwickeln, entscheiden, Pläne schmieden und losgehen. So würde ich den Inhalt dieses Buches in kurzen Worten zusammenfassen.

Vielleicht bist du ein klein wenig überrascht, wenn ich dir sage, dass es in diesem Buch nicht darum geht, dir Mut zu machen. Warum nicht? Ganz einfach, weil ich davon überzeugt bin, dass es die Lust ist, in der eine unbändige gestalterische Kraft und Energie liegen. Ich will dir also Lust darauf machen, deinem Leben frische Impulse zu geben und es dir so aus- und einzurichten, wie du es möchtest. Der Mut ist dann nur eine attraktive Begleiterscheinung. Und wer würde eine solche schon stehen lassen? Also ich nicht. Der Mut darf sich gerne bei dir unterhaken.

Mein Herzensanliegen ist es vor allem, dir in den folgenden Kapiteln einen erfrischend anderen Blick auf dich zu schenken. Liebevoll, was für ein toller Mensch du bist und was du alles schon in deinem Leben so erlebt und erreicht hast. Staunend darüber, was du alles in dir trägst und kannst. Einen Blick, gepaart mit einer riesigen Portion Humor und Gelassenheit, weil überall dort, wo es sich um eine Veränderung handelt, es ganz sicher auch mal in die Hose gehen wird. Und aus diesem Alter sind wir ja schon Jahrzehnte draußen – und hoffentlich auch noch einige davon entfernt.

Und schwups, schon lernst du mich und meinen Humor kennen. Manchmal ist er derb, manchmal eher feinsinnig. Wobei ich mich niemals über Menschen lustig mache, geschweige denn, dass ich über jemanden urteile. Aber mal ehrlich, manche Dinge sind halt so, wie sie sind. Dazu gehört auch die Inkontinenz, die jede von uns mit fast 100 Prozent Wahrscheinlichkeit eines Tages ereilen wird. Egal, wie viel Zeit wir in unser Beckenboden-Yoga investieren. Warum also daraus ein Tabuthema machen, wenn wir doch alle vor der gleichen Herausforderung stehen?

Als freundschaftlich zugewandter Coach schenke ich dir in diesem Buch mit Liebe und Sorgfalt ausgewählte, wirkungsvolle Methoden, die alle auf ein Ziel einzahlen. Sie sollen dich darin begleiten, dich von der Umarmung des Vertrauten und manchmal Hemmenden zu lösen, und in dir diese unbändige Lust wecken, die Zügel wieder selbst in die Hände zu nehmen. Es ist ein Buch, in dem du frisch, frech und frei alles ausprobieren kannst. Ein echtes Aufbruch-Buch und ein Wegweiser in dein selbstbestimmtes Leben.

PERSÖNLICHE ERLEBNISSE UND WISSENSCHAFTLICHE ARGUMENTE

In diesem Buch wirst du einiges über mich und meine Lebensgeschichte erfahren. Sowohl im Psychologiestudium als auch in der Coaching-Ausbildung haben wir das Thema Nähe und Distanz samt Herausforderungen für die Beziehungsgestaltung zu unseren Kundinnen und Kunden ausführlich behandelt. Es gibt viele Kolleginnen, die auf die Frage »Wie war das denn bei Ihnen?« mit einer Gegenfrage antworten würden: »Was glauben Sie? Wie hängt das zusammen? Wie kann das Wissen, wie es bei mir gewesen ist, zu Ihrer Lösung beitragen?« Die meisten Psychologen und Therapeuten tragen in sich die Überzeugung, dass unser Gegenüber selbst auf die Lösung kommen müsse. Das kann ich durchaus nachvollziehen und ist auch richtig so. Die Eigenverantwortung soll gestärkt werden. Allerdings habe ich mich ganz bewusst dafür entschieden, es ein wenig anders zu machen und dich an meinen persönlichen Beispielen teilhaben zu lassen. So handhabe ich es übrigens auch in meinen Coachings.

Und nein, das hat nichts mit Selbstdarstellung zu tun. Und auch nicht damit, dass ich als Psychologin den Fokus – sprich: dich und das Gelingen deines Anliegens – aus den Augen verliere. Ja, es mag sein, dass ich eine Geschichtenerzählerin bin. Aber selbst aus rein wissenschaftlicher Sicht ergibt das Sinn. Jede meiner Geschichten hat einen Bezug zur Gestaltung deines weiteren Lebens. Aus der Psychologie wissen wir: Genau solche Geschichten sind es, die Menschen zur Veränderung motivieren. Rein wissenschaftlich begründete Argumente können wir zwar nachvollziehen, sie entwickeln aber nicht die gleiche Anziehungs- und Umsetzungskraft.[1]

Meine Empfehlung daher: Lies meine persönlichen Beispiele mit Genuss. Sie werden dich in deine eigene Welt führen. Frag dich also bei jeder meiner Erzählungen: »Gibt es bei mir eine ähnliche Erfahrung? Und wie hätte ich in dieser Situation reagiert?« Selbstverständlich wirst du auch ein ordentliches Päckchen an Faktenwissen mitbekommen. Wobei ich das Rad in Sachen »Psychologie der Veränderung« definitiv nicht neu erfinden werde. Es ist die Kombi, die dir sicherlich viele zündende Momente schenken wird. Wenn du diese Funken einfängst, sie in dein Leben hineinträgst und weiter anfachst, dann freue ich mich bereits heute diebisch auf den Moment, wenn es »Pling« in meinem Posteingangsfach macht und du mir in einer ganz persönlichen Mail von deiner Erfolgsgeschichte berichtest.

Übrigens: Manchmal komme ich doch vom Hölzchen aufs Stöckchen. Meistens dann, wenn es bei einem Freundinnentreffen einen leckeren Cappuccino gibt. In diesem Buch möchte ich dir jedenfalls einfach nur freundschaftlich mit all meinem Wissen und meinen Erfahrungen zugewandt sein. Und wie es bei freundschaftlichen Beziehungen so ist, möchte ich dir durchaus auch Mut machen. Wobei ich überzeugt davon bin, dass der Mut sich eh schon bei dir untergehakt hat. Es ist wie gesagt die Lust, die ich in dir weiter anstupsen möchte. Die Lust darauf, dein Leben wieder mehr auf das auszurichten, was du möchtest. Was dein Herz begehrt. Wenn es sein muss, auch gegen Widerstände. Wobei ich dir zeigen werde, wie du integrierend, souverän und gelassen mit diesen umgehen und sie sogar im Vorfeld entkräften kannst.

DU BIST DRAN! ICH HABE VIELE GUTE REFLEXIONSFRAGEN FÜR DICH

»Es gibt keine dumme Fragen!« Wer ist dieser Aussage nicht zu irgendeinem Zeitpunkt in seinem Leben begegnet? »Dumm« sind Fragen sicherlich nicht, aber wenn Fragen ungeschickt formuliert werden, können sie auch Wege verbauen oder in einer Sackgasse landen, statt einen selbstreflexiven Prozess in Gang zu bringen und einen guten Weg zu bereiten. Kluge Fragen richtig zu stellen, ist eins der wichtigsten Handwerkszeuge von uns Coaches. Es gibt dazu sogar eigene Bücher. Mein Lieblingsbuch trägt den wunderschönen Titel *Fragen können wie Küsse schmecken!*[2] Von Fragen geküsst zu werden, das lässt sich doch nur von echten Küssen toppen, oder? Aber auch hier gilt: Nicht alles, was nach einem Kussmund aussieht, küsst auch so.

Du wirst in diesem Buch also zahlreichen Fragen begegnen. Sie sind mit einem Scheinwerfer-Icon gekennzeichnet, und ich leite sie mit der Aufforderung »Du bist dran! Ich habe eine/ein paar Reflexionsfrage(n) für dich« ein. Meine Empfehlung: Sei neugierig auf dich, und beantworte die Fragen nicht nur in Gedanken, sondern sprich sie laut aus. Das, was du denkst, ist in der Regel nämlich nicht das Gleiche wie das, was du sagst. Und das, was du sagst, ist wiederum nicht das Gleiche wie das, was du schreibst. Deswegen gehe ich sogar noch einen Schritt weiter: Kauf dir zu diesem Buch ein Begleitheft, in dem du alles – auch die Antworten auf die Reflexionsfragen – niederschreibst. So eine Art temporäres Tagebuch, ein Journal. Selbstehrlichkeit und auch Verbindlichkeit sind bei schriftlichen Antworten erfahrungsgemäß höher. Darum werde ich dir gleich im ersten Kapitel die geniale Methode des Journalings vorstellen.

Und noch etwas: Falls du jemand bist, für den Bücher heilig sind und bei dem nicht einmal ein Eselsohr darauf hindeuten darf, dass er es gelesen hat, so fände ich es toll, wenn du dieses Mal über deinen Schatten springst. Nimm einen dicken, fetten Marker, und hebe alle für dich bedeutsamen Stellen hervor. Sodass du sie, wann immer du möchtest, schnell wiederfindest. Außerdem bekommt das Gelesene dadurch eine ganz persönliche Bedeutung für dich und prägt sich tiefer ein. Eine ziemlich gute Basis für Veränderung, wie ich finde.

DU BIST DRAN! ÜBUNGEN ZUM MITMACHEN

Genau wie bei einem echten Face-to-face-Coaching werde ich dir in diesem Buch auch immer wieder Übungen vorstellen und dich dazu einladen mitzumachen. Sie sind ebenfalls mit einem Scheinwerfer-Icon gekennzeichnet, und du erkennst sie an dem Satz »Du bist dran!«, außerdem an der Aufforderung »Probier's einfach mal aus«. Zu jeder Übung formuliere ich ein paar Gedanken, was sie bewirkt, wohin sie dich führen wird und was du dann mit dieser

Erkenntnis machen kannst. Da wir im Buch ja über »Selbstbestimmung« nachdenken, bleibt die Entscheidung dafür oder dagegen selbstverständlich bei dir. In meinen Coachings überlasse ich das auch immer meinem Coachee. So nennen wir Coaches unsere Kundinnen und Kunden.

Meine Bitte jedoch: Schenk mir dein Vertrauen oder gib mir zumindest einen Vertrauensvorschuss, und mach überall dort mit, wo ich dir mit einem freundschaftlichen »Du bist dran!« die Hand reiche. Warum mir das so wichtig ist? Ganz einfach. Denken ist kein Handeln. Denken ist lediglich ein »So tun, als ob«, ein Probehandeln. Wenn du die Methoden nur im Geiste durchspielst, bist du nicht im Tun. Im Tun jedoch zeigen sich zum Teil vollkommen andere Aspekte und Herausforderungen. Du wirst sehen, dein Aufbruch in dein selbstbestimmteres Leben wird dir umso besser gelingen, je mehr du ausprobierst. Das ist zwar kein Garantieversprechen, aber ein Fazit aus meinen Erfahrungen und auch aus denen meiner Coachees. Alle würden dir raten: Probiere es unbedingt aus. Du hast nichts zu verlieren, sondern nur zu gewinnen. Alle Übungen sind sorgfältig ausgewählt, ausführlich beschrieben und setzen keinerlei Vorkenntnisse voraus. Zu jeder Übung habe ich dir ungefähre Angaben zu ihrer Dauer gemacht, sodass du gut für dich einplanen kannst, wann für dich der beste Zeitpunkt ist.

MEIN VORLÄUFIG LETZTER UND HEISSESTER TIPP

Zum Schluss dieses längeren Vorworts habe ich noch einen wirklich heißen Tipp für dich. Einen Tipp, der quasi einer Erfolgsgarantie für dein Vorhaben gleichkommt. Schon im ersten Kapitel wirst du meine Freundinnen Sabine und Verena kennenlernen und in aller Selbstverständlichkeit bei einem unserer typischen Treffen dabei sein: mit Kaffee, Cappuccino, Kuchen, ansteckender guter Laune und Sonnenschein. Bei uns gehört ein gutes, tiefgründiges Gespräch immer dazu. Diesmal wird es eines über uns Frauen, unsere Wünsche und Bedürfnisse und die Herausforderungen eines selbstbestimmten Lebens sein. Und da wir Frauen ja durchaus den Ruf haben, mal etwas länger zusammenzusitzen und zu schnacken, werden die beiden uns durch das ganze Buch begleiten.

Wie heißen deine Freundinnen oder die Frauen, die dir gefühlt nahestehen? Wann habt ihr euch zuletzt gesehen? Was waren eure Gesprächsthemen? Wie wäre es, wenn ihr euch zusammensetzen und das Buch samt Übungen und Reflexionsfragen gemeinsam durcharbeiten würdet? Wie heißt es immer so schön? Gemeinsam geht vieles besser! Zudem wäre es eine gute Möglichkeit, sich in einem schönen Setting zu treffen und die Freundschaft weiter zu vertiefen oder sie zu beginnen. Ich bin gerne an eurer Seite – Komplizinnen auf dem Weg zurück zu den eigenen Wünschen und Bedürfnissen.

Auf was also noch warten, wenn dieses Neue nun beginnen kann? Am besten legst du jetzt los, und dafür lade ich dich nun von ganzem Herzen zu mir nach Hause ein. An jenen Ort, an dem meine Leidenschaft für das Schreiben und mein Interesse an den Themen der Frauen in der Mitte des Lebens dieses Buch auf seinen Weg gebracht haben. Im Kreise meiner Freundinnen.

Und nun los!
Vorwärts zurück zu dir!

Deine Tanja

Kapitel 1
Die Mitte des Lebens beginnt jetzt

DARF ICH VORSTELLEN? MEINE FREUNDINNEN!

Wenn Freundinnen eine gute Zeit miteinander verbringen, dann wird es schon mal lauter, wenn nicht sogar albern. Unser Lachen, das sich an jenem Sommertag aus meinem Coaching-Raum seinen Weg ins Freie bahnte, war sicherlich noch weit bis in die nächsten Straßen zu hören. Solche schönen und miteinander verbundenen Momente hast du sicherlich auch schon erlebt. Leider sehen wir Freundinnen uns viel zu selten. Denn wir wohnen viele Kilometer auseinander, und jede von uns steht mitten im Leben. Unsere Kalender sind voll, und eigentlich bräuchte der Tag mehr als nur 24 Stunden.

Wobei, das stimmt nicht so ganz. Bei mir persönlich ist das inzwischen anders. In den letzten Jahren habe ich einiges an meinem Lebensstil geändert, den Fokus mehr auf mich und meine Bedürfnisse gelegt und dadurch das Gedrängel im Terminkalender entzerrt. Deutlich sogar. Meine Freundin Verena würde jetzt sicherlich nicken, ihr spitzbübisches Lächeln auf ihre Lippen zaubern und sagen: »Stimmt, ich finde es einfach nur vorbildlich, wie die Tanja sich ihr Leben eingerichtet hat. Davon können wir uns alle noch ein Stück abschauen.«

Aber komm doch erst mal näher, und setz dich zu uns. Fühl dich hier von ganzem Herzen willkommen. Bei uns darf jeder so sein, wie er ist. Groß, klein, dick, dünn, traurig, lustig, mit Fältchen, ohne Fältchen, im Schlabberlook, gestylt. Wen ich besonders gerne um mich herum habe, das sind Menschen mit einer unbändigen Lust und Freude an einem glücklichen Leben. Du bist hier also genau richtig.

Verena ist in Sachen »selbstbestimmtes, glückliches Leben« auf einem ziemlich guten Weg. Ganz bestimmt hilft ihr auch ihre relativ neue Rolle als Oma dabei, zu entschleunigen und sich mehr auf sich und ihre eigenen Wünsche auszurichten. Und dazu gehört definitiv die exklusive Zeit mit ihrer süßen Enkelin dazu. Wobei Verena überhaupt nicht wie eine Oma aussieht. Wie viele Frauen in unserem Alter ist auch sie ein echter Hingucker. Das gebe ich durchaus etwas neidisch zu. Wobei Neid etwas ganz anderes als Missgunst ist. Im Neid steckt ein mögliches Ziel. Missgunst bewirkt nur eines: Sie blockiert uns in der eigenen Entwicklung.

Verena und ich sind ungefähr gleich alt. Ihre beiden Kinder sind bereits erwachsen und führen schon eine ganze Weile ihr eigenes Leben. Beruflich machen wir Ähnliches, wobei sie sich auf eine bestimmte Zielgruppe spezialisiert hat. Manchmal staune ich darüber, wo sie überall tätig ist. Dresden, Hamburg, Dubai. Die Frisur sitzt. Immer. Zumindest gefühlt. Verena ist eine taffe Frau, die ihr nicht immer einfaches Leben ziemlich gut gemeistert hat. Okay, meiner Meinung nach nimmt sie sich zwar immer noch zu wenig Zeit für sich. Aber das ist nur meine Wahrnehmung, und es ist ihre Entscheidung. Und die trifft sie bewusst. »Tanja, die Arbeit macht mir einfach unglaublich viel Spaß. Ich will so richtig die Welt rocken! Wenn du mir das jetzt wegnehmen würdest, dann würde mir echt etwas fehlen.« Wie sieht es bei dir aus? Würde dir auch etwas fehlen, wenn dein Job von heute auf morgen wegfiele? Oder eher nicht?

Sabine ist die Jüngste in unserem Dreigestirn. Ungefähr zehn Jahre liegen zwischen uns. Noch steckt sie in einer komplett anderen Lebensphase als Verena und ich. Sabine ist für mich alles in einem: liebevoller Familienmensch, unfassbar kluge Berufsgestalterin und einzigartiger Genuss-Junkie. Gemeinsam mit ihrem Mann hat sie auf dem angrenzenden Grundstück zu ihren Schwiegereltern ein Haus gebaut. Ihre Kinder sind noch jünger, und trotzdem arbeitet sie mit einem vollen Deputat. Immer wieder beeindruckt sie mich aufs Neue, wie es ihr gelingt, sich gezielt Freiräume für diese vielen unterschiedlichen Rollen zu schaffen. Freiräume für ihre berufliche, aber auch persönliche Entwicklung und Weiterbildung. Freiräume für ihre Familie. Und Freiräume für sich selbst. Wobei ich ab und zu bemerke, dass genau im letzteren Freiraum ihre größte Herausforderung liegt.

Was meinst du? Wie frei sind die Freiräume von uns Frauen, wenn die Möglichkeit zur Entfaltung eigener Wünsche und Ideen mit einem schlechten Gewissen einhergehen? Auch wenn dieses schlechte Gewissen nur als leichte Brise spürbar ist und manchmal auch vom Winde verweht wird?

Bei Sabine ist deutlich spürbar, wie sie ihre zahlreichen Rollen sorgfältig abwägen und ihre Grenzen markieren und setzen muss. Erst dann kann sie entscheiden, ob ein Treffen möglich ist. Oder eben nicht.

EIN GESPRÄCH ÜBER DIE MITTE DES LEBENS

An jenem sonnigen Tag im Sommer war ein Treffen möglich, und so saßen wir zu dritt in meinem Coaching-Raum, hatten die Terrassentür weit geöffnet und genossen die Sonnenstrahlen und die gemeinsame Zeit. Sicherlich hättest du auch super dazugepasst und dich lebhaft an unserer Diskussion beteiligt. Von außen betrachtet sah es übrigens eher nach einem Kaffeekränzchen von Freundinnen aus. Aber weit gefehlt. Was so leicht, locker und beschwingt aussah, war in der Tat »Arbeit«.

In regelmäßigen Abständen treffen wir uns, um über uns und unsere jeweiligen Tätigkeiten zu reflektieren und uns gegenseitig in der persönlichen Entwicklung zu unterstützen. Es gibt sicherlich kaum etwas Schöneres, wenn die Arbeit Berufung ist und ein herzhaftes Lachen mit Freundinnen in aller Selbstverständlichkeit dazugehört. Ich erzählte den beiden von meinem Vorhaben, ein Buch für Frauen in der Mitte des Lebens zu schreiben. Ein Buch, das Frauen dazu Lust machen sollte, ihr Leben wieder mehr auf sich auszurichten und ein Spotlight auf sich und die eigenen Bedürfnisse, Wünsche und inneren Sehnsüchte zu setzen. Und sich ganz bewusst Fragen zu stellen:

- Was ist eigentlich mein Status quo? Wie glücklich bin ich mit meinem Leben, so, wie ich es derzeit führe?
- Ist das, was ich gerade mache, überhaupt das, was ich machen will? Oder schlägt mein Herz für etwas ganz anderes?
- Was würde ich gerne ändern? Gibt es etwas, das ich gerne loslassen würde? Oder etwas, von dem es gerne etwas mehr sein dürfte?
- Was würde mein Umfeld sagen, und wie würde es reagieren?

- Welche Wünsche, Sehnsüchte und sonstigen Bedürfnisse trage ich in mir, die mir mal leiser und mal lauter zurufen: »Hey, jetzt mach mal endlich, und schenke mir Erfüllung!«?
- Soll ich das Leben einfach weiterlaufen lassen? So, wie es derzeit ist? Mehr oder weniger im Fluss des Geschehens rumdümpeln und meinen Weg dem Zufall überlassen? Oder raffe ich mich jetzt auf, wecke die Pippi Langstrumpf in mir und mache mir die Welt, wie sie mir gefällt?
- Wer könnte mich wie unterstützen?

»Total wichtig!« Der erste Kommentar ließ nicht lange auf sich warten. Verena hatte sich in meinen Ausführungen wohl selbst wiederentdeckt. »Das vergessen wir Frauen im Alltags-Tsunami häufig. Dass auch wir Bedürfnisse haben und es an der Zeit wäre, uns auch mal um uns selbst zu kümmern. Die meisten von uns sind doch so im Flow, dass wir nicht wirklich wahrnehmen, dass wir zwar viel für andere tun, aber nur wenig für uns selbst. Meistens ploppt es erst dann in unserem Bewusstsein auf, wenn uns alles zu viel wird. Und dann müssen wir uns auch noch gefallen lassen, dass uns unser Umfeld für leicht hysterisch hält.«

»Stimmt! Da könnte ich auch ausflippen, wenn die anderen mich dann mit großen, überraschten Unschuldsaugen anschauen und mit leicht beleidigtem Unterton darauf hinweisen, dass wir ja mal früher etwas hätten sagen können!« Ich senkte meine Stimme und zitierte den Spruch einer Postkarte, die ich lange an meinem Schreibtisch hängen hatte: »Schatz, wenn ich sage, ich mach das, dann mache ich das auch! Du musst mich nicht alle sechs Monate daran erinnern!« Heiterkeit machte sich breit und kam einer Verschwesterung gleich. Dieser Punkt schien also einer zu sein, den viele Frauen nur allzu gut aus ihrer eigenen Situation kannten.

»Also mit meinem Mann geht da vieles Hand in Hand – ohne Wenn und Aber. Aber ich merke durchaus, dass ich nicht immer frei nach Lust und Laune machen kann, wie ich manchmal gerne würde. Ich kann ja meinen Kindern schlecht sagen, dass sie sich selbst was kochen sollen, wenn sie Hunger haben. Eure Kinder sind ja alt genug, aber meine sind noch nicht so weit. Wobei ... Meine Älteste würde das sicherlich auch gut hinbekommen.« Sabine war sich bewusst, dass sie ihre eigenen Bedürfnisse zurückstellte. Für sie war das allerdings keine Diskussion wert, denn sie machte es gerne, und es war für sie stimmig, denn es war Teil ihrer Selbstbestimmtheit.

»Wie machen das eigentlich Frauen, die keine Kinder haben? Keine Familie? Haben die genügend Zeit für sich und ihre Bedürfnisse? Was meint ihr, was würde Petra sagen?« Petra war eine gemeinsame Freundin, die keine Kinder und trotzdem nie Zeit hat. Ihr Job als Führungskraft bei einer Behörde, ihr Ehrenamt bei einem Rettungsdienst, ihr Mann und nicht zuletzt ihre Eltern forderten auch sie.

»Ich glaube, wenn Petra jetzt hier wäre, dann würde sie sagen, dass sie sich ganz ähnliche Fragen stellt.« Verena genoss offensichtlich den Cappuccino, den ich uns auf italienische Art zubereitet hatte: mit einer leckeren Crema und einem leicht süßlichen Duft nach Bella Italia. »Will ich weitermachen wie bisher? Was würde ich am liebsten ändern? Wie gelingt es mir, mehr Zeit für mich zu haben? Wahrscheinlich würde sie bei der Frage nach der Zeit über sich selbst lachen, weil sie erst mal keine Ahnung hätte, was sie dann mit dieser Zeit anfangen sollte.«

Ich stellte meine Tasse auf dem kleinen runden Holztisch ab. »Neulich habe ich übrigens mit einer Frau gesprochen, die meinte, sie sei total überrascht, dass sie schon am Ende ihres Arbeitslebens angekommen ist. Sie würde sich noch total jung fühlen und hätte nicht die leiseste Idee davon, was sie mit der vielen freien Zeit nun anfangen solle. Irgendwie wäre es paradox, denn sie würde sich von der Vielfalt dessen, was möglich wäre, überfordert fühlen. Ihre Kinder wären aus dem Haus, Enkelkinder keine da, und ihre eigenen Eltern wären schon vor langer Zeit gestorben.«

Dass die Eltern älter werden und vermehrt Unterstützung brauchen, war für mich ein Thema, das mir zunehmend mehr Zeit und Engagement abverlangte. Aber noch war es gut für uns zu stemmen. Mit der Betonung auf »noch«. Ich schob den Gedanken daran beiseite.

»Ich finde es für mein Buchvorhaben übrigens total wichtig, dass ich auf gar keinen Fall als Besserwisserin rüberkomme. Also im Sinne von ›Ich bin diesen Weg schon gegangen, daher weiß ich, was gut für dich ist‹. Aber so ticke ich ja Gott sei Dank nicht. Ich persönlich wäre da nämlich auch im Widerstand, wenn jemand ums Eck kommen und mir sagen würde, dass ich endlich damit beginnen solle, mein Leben wieder selbstbestimmt zu leben. Das würde ja irgendwie bedeuten, dass all das, was ich zuvor gemacht habe, nicht selbstbestimmt gewesen wäre. Ich kenne zwar keine Studie dazu, aber irgendwie bin ich überzeugt, dass die meisten von uns eine zufriedenstellende Bilanz über ihr bisheriges Leben ziehen würden. Oder was meint ihr? Es gibt halt Lebensphasen, die sind, wie sie sind. Und jetzt fängt eben eine neue an. Eine Phase des Umbruchs, in der wir uns wieder selbst zuwenden und uns dabei neu entdecken dürfen. Und wenn du, Verena, dich dafür entscheidest, beruflich noch mal so richtig Vollgas zu geben und großartige Erfolge einzuheimsen, und dich das glücklich macht, dann ist doch alles perfekt! Keine Frau ist auf der Welt, damit sie so ist, wie andere sie gerne hätten. Die Art und Weise, wie jemand ein selbstbestimmtes Leben führt, das ist doch jedem selbst überlassen. Denn auch das ist Selbstbestimmung. Freilich kann ich eine Meinung dazu haben, aber niemand hat das Recht, den Stil anderer zu beurteilen, geschweige denn zu verurteilen.«

»Yeah! Und mit Midlife-Crisis hat das auch nichts zu tun! Und mit Wechseljahren erst recht nicht!« In diesem Punkt waren wir uns einig. Nicht nur einmal hatten wir es erlebt, dass das Umfeld entsprechende Aussagen tätigte, sobald sich eine Frau solche Fragen stellte und sich auf den Weg in ihre Veränderung machte.

Verenas Blick blieb an einem Foto von mir hängen. Dezent und doch gut sichtbar hing es an meinem Memobrett. Darauf zu sehen war ich mit einer roten Bommelmütze auf dem Kopf. Hinter mir ein lang gezogener Weg. Sie lächelte das Foto von mir an. »Ich seh das relativ klar. Wir alle haben in unserem Leben schon ziemlich viel geleistet und uns währenddessen einfach ein wenig aus den Augen verloren. Das können wir ja jetzt ändern! Jetzt sind wir mal wieder dran. Wann lassen wir es mal wieder krachen?« Und wieder suchte sich eine Welle der Heiterkeit ihren Weg nach draußen.

»Ja, ja! Es ist schon so eine Sache mit uns und unserem Leben!« Ich musste schmunzeln. Meine Oma hatte diesen Satz immer dann gesagt, wenn sie für sich der Meinung gewesen ist, dass in einem Diskussionsbereich nun alle wesentlichen Punkte angesprochen wurden.

DU BIST DRAN

ICH HABE EINE REFLEXIONSFRAGE FÜR DICH

Falls du an diesem Treffen nicht hättest dabei sein können und ich dir von unserem Gespräch später berichtet hätte, gibt es etwas, das du anders siehst oder gerne ergänzen würdest?

An welcher Stelle in puncto »selbstbestimmtes Leben« Verena, Sabine, Petra und auch ich stehen, davon hast du nun eine ungefähre Ahnung, aber sag uns: Wo stehst du? Willst du loslegen, weißt aber nicht, wo und wie? Bist du auf der Suche nach einer Idee, wie du die kommende Lebensphase gut gestalten kannst? Oder brauchst du nur einen Anschubser, weil es für dich schon relativ klar ist, wohin du deinen Fluss leiten möchtest? Vielleicht bist du auch eine der Frauen, die sich sagen hören: »Ich würde ja gerne wieder mehr für mich machen, bin mir aber nicht sicher, wie die anderen darauf reagieren. Ein paar Tipps, wie ich mit meinem Umfeld souverän umgehen kann, wären toll.« Falls du auf der Suche nach Absolution sein solltest – du also hören willst, dass es vollkommen in Ordnung ist, das Spotlight auf dich zu richten und dir selbst wieder mehr Aufmerksamkeit zu schenken: Die bekommst du gerne und auch umfänglich von mir. Ohne Wenn und Aber. Los geht's! Go! Do it your way! Lebe dein Leben, und nutze deine Zeit.

VERGEHT DIE ZEIT WIRKLICH SCHNELLER, JE ÄLTER WIR WERDEN?

Apropos Zeit. Hast du auch manchmal das Gefühl, dass die Zeit umso schneller vergeht, je älter du wirst? Woher kommt dieses Empfinden? Genau diese Fragen stellte mir vor einiger Zeit eine Hörerin meiner Radiosendung *Sag mal, Tanja!?* Wenn wir Psychologen versuchen, dieses Phänomen zu erklären, dann verwenden wir den Begriff »Zeitempfinden«. Mal rast die Zeit mit 250 km/h an uns vorbei. Dann wiederum zieht sie sich wie Kaugummi. Manchmal fließt sie wie ein großer Fluss: breit, gelassen, gleichförmig. Und dann gibt es auch Phasen, in denen sie wie ein undichter Wasserhahn vor sich hin tröpfelt. Und all das, obwohl ein Tag immer 24 Stunden, eine Woche immer sieben Tage und ein Jahr außer in Schaltjahren 365 Tage hat.

Für junge Menschen tickt die innere Uhr anders als für uns in der Mitte des Lebens. Unser Zeitempfinden kann neben dem biologischen Alter auch durch körperliche Anstrengung, Gefühle, Ausnahmesituationen, Krankheiten oder einfach nur durch Ablenkung beeinflusst werden. Ich denke gerade zurück an meine Kindheit. Warten aufs Christkind fühlte sich bestimmt auch für dich wie eine Unendlichkeit an. Abgelenkt durch den Märchenfilm *Drei Haselnüsse für Aschenbrödel* funktionierte zumindest bei mir die Beeinflussung meines subjektiven Zeitempfindens hervorragend. Überhaupt kam mir als Kind und später auch als Jugendlicher ein Jahr als unfassbar lang vor.

Sicherlich kannst auch du dich noch daran erinnern, wie du sehnsüchtig auf deinen Geburtstag oder auf die Sommerferien hingefiebert hast. Es fühlte sich an, als ob die Zeit einfach nicht vergehen würde. Mit steigendem Alter hingegen verkehrt sich diese Wahrnehmung genau ins Gegenteil. Viele haben dann das Gefühl, dass die Zeit nur so vorbeirast. Rushhour des Lebens – Formel-1-Rennen in meinem inneren Hockenheimring. Jahre vergehen scheinbar im Fluge. Wochen schrumpfen zu Tagen und Tage zu gefühlten Minuten.

Eine Erklärung für diesen Effekt findet sich im sogenannten »Zeitparadoxon«. In der Rückschau betrachtet empfinden wir Phasen relativer Ruhe als kurz, Phasen mit hoher Aktivität hingegen als lang. Begründet wird dies damit, dass wir in aktiven Phasen deutlich mehr Informationen aufnehmen müssen als in passiven. Bezogen auf das Lebensalter bedeutet dies, dass in jungen Jahren immer irgendetwas Neues geschieht, diese zuvor unbekannten Eindrücke eine erhöhte Aufmerksamkeit benötigen und daher in besonderer Art und Weise verarbeitet werden müssen. Genau dadurch empfinden junge Menschen diese Zeiträume als lang. Im Alter hingegen leben die meisten von uns in Routinen. Ob Job, Partnerschaft, Familie oder Freizeit – vieles verliert sich dabei in den tagestypischen Abläufen unseres Alltags. Außer im Urlaub geschieht nur wenig Neues, an das wir uns im Detail erinnern müssten. Rückblickend erscheint uns daher die Zeit verkürzt und als schneller vergangen.

WIE DU SELBST DAFÜR SORGST, DASS DIE ZEIT NICHT MEHR SO SCHNELL VERGEHT

Umgekehrt lässt diese Erklärung aber auch den richtigen Schluss zu, dass wir selbst jederzeit aktiv Einfluss auf unsere Zeitwahrnehmung nehmen und dadurch unser Zeitempfinden entschleunigen können, indem wir immer wieder mal etwas Neues ausprobieren. Je mehr wir erleben, desto mehr wird unser Gehirn gefordert, und genau dadurch dehnen wir unsere Zeitwahrnehmung.

Eine weitere Möglichkeit, Einfluss auf unser Zeitempfinden zu nehmen, besteht darin, dass wir das, was wir tun, sichtbar machen. Zum Beispiel indem wir es in einem Journal festhalten. Ich persönlich führe ein sogenanntes Bullet Journal. Das ist ein Notizbuch, das ich nach meinen ganz persönlichen Bedürfnissen und Anforderungen gestalte. Bereits seit vielen Jahren organisiere ich mich, meine Aufgaben, Ideen und den Terminkalender auf diese höchst individuelle Art.[3] Mit meinem Bullet Journal verfolge ich zwei Intentionen. Ich verwende es zum einen als tägliche Aufgabenliste und zum anderen als Tagesbilanz. In einem festen Ritual plane ich jeden Abend meinen kommenden Tag. Dabei habe ich für mich vier Bereiche festgelegt, denen ich meine Aufmerksamkeit schenke. Ich habe sie wie ein Fenster mit Streben in einem Vier-Felder-Quadrat angeordnet, sodass ich auf einen Blick sehen kann, ob ich einen Bereich vernachlässige beziehungsweise zu viel in einem unterwegs bin.

Beruf	**Haus & Garten**
• Welche wichtigen Aufgaben habe ich an diesem Tag beruflich zu erledigen? Wie viel Zeit benötigen die einzelnen Aufgaben? • Welcher Gedanke/welche Idee kommt mir tagsüber, die ich nicht vergessen darf oder möchte?	• Was gibt es im Haus und im Garten zu tun? • Fenster putzen. • Rasen mähen.
Familie	**Body, Health & Soul**
• Gibt es etwas, das ich für meine Familie organisieren muss? • Meinen Vater zum Arzt begleiten. • Taxi Mama für meinen Sohn spielen.	• Was werde ich für mich ganz persönlich tun? • Ein schönes Bad nehmen. • Einen ausgedehnten Waldspaziergang mit meinem Hund machen. • Eine gedankliche 5-Minuten-Cappuccino-Genussreise nach Bella Italia.

Wenn ich tagsüber etwas von dieser Liste erledige, setze ich einen Haken davor. Das hat eine komplett andere Wirkung, als wenn ich den jeweiligen Punkt einfach nur durchstreichen würde. Wenn etwas durchgestrichen wird, dann ist es nicht mehr lesbar. Um unser Zeitempfinden zu verlangsamen und die Vergangenheit zu verstehen, braucht es aber genau diese Sichtbarkeit. Ein Bullet Journal hilft dir nämlich in drei Aspekten: (1) aus der zurückliegenden Zeit Erkenntnisse zu gewinnen, um (2) dein Heute zu organisieren und (3) deine Zukunft zu planen. Es ist mir wie gesagt zum festen Ritual geworden, denn auf die gleiche Weise, wie ich den nächsten Tag plane, plane ich in groben Zügen immer freitags die kommende Woche und jeweils am Monatsende den kommenden Monat.

Wie wichtig solche festen Rituale sind, bemerkst du allerdings oftmals erst dann, wenn du sie aus welchen Gründen auch immer nicht durchführen kannst. Rituale sind übrigens deutlich mehr als nur Gewohnheiten. Rituale folgen immer einem übergeordneten Sinn und geben Struktur und Orientierung in einer komplexen Welt. Sie helfen dabei, sich in neuen Situationen zurechtzufinden. Und sie können Übergänge gut gestalten – wie zum Beispiel den zu deinem Aufbruch in dein selbstbestimmteres Leben.

Vor allem Body, Health & Soul waren bei mir lange Zeit unterversorgt. Seitdem ich mich aber auf diese Weise organisiere, sorge ich jeden Tag aktiv auch für mich und gebe meinen Bedürfnissen ausreichend Platz. Diese Art der Selbstorganisation hat zwar etwas gedauert, weil ich das zu mir passende System erst nach und nach entwickeln, ausprobieren und nochmals anpassen musste. Heute will ich sie aber nicht mehr missen. Wenn ich mich im Urlaub von heute auf morgen einfach so treiben lasse, dann fehlt mir zumindest in den ersten Tagen etwas; und wenn ich dann nach Hause zurückgekehrt bin, freue ich mich, mein Bullet Journal wieder in meinen Händen zu halten. Weil es einfach Spaß macht und mich zufriedenstellt. Mit diesem System habe ich nämlich ein großartiges Zeugnis dessen erschaffen, was ich tatsächlich alles so täglich stemme. Eigentlich ist es mehr als nur ein Zeugnis. Es ist ein Monument, und ich bin stolz darauf, was ich so alles wuppe, und das wird erst durch diese Art der Strukturierung sichtbar. Seitdem habe ich mir nie wieder die Frage gestellt, wo der Tag nur geblieben ist. Auch das permanente Gefühl, zu wenig zu leisten, ist gänzlich verschwunden. Das Schönste an dieser durchaus hemdsärmeligen Organisation ist aber, dass ich mich selbst und meine Bedürfnisse seither nie wieder aus den Augen verliere.

DU BIST DRAN

ICH HABE EIN PAAR REFLEXIONSFRAGEN FÜR DICH

✓ Was würde dein größter Fan sagen, in welchen Bereichen du dich selbst hervorragend organisierst und andere sich eine Scheibe von dir abschneiden könnten?

- *Welche Menschen bewunderst du dafür, dass sie viel leisten UND sich selbst zeitgleich gut im Blick haben?*
- *Was von dieser Art, sich zu organisieren, würdest du auch gerne mal für dich ausprobieren?*

Ein Bullet Journal richtet sich immer nach dir und niemals umgekehrt! Das bedeutet, dass jedes Bullet Journal anders aussieht, da ja auch jeder Alltag absolut individuell ist. Wie gesagt, ein solches Journal zu führen, macht nicht nur Spaß, sondern funktioniert auch megagut, sobald du deinen eigenen Stil gefunden hast. Freilich gehört ein wenig Durchhaltevermögen auch dazu. Aber du wirst relativ schnell spüren, wie deine innere Zufriedenheit und auch deine Freiräume wachsen werden. Und das wiederum bedeutet: Zeit, die du dir und deinen Bedürfnissen widmen kannst!

WIE VIEL LEBENSZEIT STEHT DIR NOCH ZUR VERFÜGUNG, UND WIE WILLST DU SIE GESTALTEN?

Hast du dir eigentlich schon mal Gedanken darüber gemacht, wie viel Zeit auf Erden dir noch zur Verfügung steht und was wäre, wenn wir alle unser Sterbedatum kennen würden? Der Film *Das brandneue Testament* geht genau dieser Frage nach und macht daraus eine skurrile Tragikomödie. In dieser lebt Gott als schlecht gelaunter Miesepeter in Belgien und erfreut sich am Unglück der Menschen. Seine Tochter will ihm eine Lektion erteilen und verrät jedem, der ein Handy hat, mit einer SMS seine Todesdaten. Der Countdown läuft. Viele Menschen trauen sich plötzliche Dinge, die sie sich niemals zuvor getraut hätten. Andere wiederum erscheinen erst gar nicht bei der Arbeit. Ein jeder fragt sich: »Was will ich noch in meinem Leben machen?« Persönlich bin ich sehr dankbar darüber, dass so etwas nur im Film geschehen kann und ich nicht weiß, wann ich sterben werde. Denn genau das nimmt mir den Druck und schenkt mir die absolute Freude und auch Lust an einem Leben im Hier und Jetzt.

Statistisch gesehen werden Frauen in unserem Alter um die 85 Jahre, Männer etwas weniger alt. Wenn wir es also ganz genau nähmen, würde das bedeuten, dass die meisten von uns ihre Mitte schon längst hinter sich gelassen haben. Mit etwa 42 hätte ich jedoch vermutlich jedem den Vogel gezeigt, der mich darauf hingewiesen hätte, dass dies meine Lebensmitte ist. Obwohl das ja wie gesagt aus statistischer Sicht durchaus stimmt. Du rechnest dir am besten selbst aus, wie weit du von dieser ermittelten Zahl entfernt liegst. In Mathe war ich nämlich alles andere als ein Genie – nicht, dass ich mich noch verrechne. Wobei das aber auch egal wäre, denn unser Gehirn verzerrt unser Alter eh in die Richtung, in der wir es gerne hätten. Es ist also nicht unsere biologische Zeit, die zählt, sondern unser Gefühl. Außerdem gehört zum Charme unseres menschlichen Geistes dazu, dass wir mit einem Augenzwinkern und einer kleinen Handbewegung die statistischen Tatsachen einfach mal so zur Seite schieben können. Andere werden schließlich auch hundert Jahre alt. Warum du also nicht? Und freilich bei bester Gesundheit, oder was meinst du?

DU BIST DRAN

PROBIER'S EINFACH MAL AUS ...
»DER METERSTAB DEINES LEBENS«

Um meinen Coachees ein Gespür dafür zu geben, wie viel Zeit ihnen aus statistischer Sicht gesehen noch zur Verfügung steht, nutze ich gerne die Meterstab-Übung. Sie schenkt dir die Möglichkeit, eine Bilanz über dein bisheriges Leben zu ziehen und andererseits ein Gefühl für die noch vor dir liegende Zeit zu bekommen. Das ist wichtig, weil du dir damit absolut ehrlich deine Zukunftsfragen beantworten und vielleicht auch eine Antwort auf die Frage »Wenn nicht jetzt, wann dann?« geben kannst.

Zeit: **15 Minuten**
Schwierigkeit: ★★☆☆☆
Material: **Meterstab (Zollstock)**
1 Mensch-ärgere-Dich-nicht-Figur oder Ähnliches
Kleine Notizzettel und 1 Stift

Modifikation: Du kannst dir weitere Fragen ausdenken.
Hinweis: Einige Trainer und Coaches leiten diese Übung an, indem sie ein Maßband von einem großen schwedischen Möbelhaus nehmen und es ihre Kunden an ihrer Alterszahl abschneiden lassen. Für mich kommt dieses Vorgehen nicht infrage, weil es einem Abschneiden der eigenen Vergangenheit gleichkäme. Aber genau diese ist es, die mehr oder weniger unbewusst auf uns einwirkt und die Art und Weise mitbestimmt, wie wir unsere Gegenwart und Zukunft leben und gestalten. Wir können uns erst dann mit unserem ganzen Lebenszyklus begreifen, wenn wir auch unser gesamtes Leben betrachten.

Vorgehen:

✓ Nimm einen Zollstock, und klappe vier Elemente von ihm auf. Auf der einen Seite siehst du die Zahl 1 und auf der anderen die Zahl 82. Nehmen wir an, nicht die 85, sondern diese Zahl entspricht unserer durchschnittlichen Lebenserwartung. Leg bitte deinen Zeigefinger auf deine Alterszahl, und lass die gegenwärtige Gesamtsituation auf dich wirken. Welche spontanen Gedanken tauchen in dir auf?

✓ Stell als Nächstes eine Mensch-ärgere-Dich-nicht-Figur an die Zahl, die deinem aktuellen Lebensjahr entspricht. Du brauchst deinen Zeigefinger gleich zum Schreiben.

✓ Gib ab jetzt deinen Antworten einen visuellen Ausdruck, beschreibe kleine Notizzettel und leg sie an die Stelle, an der du eine Antwort auf der Zeitachse ungefähr verortest. Wichtiger Hinweis bereits jetzt: Mach dir am Ende dieser Übung unbedingt ein Foto davon, das dir jederzeit als Erinnerungsanker dienen kann.

✓ Wirf zuerst einen Blick auf die Zeit, die bereits vergangen ist, und stell dir die nachfolgenden Fragen. Denk aber in aller Ruhe nach, bevor du antwortest:

  - *Wie viel Zeit ist schon vergangen? Wenn ich in mich hineinspüre, nehme ich ein Gefühl in mir wahr, mit dem ich mein bisheriges Leben beschreiben könnte? Oder sind es sogar mehrere unterschiedliche Gefühle?*
  - *Wann war meine Schulzeit? In welchen Zeitraum fiel meine Ausbildung beziehungsweise mein Studium? Welche Schlüsselmomente gab es, und wann waren diese auf dem Zeitstrahl (zum Beispiel der erste Kuss, der erste Job, die große Liebe, Hochzeit, Geburt der Kinder, Trennung, Tod eines geliebten Menschen, Krankheit, Auszeichnungen, was auch immer ...)?*

- *An welche besonders schönen Momente und Erfolge kann ich mich gut erinnern? Worauf bin ich stolz?*
- *Welche Ereignisse und Phasen waren besonders belastend? Gibt es etwas aus meiner Vergangenheit, was mich auch heute noch sehr beschäftigt?*
- *Gibt es einen ungefähren Zeitpunkt, an dem ich festmachen kann, wann ich meine persönlichen Bedürfnisse, Wünsche, Ziele und Träume für andere(s) zurückgestellt habe?*
- *Gibt es eine Idee von mir aus meiner Vergangenheit, an der ich immer noch festhalte? Wenn ja, welche und seit wann ungefähr?*

Und nun der Blick in die Zukunft:

✓ Wie viel Zeit liegt noch vor mir?

✓ Gibt es etwas, von dem ich bereits heute weiß, dass es geschehen wird? In absehbarer Zeit? In mittlerer Zukunft? In weit entfernter Zukunft?

✓ Falls ich im Erwerbsleben bin: Welche Dinge will ich noch während meiner aktiven Berufszeit anpacken? Was würde mein größter Kritiker sagen, ob ich nur darüber rede oder ob ich es wirklich tun werde?

✓ Wie sieht es mit meiner Gesundheit aus? Kann ich in naher/mittlerer/weit entfernter Zukunft noch alles machen, wie ich es mir heute vorstelle? Was würde mein größter Kritiker von meinen Antworten halten?

✓ Wenn ich eine Zeitreise von zehn Jahren in die Zukunft unternehme, wie alt bin ich dann? Wenn ich von dort aus zurückschaue, kann ich einen ungefähren Zeitpunkt ausmachen, an dem ich »vorwärts zurück zu mir« aufgebrochen bin? Was würde ich sagen, was mir geholfen hat?

✓ Wenn ich mein Todesdatum wüsste und in Gedanken an genau dieses Ende meines Lebens reiste: was würde ich bereuen, nicht getan zu haben? Und was würde ich meinem heutigen Ich dann raten?

Die Erkenntnis, wie viel Zeit bereits vergangen ist und wie viel Zeit statistisch gesehen noch zur Realisation unserer Träume und Ziele bleibt, erzeugt bei einigen einen großen inneren Druck oder fühlt sich zumindest unangenehm an. Anderen wiederum öffnet sie die Augen und motiviert sie dazu, sich endlich auf den Weg zu machen und sich vermehrt den eigenen Wünschen und Bedürfnissen zuzuwenden. Wenn du zur ersten Gruppe gehören solltest, dann weiche nicht aus, sondern schenk diesem Gefühl deine Aufmerksamkeit. Die Angst vor der eigenen Endlichkeit darf sein, das Verdrängen lindert sie jedoch nicht. Im Gegenteil sogar, die Angst wird dadurch in der Regel verstärkt. Wer hingegen nichts aufschiebt, sondern stattdessen versucht, jeden Tag aufs Neue ein erfülltes Leben zu führen, muss angesichts des ja doch jederzeit möglichen Todes nicht das Gefühl mit sich herumtragen, etwas im Leben zu verpassen. Jeder von uns kann sich an jedem Zeitpunkt dazu entscheiden, glücklich zu sein und das Glück zu sich einzuladen. Oder, falls es schon da ist, zu bleiben. Ein glückliches, selbstbestimmtes Leben ist nämlich kein Zufall. Drum lass uns in die Hände spucken und die weitere Gestaltung unseres Daseins anpacken.

WO, BITTE SCHÖN, GEHT'S HIER DENN ZUM GLÜCK?

Seit meinem Studium der Psychologie lese ich unzählige wissenschaftliche Studien und Bücher. Viele Themen haben mich seitdem neugierig gemacht, gefesselt, zum Nachdenken und Staunen gebracht und auch begeistert. Was mich in meinem Studium jedoch häufig störte, war der stetige Blick auf das Negative. Auf Störungen, Krankheitsbilder und auf die Defizite der Menschen. Damals gab es den Ansatz der »Positiven Psychologie« noch nicht. Erst Anfang der 2000er-Jahre erschien ein Mann auf der Bildfläche, der heute unumstritten zu den bekanntesten Glücksforschern weltweit gehört: Martin Seligman. Er revolutionierte die Welt der Psychologie und formulierte ein klares Statement: Die Psychologie solle sich nicht mehr nur darauf beschränken, die Menschen von Leiden zu befreien und sie von einem defizitären in einen guten Zustand zu bringen. Die andere Entwicklungsrichtung ist mindestens ebenso wichtig, also sich von einem guten und gesunden Zustand hin zu einem glücklichen und zufriedenen Leben zu entwickeln. Oder in Zahlen ausgedrückt: auch von null auf plus 10 statt nur von minus 10 auf null. Die Positive Psychologie ist also die Wissenschaft eines gelingenden Lebens.[4]

DU BIST DRAN

ICH HABE EIN PAAR REFLEXIONSFRAGEN FÜR DICH

✓ Mal angenommen, wir treffen uns in ein paar Wochen mit Verena und Sabine in meinem Coaching-Raum. Du weißt schon: Cappuccino, schönes Wetter, ein verbundenes Miteinander und gemeinsames Lachen. Was berichtest du uns, wie genau sich dein glückliches und erfülltes Leben anfühlt?

- ✓ Wenn wir dich dann dazu auffordern, dein Glück in einer Geldsumme auszudrücken, wie viel Euro müssten wir dir bieten, um dir dein Glück abzukaufen?

Martin Seligman bevorzugt übrigens inzwischen den Begriff »Wohlbefinden« anstelle von »Glück«. Für ihn ist Wohlbefinden der Kern des wahren Glücklichseins, der Schlüssel zum Glück. Ein gelungenes Leben braucht sowohl die kleinen Glückserlebnisse im Alltag als auch eine allgemeine Lebenszufriedenheit.[5]

Eine Methode, die wissenschaftlich erwiesen dein Wohlbefinden verbessert, ist das »Journaling«. Im deutschsprachigen Raum wird »Journaling« häufig mit »Tagebuch führen« übersetzt. Ich persönlich finde, dass es das nicht wirklich trifft. Im Englischen hingegen wird zwischen *diary* und *journal* unterschieden. Ein *diary* ist auf die Erlebnisse und Geschehnisse eines Tages fokussiert. Du schreibst in ihm mehr oder weniger chronologisch das auf, was tagsüber passiert ist. Beim *journal* hingegen beleuchtest du deine Welt und gehst in einen inneren Dialog mit dir, deinen Gedanken und Gefühlen. Aber auch mit dieser strikten Trennung tue ich mich schwer. Sicherlich gibt es zwischen Tagebuch und Journaling einige Überschneidungen, das Journaling verfolgt jedoch ein anderes Ziel: Es geht um Selbstreflexion, um ein relativ klares Bild von sich selbst zu bekommen und dieses mit seiner Wunschvorstellung abzugleichen, um sich dann auf den Weg zu machen. Du weißt schon: »Vorwärts heißt zurück zu mir!«

SCHREIBEN WIRKT. ES MACHT PER SE GLÜCKLICH!

Welche Meinung auch immer du zum Schreiben hast, so empfehle ich dir, trotzdem zumindest für deine gemeinsame Zeit mit diesem Buch, meine Fragen und Übungen schriftlich in ein kleines Begleitheft zu schreiben. Wenn du sowieso gerne schreibst, dann brauche ich ja keine Überzeugungsarbeit mehr zu leisten. Für den Fall, dass du eher skeptisch oder auch einfach nur schreibfaul bist, habe ich dir noch ein paar wichtige Argumente zusammengetragen, die für das Schreiben sprechen. Alle Aspekte sind wissenschaftlich belegt:

1. Schreiben macht dich glücklich. Menschen, die ihre Gedanken und Gefühle regelmäßig zu Papier bringen, führen ein glücklicheres Leben als diejenigen, die es nicht tun. Schreiben sorgt für Klarheit und räumt Kopf und Seele auf. So entsteht Platz für Neues, und genau da kannst du dann deine ganz persönlichen Wünsche, Bedürfnisse und Glücksmomente einbauen.
2. Schreiben verringert dein Stressempfinden. Wenn du mit der Hand schreibst, entschleunigst du dein Leben enorm. Vor allem in Zeiten, in denen die Gedanken durch den Kopf rattern, entstresst Schreiben ungemein. Gedanken neigen nämlich dazu, in einer Art Dauerschleife Karussell zu fahren. Schreiben hingegen ist wie Nachdenken, allerdings mit einem Punkt und daher einem Ende.
3. Schreiben verbessert deinen Schlaf. Wenn du abends aufschreibst, was dich tagsüber beschäftigt hat, räumst du Kopf und Seele auf und sortierst dich. Organisierst du dann noch deinen nächsten Tag mit einer Art Aufgabenliste wie meinem Vier-Felder-Quadrat, kann dein Arbeitsgedächtnis bei

jeder Aufgabe einen Haken machen und lässt dich in der Regel nachts in Ruhe. Das hat gleichzeitig noch eine weitere Wirkung: Erholsamer Schlaf wirkt sich ja bekanntlich positiv auf die Gesundheit aus.

4. Schreiben fördert deine Kreativität und deine Fähigkeit, Probleme zu lösen. Mit der Hand zu schreiben ist besser, als auf die Tastatur deines Notebooks einzutippen. Das liegt daran, dass die bewusste Bewegung eines Stiftes deine Kreativität und Konzentration fordert und auch fördert. Und genau das braucht es, wenn du Probleme lösen und für dich neue Perspektiven und Ideen entwickeln möchtest; zum Beispiel wie dir dein Aufbruch in dein selbstbestimmteres Leben gelingen kann.

Na, wenn das alles mal nicht gute Gründe dafür sind, ein Journal begleitend zu deinem Entwicklungsprozess zu führen, dann weiß ich auch nicht. Dann wäre ein eigener Blog mit den entsprechenden Themen noch eine Möglichkeit, denn wie einleitend bereits gesagt, war es dieser, der mich Schritt für Schritt in die Klärung meines Lebens hineingeführt und mich ganz nah zu mir selbst gebracht hat.

DU BIST DRAN

PROBIER'S EINFACH MAL AUS … »JOURNALING«

Die Methode des Journalings unterstützt dich bei deinem Aufbruch in dein selbstbestimmteres Leben und sorgt dafür, dass du deine Vision immer gut im Blick hast. Ein Journal wird deine Aufmerksamkeit auf die vielen kleinen Glücksmomente im Alltag lenken und begleitet dich darin, eine von Grund auf positive Lebenseinstellung zu entwickeln, falls du eine solche nicht ohnehin schon hast. Bevor du nun loslegst, solltest du unbedingt noch Folgendes wissen: Beim Journaling gibt es kein Richtig und kein Falsch. Ob ausführlich oder im Telegrammstil mit Spiegelstrichen – schreib so, wie es dir gefällt und wie es dir guttut.

Zeit: **Immer wenn du im Buch liest und ich dir Fragen stelle oder dich zu einer Übung einlade oder dann, wenn du Lust darauf hast oder sich ein Gedankenzipfel zeigt, den du in Gänze noch nicht zu fassen bekommst**

Schwierigkeit: ★☆☆☆☆

Material: **1 schönes Begleitheft zu diesem Buch**
1 schöner Stift oder mehrere

Modifikation:

✓ Das Bullet Journal habe ich dir ja bereits vorgestellt. Es gibt aber noch zahlreiche andere Journaling-Methoden wie zum Beispiel die Morgenseiten. Schnapp dir morgens direkt nach dem Aufstehen einen Stift, und schreib in ganzen Sätzen alles auf, was dir in den Kopf kommt.

✓ Mit einem Erfolgsjournal fokussierst du dich auf deine Ziele und darauf, wie du sie erreichst.

✓ Du kannst einem Journaling auch einen ganz konkreten Fokus geben und ein Herzensthema-Journal führen. Irgendein Thema gibt es ja meistens, das uns aktuell beschäftigt.

✓ Eine weitere Möglichkeit ist die sogenannte Sechs-Minuten-Methode, bei der du dir jeden Tag in sechs Minuten die gleichen Fragen stellst. Die sechs Minuten teilst du in gleiche Teile: morgens drei und abends drei. Diese Methode wirst du auch mit anderen Zeitintervallen im Internet finden.

✓ Auch ein Dankbarkeitstagebuch ist eine großartige Variante. Jeden Abend richtest du deinen Blick auf die drei Ereignisse, die tagsüber in dir das Gefühl der Dankbarkeit ausgelöst haben.
✓ Feel free! Finde das, was zu dir passt!

Vorgehen:
✓ Es gibt nur eine Regel: Es gibt keine Regeln.
✓ Versuche so oft wie möglich, deine Gedanken, die durch das Lesen des Buches, meine oder andere Impulse auftauchen, schriftlich festzuhalten.
✓ Sei neugierig auf deine Antworten auf meine Reflexionsfragen. Du wirst erstaunt sein, dass die Antwort, die du schreibst, oftmals anders sein wird als die, an die du zuvor gedacht hast.

TIPPS, DAMIT ES AUCH WIRKLICH KLAPPT MIT DEM »GLÜCK«

Jetzt kommen noch ein paar abschließende Tipps in Sachen Glück zum Schluss, denn eines ist klar, die Methode des Journalings ist keine Zauberformel. Damit sie wirken kann, braucht es dein Engagement und auch deine Ausdauer.[6]

Glück ist ansteckend. Wenn du in der Entwicklung deines Glücksempfindens einen echten Turbo einlegen möchtest, dann umgebe dich mit Menschen, die glücklich sind, und löse dich von solchen, die dein Vorhaben »Vorwärts heißt zurück zu mir« negativ bewerten und dich runterziehen. Ansteckende Glücksgesundheit ist das Gebot der Stunde, der Tage, der Wochen und der zukünftigen Jahre.

Glück liegt nicht immer direkt vor deiner Haustür, aber nicht weit davon entfernt. Auch deine Umgebung hat einen erheblichen

Einfluss auf dein Glücksempfinden. Menschen sind glücklicher, wenn sie sich draußen in der Natur aufhalten, als wenn sie in der Stadt unterwegs sind. Willst du dir also einen echten Glücksbooster gönnen, dann husch, husch – ab in den nächsten Wald oder an den nächsten See. Hauptsache, raus.

Auch Dankbarkeit ist ein echter Glückshebel. Verschiebe deinen Fokus von dem, was nicht so gut läuft, auf das, was gut ist und wofür du dankbar sein kannst. Leider nehmen wir die Gänseblümchen unseres Alltags häufig nicht mehr bewusst wahr oder erachten sie als selbstverständlich. Nichts ist selbstverständlich. Wenn du dich dabei ertappst, dass du auf das schaust, was vielleicht noch fehlt, richtest du deine Energie auf die Defizite und verlierst dabei vollkommen aus den Augen, was um dich herum gut ist und was du schon alles erreicht hast. Frag dich einfach öfter mal, was du schmerzlich missen würdest, wenn es nicht mehr da wäre.

Glück vermehrt sich, wenn du es teilst. Soziales Engagement macht nämlich glücklich. Und trotzdem gilt: Vergiss dich nicht. Nur wenn du genügend Kraft und Energie hast, dann kannst du auch für andere da sein.

Strebe jeden Tag nach deinem ganz persönlichen Glücksmoment, und der Erfolg stellt sich quasi von alleine ein. Zumindest fast. Wenn du verbissen versuchst, dein Ziel von einem selbstbestimmten Leben zu erreichen, verpasst du das Leben. Richte deine Aufmerksamkeit daher auf das, was dich im Hier und Jetzt glücklich macht, und dein Ziel ist dann ein nettes Beiwerk.

DU BIST DRAN

ICH HABE EIN PAAR REFLEXIONSFRAGEN FÜR DICH

- ✓ Wie kannst du verhindern, ein glückliches, selbstbestimmtes Leben zu führen?
- ✓ Wie könntest du dich selbst boykottieren?

Du siehst, es gibt also gute Möglichkeiten, um den Drive aus unserem Zeitempfinden zu nehmen. Regelmäßig Situationen aufzusuchen oder herbeizuführen, die uns glücklich machen, unterstützt uns darin. Dafür müssen wir aber vor allem eins: uns wieder häufiger die Frage stellen: »Was ist es, was mich glücklich macht?« Es gibt übrigens Studien, die besagen, dass das Glücksempfinden in der Lebensmitte am niedrigsten ist.[7] Solche Studien, vor allem, wenn man daran glaubt, wären ein gutes Negativbeispiel dafür, wie man sich selbst und seine guten Absichten boykottieren kann, wie oben als Gedankenexperiment vorgeschlagen. Diesen Studien begegne ich jedoch mit einem rebellischen »Mag sein; diese Aussage stimmt aber nicht für diejenigen, die ihr Leben selbstbestimmt gestalten!« Deswegen mein Appell an dich: »Licht aus, Spot an! Los geht's – vorwärts zurück zu dir! Deine Mitte des Lebens beginnt genau jetzt!«

Kapitel 2
Vorwärts heißt zurück zu dir

Verena war auf die Terrasse hinausgegangen und betrachtete fasziniert meine von Gänseblümchen übersähte Wiese. »Das Glück liegt eigentlich direkt vor uns. Wir müssten uns nur einen kleinen Moment Zeit nehmen, um daran zu riechen. Und das am besten jeden Tag.«

Sabine gesellte sich zu ihr. Sie pflückte ein paar Gänseblümchen und dekorierte ihre Zehen damit. »Ja, es ist schon irgendwie verrückt. Wie oft halten wir Ausschau nach ›dem Großen‹ und übersehen dabei, dass die Lösung oft in den einfachsten Dingen liegt?«

»Na ja, das ist ja auch ein Prozess. Du kannst doch nicht einfach nur sagen, dass ab morgen täglich Gänseblümchen zu pflücken auf der Tagesordnung stehen wird. Und ganz ehrlich: Das würde mich auch nicht wirklich erfüllen.«

»Wisst ihr, dass mich das immer wieder überrascht?« Verena hatte sich auf die Wiese gesetzt und beobachtete eine Hummel, die behäbig von Blume zu Blume flog.

»Dass Hummeln fliegen können?« Sabine hatte sich neben Verena ins Gras gesetzt und schaute dem kleinen, dicken Brummer ebenfalls zu. »Können sie wohl! Hummelflügel und deren Bewegungen sind so beschaffen, dass sie spezielle Wirbel erzeugen, die für den Auftrieb sorgen. Ich mag die kleinen Pummelchen, denn sie sind wichtig für

die Bestäubung. Außerdem sind sie total schlau, denn sie können sich die Lösung eines Problems von Artgenossen abschauen und dann so lange weitergeben, bis sie das ganze Nest beherrscht.« Sabine verblüffte uns immer wieder mit ihrem Biologiewissen.

»Nein, das ist es nicht, was mich überrascht … wobei …« Verena hatte sich wieder erhoben und grinste der Hummel hinterher. »Es überrascht mich immer wieder, wenn supertaffe Frauen, die mitten im Leben stehen und alles Mögliche wuppen, sich so schwer damit tun, für sich herauszufinden, dass sie jetzt mal dran sind.«

»Na ja, das geht ja auch nicht so einfach. Dazu braucht es schon ein wenig Selbstreflexion und dann die Erkenntnis, dass dem tatsächlich so ist. Aber wir können ja ein bisschen hummeln und die Lösung an unsere Artgenossinnen weitergeben …« Ich war mir nicht sicher, wie meine Hummelbewegung, die meinen letzten Satz unterstreichen sollte, für meinen Nachbarn ausgesehen hatte, der just in diesem Moment in seinen Garten trat und uns freundlich zuwinkte.

EIN SCHRITT ZURÜCK HILFT, UM DAS KLEINE IM GROSSEN GANZEN ZU SEHEN

Den meisten von uns dämmert es allmählich. So nach und nach. Die Erkenntnis, dass die Hälfte des Lebens tatsächlich der Vergangenheit angehört. Mal blitzt sie hier hoch. Mal dort. Diese Erkenntnis. Und irgendwann mal stehst du vor dem Spiegel, schaust dir tief in die Augen und denkst: »Huch, was ist denn das?« Meine kleinen Lachfältchen um die Augen haben mich persönlich noch nie gestört. Auch nicht, dass meine Haut nicht mehr so straff ist.

Aber die ersten wahrnehmbaren Altersfleckchen hingegen – die haben mich dann doch verunsichert. »Das ist doch noch viel zu früh dafür, oder? Ich stehe doch mitten im Leben?«

Wenn ich mal wieder solche Gedanken habe, dann gehe ich einen Schritt zurück. Mit Abstand betrachtet, relativiert sich so einiges. Was aber nicht heißt, ich würde den Tatsachen, dass ich schon eine Weile nicht mehr zum sogenannten »jungen Gemüse« gehöre, aus dem Weg gehen. Ganz im Gegenteil sogar. Der Schritt zurück hilft mir, das große Ganze wahrzunehmen. Also mich mit meinen 1,80 Metern, mein durch und durch glückliches und auch zufriedenes Gesicht. Mit den winzig kleinen und für andere kaum sichtbaren hellen Fleckchen, die auch Sommersprossen sein könnten. Alles in allem dankbar dafür, was für ein schönes Leben ich doch habe.

DIE SCHÖNSTE ZEIT IN MEINEM LEBEN IST JETZT

»Sag mal, Tanja, was war eigentlich die schönste Zeit in deinem Leben? Wie alt würdest du gerne noch mal sein?« Mit dieser Frage hatte ich nicht gerechnet, und nach wie vor bin ich zutiefst von ihr beeindruckt. Als sie mir gestellt wurde, dauerte es nicht einmal eine Minute, bis ich antwortete. Vor meinem inneren Auge ließ ich mein Leben im Zeitraffer ablaufen. »Ganz ehrlich? Jetzt! Wenn ich darüber nachdenke, dann kann ich ganz aufrichtig sagen: Niemals zuvor habe ich ein zufriedeneres, glücklicheres und schöneres Leben geführt als jetzt. Ich kann alles machen, was ich möchte. Muss niemanden fragen. Kann einfach das tun, wonach mir der Kopf steht und zu dem mein Herz mich führt. Und ja, manchmal tun mir meine Knie weh, nachdem ich den ganzen

Tag auf den Bergen rumgeturnt bin oder im Büro gesessen habe. Aber: Ich bin glücklich und liebe mein Leben.«

Wow! Was für ein Statement! Meine Antwort überraschte auch mich ein klein wenig. Ich hatte diese Dimension zwar innerlich erahnt, es aber noch nie so auf einen Nenner gebracht.

DU BIST DRAN

ICH HABE EIN PAAR REFLEXIONSFRAGEN FÜR DICH

- ✓ Wenn ich deine beste Freundin oder eine Person, die dich sehr gut kennt, fragen würde: »Was glaubst du? Wann war die glücklichste Zeit in ihrem bisherigen Leben?«, welche Antwort bekäme ich?
- ✓ Und wie sieht es aktuell aus? Auf einer Skala von 0 (gar nicht) bis 10 (megahappy): Wie glücklich bist du mit deinem heutigen Leben?

Hätte man mir diese Frage fünf Jahre zuvor gestellt, so hätte ich vermutlich das Jahr aufgeführt, als ich aus einem Urlaub in Schottland zurückgekehrt war und damit begann, Dudelsack zu spielen. Alles war neu und aufregend, und von heute auf morgen erschlossen sich mir faszinierende Welten. Ganz sicher wäre auch meine Berliner Studienzeit ein heißer Favorit gewesen. In diesem Lebensabschnitt lernte ich vor allem, was es bedeutet, erfolgreich in Bereichen zu sein, in denen ich in der Schule immer nur versagt hatte. Mathe 0 Punkte, Statistik Note 1. Das sagt wohl alles. Außerdem konnte ich erleben, was es bedeutet, mit wenig Geld viele schöne Dinge zu machen. Wenn es um tolle Studentenpartys am Wannsee ging, so waren wir Studierenden alle sehr erfinderisch. Und freilich hätte ich auch die Zeit genannt, als mein Sohn endlich aus dem Gröbsten draußen war und ich nicht mehr den Popo und seine laufende Nase putzen musste. Sicherlich war ich von Anfang an eine liebende Mutter, aber manche der damit einhergehenden Tätigkeiten haben mich einfach nicht vom Hocker gerissen. Ausgeführt habe ich sie trotzdem. Schließlich gehört es ja zum Leben mit einem Kleinkind dazu. Irgendwie scheint es so, dass jede Lebensphase ihre ganz eigenen wunderschönen Momente hat und ich für mich in der jeweiligen Phase immer gesagt hätte: »Jetzt ist meine schönste Zeit.«

Summa summarum darf ich in meinem bisherigen Leben auf unzählige fantastische Bilder und Erinnerungen zurückschauen. Was nicht heißt, dass ich nur Friede, Freude, Eierkuchen erlebte. Du vermutlich ja auch nicht. Nein, nein. Selbstverständlich kenne auch ich durchaus schwierige Lebensphasen. Zum Beispiel gibt es in mir nach wie vor die latente Angst, es finanziell nicht zu packen. Die beschert mir bis heute – zumindest ab und zu – schlaflose Nächte. Dabei sei mal dahingestellt, ob diese Angst einen realen Nährboden hat.

Und ja, auch Tränen gab es in meinem Leben. Zur Genüge. Tränen des Abschieds. Tränen des Schmerzes. Tränen der Enttäuschung. Tränen des Zorns und Ärgers. Tränen der Verzweiflung. Am liebsten aber waren und sind mir nach wie vor die Freudentränen und die Tränen des Glücks. Und von denen hatte ich in den letzten Jahren reichlich. Wie zum Beispiel in dem Sommer, als ich mit meinem Sohn und meinem Hund in aller Stille in den Dünen am Ärmelkanal saß und wir der untergehenden Sonne zuschauten. In gespannter Erwartung dessen, welche Abenteuer unser gemeinsamer Wohnmobiltrip nach England am nächsten Tag mit sich bringen würde. Ein fast erwachsener junger Mann an meiner Seite, der die Option gehabt hätte, den Urlaub mit seinen Freunden zu verbringen. Sich aber ganz bewusst dafür entschieden hatte mitzukommen. Ich hätte zwar allen Mut zusammengekratzt und wäre auch alleine losgezottelt. Aber zusammen war es schöner. Und ich schwöre: Diese Szene in den Dünen von Calais hätte einem großen Kinofilm entspringen können. Kannst du dich daran erinnern, wann du das letzte Mal Tränen vor Glück vergossen hast?

WENN DEIN LEBEN EIN FILM WÄRE, WELCHEN TITEL WÜRDEST DU IHM GEBEN?

Dirty Dancing, *Flashdance*, *Indiana Jones*, *Der Club der toten Dichter*, *Harry und Sally* und *Yentl* mit Barbra Streisand in der Hauptrolle, sämtlich Filme aus den Achtzigerjahren. Sie alle zählen nach wie vor zu meinen Lieblingsfilmen. Vielleicht hast auch du sie dir angeschaut. Kannst du dich noch an die Einzelheiten der jeweiligen Filme erinnern? Oder lediglich rudimentär an den Haupterzählstrang, und das auch nur abhängig davon, wie oft du den Film gesehen hast. In den meisten Fällen wirst du jedoch nur noch wissen, wer die Hauptrollen gespielt hat, ob du den Film prinzipiell gut empfandest oder eben auch nicht.

Würde mich also jemand dazu auffordern, mein bisheriges Leben als Film zu betrachten und diesem einen knackigen Titel zu geben, so würde ich dieser Person antworten, dass mein bisheriges Leben aus zwei Filmen besteht: einem ersten Teil und seiner Fortsetzung. Der erste Teil beginnt mit einer durchaus glücklichen und sorgenfreien Kindheit in meiner schwäbischen Heimatstadt und endet mit einer Szene, in der ich auf einem Foto zu sehen bin. Auf dem Kopf eine seltsame rote Bommelmütze, an deren Seiten links und rechts lange geflochtene Zöpfe herunterhängen; hinter mir ein langer Weg, dicht gesäumt von Bäumen. Diesem ersten Teil würde ich den Titel Springerstiefel, Psychologie & schottischer Dudelsack geben. Untertitel: Eine lebensfrohe Frau auf der Suche nach … ja, nach was denn eigentlich? Der Film war nicht schlecht und hatte durchaus viele Highlights, aber irgendwie fehlte die Richtung.

Die Fortsetzung beginnt dann mit einer Szene in einem Bad, in dem ich mit meinem Zeigefinger ein Herz auf einen von Wasserdampf beschlagenen Spiegel zeichne. Er trägt den Titel: Vorwärts heißt zurück zu mir. Ich mach mir die Welt, wie sie mir gefällt. Untertitel: Glücklich, zufrieden, erfüllt, selbstbestimmt.

Die Arbeit mit meinen Coachees beginnt übrigens häufig mit einer solchen Bestandsaufnahme. Ich frage nach einem Filmtitel und einem Satz, der das bisherige Leben in kurzen Worten wiedergeben würde. Das hilft mir, ein erstes Gefühl dafür zu bekommen, was das Thema hinter dem Thema sein könnte. Bei Springerstiefel, Psychologie & schottischer Dudelsack passt ja auf den ersten Blick so gar nichts richtig zusammen. Wenn ich dir aber dann erzählen würde, dass die Springerstiefel symbolisch für die Zeit stehen, in der ich als Jugendliche von zu Hause abgehauen war, die Psychologie für den Beginn meines Weges, mich selbst besser zu verstehen, und der Dudelsack ein Ausdruck eines unbändigen Freiheitsgefühls ist, das ich bei meinem ersten Schottland-Aufenthalt in mir entdeckte, wird mein Entwicklungsthema sichtbarer. Alle drei Dinge stehen für meine innere Rebellion in verschiedenen Lebensphasen. Gemeinsam mit dem Untertitel Eine lebensfrohe Frau auf der Suche nach … ja, nach was denn eigentlich? wird klarer, dass das eigentliche Thema eine Frau ist, die auf der Suche nach sich selbst ist und eine innere Sehnsucht in sich trägt, ein Leben zu leben, das sie erfüllt und glücklich macht. Eine Art »Ankommen«, ohne an einer Stelle festzusitzen.

Würde ich mit meinen Coachees mit einer Frage starten wie »Und was glaubst du, welchen Einfluss die Kindheit deiner Eltern auf deine innere Unruhe und Suche hat?« und unvorbereitet in die Tiefe ihrer Psyche abtauchen, dann erntete ich sicherlich ein großes Fragezeichen. Zu Recht. Für eine solche Frage braucht es ein Vertrauensverhältnis und mehr als nur eine kurze Aufwärmzeit in Sachen »Reflexion«.

Eine Alternative zum Filmtitel als Bestandsaufnahme wäre eine Liste mit positiven Lebensereignissen links und mit Erlebnissen, die weniger schön waren, rechts. Eine solche Liste fühlt sich jedoch trotz Inhalten irgendwie inhaltsleer an und birgt zudem die Gefahr, die Erfahrungen und Erlebnisse gegeneinander aufzuwiegen. Das Leben ist jedoch mehr als eine Addition mit anschließender Subtraktion. Du kannst Furchtbares durchgemacht haben und dein Leben trotzdem als gelungen empfinden.

DU BIST DRAN

PROBIER'S EINFACH MAL AUS … »DEIN LEBEN ALS FILM«

Lass uns doch mal schauen, wie es bei dir aussieht. Wie würde dein Film heißen, welchen Haupterzählungsstrang hätte er, und wer wären die Akteure? Eine tolle Methode dafür ist die sogenannte Log Line (engl. *log* [Protokoll, Liste]). Dieser Begriff stammt aus der amerikanischen Filmindustrie. Dabei handelt es sich um einen sehr kurzen Text, der versucht, die Handlung eines Films in wenigen Zeilen oder in einem etwas längeren Satz zusammenzufassen. Das hilft hervorragend, wenn es um eine erste Bestandsaufnahme geht und darum, sich über wesentliche Eckpunkte klar zu werden.

Eine Log Line besteht immer aus folgenden fünf Aspekten:

✓ Die Hauptfigur – hier wird aber nie der Name genannt, sondern immer nur die wichtigste Charaktereigenschaft und die Rolle.
✓ Der auslösende Moment.
✓ Das Ziel der Hauptfigur.
✓ Der Gegenspieler oder das Hindernis, das die Hauptfigur auf dem Weg zum Ziel überwinden muss.
✓ Was auf dem Spiel steht, das Thema der Geschichte.

Mein erster Film würde vermutlich im seichten Vorabendprogramm zu finden sein, meine Log Line würde in etwa lauten:

Eine lebensfrohe Frau (das bin ich) probiert in ihrem Leben alles Mögliche aus (Springerstiefel, Psychologiestudium, Dudelsack) und landet doch in einem Schema-F-Leben. Nach der Trennung von einem Mann lässt sie sich treiben und erkennt eines Tages auf einer Wanderung (auslösender Moment), dass sie sich und ihre eigenen Bedürfnisse im Alltags-Tsunami komplett aus den Augen verloren hat. Sie beschließt, ihrem Leben wieder inspirierende Impulse zu geben, und macht sich auf den Weg zu ihrer ganz persönlichen Idee vom Glück. (Ziel:) Dabei hat sie zahlreiche innere und äußere Herausforderungen (Gegenspieler) zu bewältigen, um nicht wieder von ihrem selbstbestimmten Weg abzukommen (was auf dem Spiel steht).

Wie auch das echte Leben lässt eine Log Line das Ende immer offen, aber probiere es selbst aus. Ich bin mir sicher, es wird dir Spaß machen, dein Leben mal auf diese Art auf einen Nenner zu bringen.

Zeit: **15 Minuten**
Schwierigkeit: **★★☆☆☆ – mit etwas Übung eher leicht**
Material: **1 Blatt Papier und 1 Stift**

Modifikation:

- ✓ Du kannst auch für andere Zeitintervalle eine Log Line erstellen, zum Beispiel um eine bestimmte Lebensphase zu beleuchten.
- ✓ Hervorragend geeignet ist diese Übung ebenso für einen Monats- oder Jahresrückblick.

Vorgehen:

- ✓ Nimm dir Zeit, und lass dein Leben Revue passieren.
- ✓ Zu welchem Genre zählt dein Film? Ist er eher ein Krimi? Eine Dokumentation? Ein Liebesfilm? Ein Actionfilm? Ein Katastrophenfilm? Eine Komödie? Oder doch eher Fantasy? Vielleicht sogar eine Daily Soap oder gar eine Never Ending Story? Was auch immer – versuche, es zuzuordnen.
- ✓ Welche drei Gefühle oder Adjektive würden deinen Film am ehesten beschreiben? Fröhlich? Leicht? Beschwingt? Bewegend? Anstrengend? Finde deine eigenen Worte.
- ✓ Versuche nun, die Log Line zu deinem bisherigen Leben zu erstellen. Zur Erinnerung: (1) Hauptfigur, (2) auslösender Moment, (3) Ziel der Hauptfigur, (4) Gegenspieler oder Hindernis und (5) was auf dem Spiel steht.
- ✓ Verleihe dann deinem Film einen aussagekräftigen Titel. Mit welchem Haupt- und Untertitel würde er auf der nächsten Berlinale angekündigt werden? Du kannst dich gerne an bestehende Filmtitel anlehnen, achte aber auf deine eigene Note. Schließlich gibt es dich ja auch nur einmal.
- ✓ Sprich deinen Filmtitel und deine Log Line gerne mal laut aus. Dann spürst du, ob sich noch eine Nuance ändern muss. Wenn du mit deiner Log Line zufrieden bist, dann schreib sie doch in Reinform in dein Journal.
- ✓ Falls dein Leben wie bei mir aus klar unterscheidbaren Teilen besteht, kannst du gerne für jeden Teil diese Log Line erstellen.

- ✓ Du kannst eine Log Line auch gut für die Konzeption deiner Zukunft verwenden. Wie würde der nächste Teil aussehen? Wer wären die Protagonisten, und was würde auf jeden Fall im Drehbuch stehen? Wann soll er Premiere haben? Und welchen Bereichen in deinem Leben würdest du dann mehr Aufmerksamkeit schenken?

Achte bei der Rückschau auf dein Leben darauf, dass du nicht nur die letzte Phase betrachtest. Aus der Psychologie wissen wir, dass Menschen immer wieder sogenannten Denk- und Handlungsfehlern unterliegen, wie zum Beispiel dem Endanker-Effekt (engl. *recency effect*). Manche nennen ihn auch »Nikolaus-Effekt«. Er besagt, dass Eindrücke, die wir zuletzt wahrgenommen und empfunden haben, stärker gewichtet werden. Seinen Namen hat der Effekt vom Nikolaus, der den Kindern aus seinem Buch deren Taten vorliest und in der Regel nur die Lichtblicke und auch Sünden der letzten Wochen thematisiert. Es scheint fast so zu sein, als ob der Nikolaus unterjährig anderweitig beschäftigt ist.

TANJAS AUFBRUCH IN IHR SELBSTBESTIMMTES LEBEN

Mein neuer Film begann an einem Neujahrstag durch einen relativ simplen Perspektivwechsel und mit einem schlechten Foto von mir. Schon seit einigen Jahren unternehme ich immer zu Jahresbeginn eine Neujahrswanderung, so bereite ich mich mental auf das vor uns liegende Jahr vor. Dafür fange ich unterwegs mit meiner Handykamera Motive ein, die mir während des Jahres als Erinnerungsanker für meine Vorhaben dienen sollen.

Eigentlich hatte ich bis zu jener Wanderung immer geglaubt, ich würde ein selbstbestimmtes Leben führen. Schon als Kind hatte ich zum großen Leidwesen meiner Eltern einen großen Drang, eigenständig Entscheidungen zu treffen, und auch klare Vorstellungen über die Art und Weise, wie ich mein Leben gestalten würde. Ich fragte mich zum Beispiel, wer um alles in der Welt die weiße Wäsche von der kilometerlangen Leine wieder abnehmen würde, denn für mich stand fest: Ich werde das bestimmt nicht machen! Und auch meine Hände wollte ich niemals in Spülmittel baden. Aber mal ganz ehrlich? Genau das habe ich dann in meinem späteren Leben getan. Nur moderner. Ich hatte mich in puncto Selbstbestimmtheit also geirrt. Zumindest in Teilen. Diese Erkenntnis bahnte sich an jenem Neujahrstag ihren Weg in mein Bewusstsein.

Ich war bereits auf dem Heimweg und noch immer auf der Suche nach einem passenden Motiv. Wie stets hatte ich den Blick nur nach vorne gerichtet, gespannt darauf, welche markanten Wegmarken sich mir bieten würden. Auf der Trasse einer ehemaligen Bahnlinie in der Einflugschneise meines Zuhauses wurde ich dann endlich fündig. Der Weg war links und rechts dicht gesäumt mit Bäumen. Mischwald. Die untergehende Sonne zauberte ein Lichterspiel in die Äste, und so ging ich behutsam in die Knie, um den Anblick einzufangen. Nicht ahnend, dass ich nicht nur diesen, sondern auch einen der bedeutsamsten Momente meines Lebens festhalten würde. Du kannst es dir sicherlich schon denken. Ja genau, es war der Moment, der mir eine andere Perspektive auf mich und meinen weiteren Lebensweg schenken würde.

EINE ROTE BOMMELMÜTZE, EIN WEG UND EIN SELFIE

Als ich mehr oder weniger elegant versuchte, aus der Hocke hochzukommen, betätigte ich aus Versehen mit meinem Daumen den Selfie-Modus meines Smartphones. Klick! Klick! Klick! Ihr wisst schon, das sind die Fotos, die man normalerweise auf der Stelle wieder löscht. Weil sie einfach nur gruselig sind. Dieses Foto zog mich jedoch magisch in seinen Bann. Da stand ich. Mit roter Bommelmütze und weiß-braun gestreifter Winterjacke. Irgendwie passte alles nicht so richtig zusammen und gehörte dennoch zu mir. Ich sah auf dem Foto nicht unglücklich aus, aber eben auch nicht glücklich. Eher blass und ohne Kontur. Ohne Aussagekraft. Ich hätte auch eine wildfremde Person sein können, die mich an mich selbst erinnerte.

Was mich neben diesem Blick auf mich an dem Foto außerdem fesselte, war die Wegstrecke, die ich bereits zurückgelegt hatte. Ohne dass ich mir ihrer bewusst gewesen wäre, obwohl ich unterwegs zahlreiche Fotos gemacht hatte. Ich konnte nur noch sagen, dass es insgesamt eine anstrengende, wenn auch schöne Wanderung gewesen war. Mühsam versuchte ich, mir die einzelnen tollen Momente in Erinnerung zu rufen. Es gelang mir nur schemenhaft. Der steile Anstieg hoch auf den Berg. Der Wind, der mir oben kalt ins Gesicht blies. Die Gabelung, an der ich mich entscheiden musste, ob ich die lange oder kürzere Runde gehen würde. Der sich in die Länge ziehende Weg zurück über die ehemalige Bahntrasse samt dem mit Moos überzogenen Fels am Wegesrand. Ich hatte ihm vor langer Zeit den liebevollen Namen »Der Pförtner« gegeben, weil er die Wanderer freundlich begrüßte, wenn diese nach dem Durchschreiten des schummrigen Eisenbahntunnels wieder ins Licht traten.

»Klingt ja fast nach meiner Lebensgeschichte. Daraus könnte ich einen Film drehen, allerdings wäre er nur für das Vorabendprogramm geeignet!« Ob solcher tiefgreifend-philosophischer Erkenntnisse musste ich über mich selbst grinsen. Nur wenige Wochen zuvor hatten mein Mann und ich uns voneinander getrennt. Nach und nach hatte ich das Gefühl, wieder ich selbst zu sein – und dass das Leben mich herzlich willkommen hieß.

DU BIST DRAN

ICH HABE EINE REFLEXIONSFRAGE FÜR DICH

Was würde sich auf deinem Selfie zeigen, wenn es in ähnlich zufälliger Weise entstünde?

EIN ZUFÄLLIGER PERSPEKTIVWECHSEL

Ich schaltete das Handy aus und steckte es zurück in meine Jackentasche. »Auf! Auf! Vorwärts! Den Rest schaffst du auch noch!« Gerade als ich mich in Bewegung setzen wollte, kam mir ein Gedanke. Ich fischte mit Zeigefinger und Daumen nach dem Handy und betrachtete nochmals in aller Ruhe das letzte Foto. Laut geführte Selbstgespräche haben etwas Bereinigendes. »Hey, Tanja!«, sagte ich zu der Frau mit der roten Bommelmütze. »Du hast schon einiges erlebt und auch viel für andere gesorgt und dich und deine Wünsche in den letzten Jahren oft zurückgestellt. Du hast deinen Job gemacht, warst sorgende Tochter, aber vor allem auch Mutter und hast für Ordnung im Haus gesorgt. Du hast Wäsche gewaschen, Spülmaschinen ausgeräumt und unermüdlich den sich wie von magischen Händen leerenden Kühlschrank aufgefüllt. Und auch den Rasen hast du gemäht. Aber sag mir: Wer bist du eigentlich inzwischen? Was macht dich glücklich? Wie möchtest du dein weiteres Leben gestalten? Was braucht es, damit du dich wieder präsenter und stimmig fühlst?«

Bäm! Nicht nur eine, sondern viele kluge Fragen. Blöd nur, dass Fotos keine Antwort geben können. Das brauchte es aber auch nicht. Der zufällige Perspektivwechsel ließ bereits eine Formulierung in mir entstehen. »Geh weiter! Immer vorwärts! Aber hab dich ab sofort besser im Blick«, denn: »Vorwärts heißt zurück zu dir« – und zu dem, was dich glücklich macht.

DU BIST DRAN

PROBIER'S EINFACH MAL AUS ... »PERSPEKTIVWECHSEL«

Eine der mächtigsten und wirkungsvollsten Coaching-Methoden ist der Perspektivwechsel. Normalerweise sehen wir nämlich nur das, was wir kennen, was wir sehen wollen und was uns vertraut ist. Leider ist dies auch der Grund dafür, dass wir für die Gestaltung unserer Zukunft ebenfalls nur das wahrnehmen, was wir aus unserem gewohnten Blickwinkel sehen. Oder etwas plastischer ausgedrückt: Wenn du aus dem Fenster deiner Wohnung im zweiten Stock schaust, dann wirst du erkennen, ob es ein Hindernis auf der Straße gibt – ein Hindernis, das du von der Haustüre aus zunächst nicht sehen würdest.

Beim Perspektivwechsel geht es also darum, einen erfrischend anderen Blick auf dich zu bekommen und Bekanntes in einem neuen Licht zu sehen, Unterschiede, neue Eigenschaften und auch Optionen zu erkennen. Wenn du dich darauf einlässt, wird sich dein Blick auf dich und deine Situation kolossal verändern. Denn ein Perspektivwechsel schenkt dir neue Sichtweisen.

Und genau darin liegen die Schlüssel für coole Ideen, ungeahnte Möglichkeiten, Ein- und Aussichten. Unzählige Schlüssel für ein selbstbestimmtes, glückliches und erfüllendes Leben. Probier's einfach mal aus.

Zeit: **Etwa 20 Minuten**
Schwierigkeit: **★★★☆☆ – aber auch hier gilt: Übung macht die Meisterin**
Material: **1 Stuhl mit etwas freiem Platz darum**
1 kleine Trittleiter oder Ähnliches
Falls du die Möglichkeit hast: die Aufnahmefunktion deines Handys
1 Foto von dir mit einer relativ neuen Momentaufnahme (also mitten aus dem Leben und nicht gestellt)
8 vorbereitete weiße DIN-A4-Blätter mit Beschriftungen (jeweils eine Bezeichnung pro Blatt): auf, hinter, von vorne, von rechts, von links, von unten, vor dem Spiegel, von oben
1 farbige Moderationskarte oder Ähnliches mit der Frage darauf: »Was glaube ich, was mich glücklich macht?«

Modifikation: Wenn du magst, dann bitte eine Person deines Vertrauens, dass sie dich in jede Position schickt und dir dann die Frage von der Moderationskarte stellt. Vielleicht eine Freundin?

Vorgehen:

✓ Stell den Stuhl in die Mitte eines Raumes, leg das Foto von dir auf die Sitzfläche, und ordne die Blätter entsprechend ihrer Beschriftung in ungefähr einem Meter Abstand um den Stuhl herum an. Die Blätter mit »von oben« und »vor dem Spiegel« legst du neben den Stuhl, »von unten« unter ihn.

✓ Konzentriere dich auf dich, und setze dich als Erstes auf den Stuhl. Blick nach vorne. Das repräsentiert den Blick von heute in deine Zukunft. Stell dir dann die Frage: »Was glaube ich, was mich glücklich macht?«

✓ Nimm nun nacheinander die anderen Positionen ein. Stell dich auf das jeweilige Blatt Papier, spüre in die Position hinein, und schau dabei auf den Stuhl und auf das Foto von dir.

✓ Stelle dir dann für jede Position immer die gleiche Frage: »Was glaube ich, was mich glücklich macht?« Beantworte die Frage aus der jeweiligen Position heraus. Nimm die Antworten am besten auf deinem Mobiltelefon auf:

- *Blick von auf dem Stuhl sitzend.*
  (= Ich sehe, was vor mir liegt – meine Wegstrecke.)
- *Blick von hinter dem Stuhl stehend.*
  (= Ich sehe mich mit mir und der Wegstrecke, die noch vor mir liegt.)
- *Blick von vorne in Richtung Stuhl.*
  (= Ich sehe mich mit meiner bereits zurückgelegten Wegstrecke und Vergangenheit.)
- *Blick von rechts.*
  (= Ich sehe mich mit all meinen bewahrenden Gedanken und Gefühlen.)
- *Blick von links.*
  (= Ich sehe mich mit all meinen sich verändernden Gedanken und Gefühlen.)
- *Blick von unterm Stuhl.*
  (= Ich sehe mich mit all meinen inneren Sehnsüchten und Wünschen, die gelebt werden wollen.) Tipp: Setz dich ganz dicht neben den Stuhl auf den Boden.

- *Blick vorm Spiegel.*
  (= Ich sehe mich in absoluter Selbstehrlichkeit.) Tipp: Leg das Blatt Papier irgendwo im Raum ab, und halt dir eine Hand vor Augen, und zwar so, als ob du in einen Spiegel blicken würdest.
- *Blick von oben.*
  (= Ich sehe mich eingebettet im großen Ganzen in meinem Wechselspiel mit den anderen Perspektiven.) Tipp: Steig für diese Perspektive auf die Trittleiter, gib aber acht, dass du nicht herunterfällst.

✓ Nimm dir danach Zeit, und schreib deine Erkenntnisse auf. Gibt es für dich bereits konkrete Hinweise, ob und was du in deinem Leben ändern möchtest?

Diese Übung kostet aufgrund des ungewöhnlichen Settings ein wenig Überwindung und vor allem auch Ruhe und Gelassenheit. Die eigentliche Herausforderung wird jedoch darin liegen, dass du nicht zu schnell antwortest, sondern dir Zeit gibst und wartest, bis sich eine Antwort in dir formuliert. Schließe am besten für jede Position die Augen oder suche einen Aufmerksamkeitspunkt im Raum. Es kann übrigens sein, dass du dich sagen hörst: »Ich bin total glücklich und finde mein Leben mega!« Was für ein großartiger Status quo! Wenn du magst, dann lass dich trotzdem auf die kommenden Übungen ein, und überlass das Aufrechterhalten deines ganz persönlichen Glücks nicht dem Zufall.

HAPPINESS IS THE BEST MAKE-UP

Die Frage nach dem, was dich glücklich macht, kannst nur du für dich beantworten. Dein Umfeld hat zwar mehr oder weniger eine Meinung dazu, auf was es aber wirklich ankommt, das bist du. Mein Glückspegel schlägt übrigens dann zu einem Maximum aus, wenn wildfremde Menschen mir folgende Worte schenken: »Ich mag SIE!!! Ich finde SIE richtig toll!« Vielleicht denkst du jetzt ja: »So was gibt es nicht!« O doch! Gibt es! Zumindest, wenn's um mich geht! Bescheidenheit war noch nie meine Stärke. Und ob du es glaubst oder nicht: In der Tat passiert mir das sogar andauernd. Begonnen hat es ungefähr ein Jahr, nachdem das Bommelmützen-Selfie entstanden ist. Immer wenn diese schönen und durchaus aufrichtig gemeinten Worte »Ich mag SIE!« ihren Weg über meine eng anliegenden Ohren in mein großes Herz finden, wachse ich ein Stückchen, lächle zurück und antworte: »Ich mag SIE auch!« Was für eine Liebeserklärung zwischen Menschen, die sich nicht kennen!

Du findest das seltsam? Irritiert hat mich dieses Kompliment tatsächlich nur ein einziges Mal. Beim ersten Mal auf einer Wanderung mit meinem jungen Hund durch einen Nebel, der die Landschaft in ein mystisches Licht tauchte. Die Schafe konnte man nicht sehen, doch hörte man sie zumindest gedämpft. Wie die eigenen Bedürfnisse und inneren Wünsche. Sie sind da, auch wenn man sie nicht immer offensichtlich sieht und sie sich nur ab und zu mal leise melden.

Es war ein älteres Ehepaar, das mich kurz sprachlos machte. Was, ehrlich gesagt, nicht oft geschieht. Aber in der Tat konnte ich die Worte der beiden nicht richtig einsortieren. Einerseits spürte ich die Aufrichtigkeit in ihnen, aber mein innerer Kritiker zischte mir mahnende Worte zu: »Was die wohl von dir wollen? So hübsch bist du auch wieder nicht!«

Ich hatte eine Weile das Panorama genossen und dann die beiden gefragt, ob wir uns zu ihnen aufs Bänkchen gegenüber gesellen dürften. Ein Kopfnicken, gefolgt von einer einladenden Geste, und schon nahm ich Platz. Verschmitzt schauten die beiden mich an. Sie hatten mich wohl beobachtet. Die Frau schluckte einen Bissen ihres Brotes hinunter und sagte: »Ich mag SIE!« Ihr Mann nickte zustimmend. Seine Frau sprach offensichtlich nur das aus, was auch seine Meinung war.

Etwas verdattert schaute ich sie an und wusste nicht so recht, wie ich reagieren sollte. Mit einem solchen unverblümten Kompliment hatte ich nicht gerechnet. Zwar bin ich jemand, der durchaus aufgrund der Größe ins Auge fällt. 1,80 Meter zahlen schon auf das Beauty-Konto eines gefragten Models ein. Aber ganz ehrlich? Eine echte Schönheit bin ich nicht. Die Idee zur Wanderung war mir erst zwei Stunden zuvor gekommen. Spontan hatte ich meine Outdoor-Kleidung angezogen, Mütze auf, und schon ging's los.

»Sie mögen mich?« Fragend hatte ich die beiden angeschaut.

»Wir mögen SIE!« Ihr Zeigefinger deutete in Richtung meines Kopfes. »Wir mögen Ihre Mütze!«

Mit der rechten Hand zog ich sie runter und begann herzhaft zu lachen! »Happiness is the best Make-up« stand dort in großen Buchstaben. Mit einem Augenzwinkern zog ich die Mütze schnell wieder auf. »Stimmt! Ich mag SIE auch!«

Auf der Heide herrschte nicht nur Nebel, sondern auch Wind, der an diesem Tag besonders kühl aus dem Norden blies. Ich hatte die aussagekräftige Kopfbedeckung in einem kleinen Dorf in den schottischen Highlands ergattert, weil ich keine mehr hatte. Die rote Bommelmütze hatte ich unmittelbar nach dem Selfie abgelegt und in einem Karton verstaut. Sie hatte ihre guten Zeiten gehabt, aber die gehörten der Vergangenheit an. Die neue Mütze hingegen war wie für mich gemacht. Sie fand in mir nicht nur eine dankbare Trägerin, sondern vor allem eine aufrichtige und überzeugte Botschafterin eines fantastischen Lebenskonzepts: Mach das, was dich glücklich macht! Denn: Happiness is the best Make-up!

DU BIST DRAN

ICH HABE EINE REFLEXIONSFRAGE FÜR DICH

Was ist deine »rote Bommelmütze?«: Gibt es etwas, das symbolisch für dein bisheriges Leben steht und von dem du weißt: Eigentlich ist es Zeit, Abschied zu nehmen und Neues zu beginnen?

SELBSTBESTIMMT ODER NICHT SELBSTBESTIMMT? DAS IST HIER DIE FRAGE

Damals, als das Bild von mir entstand, hatte ich mich unmittelbar danach auf den Weg gemacht und mir nicht nur die Frage gestellt, was mich glücklich macht, sondern meine Antworten darauf nach und nach umgesetzt. Für den einen oder die andere sah das durchaus nach Selbstverliebtheit und Egoismus aus. Ich würde es anders nennen: Es ist vor allem Selbstfürsorge.

Wenn das also eine deiner Befürchtungen sein sollte, dass es Menschen in deinem Umfeld geben wird, die deinen zukünftigen Weg mit kritischen Kommentaren begleiten werden, so rufe ich dir ermutigend zu: »Ja, das werden sie. Aber du bist ja nicht auf der Welt, damit du so bist, wie die anderen dich gerne hätten.« Du wirst jedoch ganz sicher auch Fans von deinem Aufbruch in ein selbstbestimmtes Leben finden. Wobei ich lieber den Terminus »selbstbestimmteres Leben« verwenden würde. Es gibt einfach Dinge, von denen wir wissen, dass wir sie akzeptieren müssen. Aus moralischen, aber auch wertebedingten Gründen. Ich zum Beispiel bin wirklich gerne für meine älter gewordenen Eltern da und helfe ihnen bei Bedarf. Wenn auch nicht immer mit absoluter Freude. Selbstbestimmung bedeutet daher für mich, dass ich immer die Wahl habe, ob ich eine Situation hinnehme oder ob ich sie verändern möchte. Diese Freiheit, selbst über uns und unser Leben bestimmen zu dürfen, ist übrigens nicht nur ein Modebegriff, sondern ein Menschenrecht, das auch durch unsere Verfassung geschützt wird: »Jeder hat das Recht auf die freie Entfaltung seiner Persönlichkeit, soweit er nicht die Rechte anderer verletzt …«[8]

DU BIST DRAN

ICH HABE EINE REFLEXIONSFRAGE FÜR DICH

Mal angenommen, du hättest bei meiner Frage im Vorwort, was du dir von mir wünschen würdest, wenn du einen einzigen Wunsch frei hättest, ein »selbstbestimmtes« Leben genannt. Ein Leben, in dem du dich mit deinen Wünschen und Bedürfnissen in gelebter Form wiederfindest. Woran würdest du erkennen, dass ich dir deinen Wunsch erfüllt habe?

MACH DICH SCHICK FÜRS LEBEN

Eigentlich wünsche ich jeder Frau in unserem Alter die wundervolle Erkenntnis, dass es Zeit ist, ihre alte Bommelmütze abzulegen, sich schick fürs Leben zu machen. Startklar *in* der Mitte des Lebens. Startbereit *für* die Mitte des Lebens. Und noch weit darüber hinaus.

Wie hat mal eine Freundin von mir gesagt? »Deine Fältchen sind die Geschichten in deinem Leben.« Sie ist Make-up-Artist und hatte vor ihrer Rückkehr nach Deutschland in Hollywood mit zahlreichen Stars und Sternchen gearbeitet. »Deine Fältchen darfst du liebevoll annehmen und auch die kleinen Altersfleckchen. All das gehört zu dir. Botox hilft auf Dauer eh nicht und stiehlt dir außerdem deine Natürlichkeit.« Ich grinste sie breit an, schielte aber zeitgleich ehrfürchtig auf den Lippenstift, den sie mir zugedacht hatte.

»Lippenstift ist also besser als Botox?«, fragte ich sie. Noch niemals zuvor hatte ich meine Lippen in Szene gesetzt.

»Definitiv! Du bist doch Psychologin! Kennst du denn nicht den Lippenstifteffekt? Er besagt, dass Frauen vor allem in großen gesellschaftlichen Umbruchphasen Lippenstift auftragen – aber auch dann, wenn sie vorhaben, ihr Leben zu verbessern!«

LACHEN BEFREIT UND MACHT GLÜCKLICH!

Nein, von diesem Effekt hatte ich zuvor noch nie gehört. Wieder einmal musste ich über mich selbst lachen. Überhaupt lache ich häufig über mich. Wenn mir mal wieder ein irrwitziger Slapstick passiert und ich zum Beispiel ausrutsche und kopfüber in den Schnee falle – selbstverständlich mit beiden Händen in den Jackentaschen, weil ich sie nicht mehr rechtzeitig herausziehen konnte. Oder wenn ich in ein dickes Fettnäpfchen trete, aus dem ich mich selbst mit den allerschönsten Worten dieser Welt nicht mehr rausreden kann. Wie damals auf der Studentenparty in Berlin, als mir ein Bekannter über die Köpfe der Gäste hinweg die Frage zurief: »Sag mal, Tanja!? Wer ist Barbra Streisand!?« Und ich ziemlich laut und vor allem unüberlegt die Antwort zurückrief: »Das ist die Sängerin mit der überdimensional großen Nase im Gesicht.« Die Stille, die dann eintrat, verstand ich erst, als mein Bekannter mich mit weit aufgerissenen Augen darüber in Kenntnis setzte, dass er gerade seiner Gesprächspartnerin gesagt hätte, sie sehe aus wie Barbra Streisand – die Hauptdarstellerin von *Yentl.*

Hey, solch eine Scharte kannst du einfach nicht mehr auswetzen. Auch nicht mit Komplimenten wie »Aber sie hat eine wirklich fantastische Stimme«. Nein, nein. Da hilft nur noch eines: über sich selbst lachen und dabei eine aufrichtige Entschuldigung sagen wie: »*Oje* – ich mal wieder! Das tut mir echt total leid, ich wollte niemanden verletzen.« In Wirklichkeit hatte ich übrigens den Begriff »Riesenzinken« verwendet, doch darüber lege ich nur allzu gerne mein Mäntelchen des Schweigens. Zu peinlich ist mir das.

Na ja, auch wir Psychologen sind nicht unfehlbar. Übrigens nicht nur, wenn es sich um Fettnäpfchen dreht. Doch auch dann kann ich versöhnlich über mich lachen. Lachen befreit und macht glücklich. Und genau das ist es, was wir doch wollen, oder? Ein glückliches, zufriedenes und erfülltes Leben.

LICHT AUS, SPOT AN! AB JETZT DREHT SICH ALLES UM DICH!

Also kremple die Arme hoch, und schnapp dir einen Lippenstift. Oder noch besser: Gönn dir einen neuen. Gleich mehrere Studien zeigen: Lippenstift lässt uns nicht nur jünger, dynamischer, kompetenter, präsenter, zuverlässiger und anziehender aussehen, sondern verbessert auch unser Selbstbewusstsein, unsere Stimmung und unseren Tag.[9] Tag für Tag. Das sind doch ziemlich viele gute Gründe, die für einen Lippenstift sprechen. Die gibt es übrigens auch in Bio. Setz also dich und dein Glück in Szene, und mach daraus eine lebenslange Liebeserklärung an dich selbst. Licht aus, Spot an! Jetzt bist du dran. Ab jetzt dreht sich alles um dich. Wenn's mal nicht so klappt und der Lippenstift verwischt, denk immer dran: Lachen hilft. Und falls du bekennende Nicht-Lippenstift-Trägerin bist: auch gut. So ist das eben mit einem selbstbestimmten Leben. Du hast die freie Wahl, das zu tun, was dir guttut.

»Mädels, habe ich euch schon mal gesagt, wie sehr ich die Zeit mit euch genieße und dankbar für unsere Freundschaft bin?« Manchmal kam es vor, dass ich den Schalter innerhalb von Sekunden umlegte und ernst wurde. »Ich finde es gar nicht selbstverständlich, auch im späteren Alter noch tiefe Freundschaften zu entwickeln. Bei euch habe ich immer das Gefühl, so sein zu dürfen, wie ich bin.«

Sabine schaute mich aufmerksam an. »Warum solltest du nicht sein dürfen, wie du bist?«

»Na ja, bis vor gar nicht allzu langer Zeit hatte ich öfter das Gefühl, eine Rolle spielen zu müssen. Mich so zu verhalten, wie ich glaubte, dass andere es von mir erwarten würden. Euch meine ich übrigens damit nicht. Aber das Gefühl, für andere ›Tanja, die

Starke‹ sein zu müssen, die sich um alle anderen kümmert und schaut, dass es ihnen gut geht, das zieht sich schon wie ein roter Faden durch mein Leben. Und dann war halt häufig kein Platz mehr für die Dinge, die ich gerne gemacht hätte.«

»Typische ›Erwartungserwartung‹ – wenn Menschen selbst eine Erwartung haben, was andere von einem erwarten …« Sabine brachte es auf den korrekten Ausdruck aus der systemischen Psychologie. »… und dem eventuell gar nicht so ist.«

Verena setzte sich wieder zu uns ins Gras. »Das kenne ich von mir auch. Und ich denke, das kennt so ziemlich jede Frau. Vor allem wenn es darum geht, den eigenen Bedürfnissen mal Platz und Raum zu geben, da stellen wir uns gerne zurück, weil wir glauben, es wird auch irgendwie so erwartet. Ich bin dann jedes Mal wieder irritiert, wenn andere sagen: ›Ja, hättest du mal was gesagt! Oder einfach dein Ding gemacht, das wäre doch vollkommen okay für uns.‹ Aber das muss halt auch erst mal gelernt werden, dass wir nicht mehr so viel darüber nachdenken, was andere über uns denken oder sagen könnten, sondern dass wir einfach das tun, wonach uns der Sinn steht.«

Die Hummel kam direkt an mir vorbei. »Schaut mal, da kommt sie wieder, unsere Lösungsträgerin. Na, dann werde ich mal schauen, dass ich in mein Buch viel Wissen hineinpacke, damit Frauen sich selbst gut coachen können.«

Kapitel 3
Sei du dir selbst der beste Coach

Sabine hatte das Gespräch auf der Wiese genutzt und war in eine ihrer typischen Yoga-Haltungen übergegangen. Ihre Pose des »Heraufschauenden Hundes« war die perfekte Aufforderung für meinen Hund, sich ihr Nase an Nase gegenüberzustellen und ihr einen feuchten Kuss zu verpassen. »Igitt!« Damit hatte sie nicht gerechnet.

Verena konnte sich das Lachen nicht verkneifen. »Ja, das stelle ich auch immer wieder fest, dass viele Frauen blank sind, wenn es um Methoden geht, sich selbst zu entwickeln, dabei könnten doch gute Fragen wie Küsse schmecken. Es müssen ja keine Hundeküsse sein.«

»Ich erkläre meinen Coachees immer, was ich warum wie mache und wieso ich eine Frage so formuliere, wie ich sie formuliere. Nicht, um sie zu belehren, sondern um sie auf die Idee zu bringen, solche Techniken für sich zu adaptieren. Wobei ich da dann schon feststelle, dass das viel verlangt ist – einerseits das eigene Thema zu lösen und andererseits Techniken für die anderen Lebensbereiche mitzunehmen.«

»Würdest du bitte damit aufhören?« Sabine erwehrte sich immer noch der Küsse meines Hundes. »Wir haben unsere Techniken ja auch über Jahre gelernt, und sie sind uns samt Haltung in Fleisch und Blut übergegangen. Wobei ich schon auch der Meinung bin, dass jede Frau das könnte. Es braucht halt die Offenheit dafür, die

Lust daran und die Ermutigung von Profis, dass es vollkommen in Ordnung ist. Ich glaube, da spielt das Gefühl ›Das kann ich ja gar nicht‹ durchaus eine wichtige Rolle.«

»Stimmt, aber wir haben auch mal damit angefangen. Es ist ja definitiv kein Voodoo, was wir hier machen, sondern ganz solides Wissen, gepaart mit einer guten Intuition.«

Ich entschloss mich, Sabine von den Küssen meines Hundes zu erlösen: »Aus!« Mein Hund stoppte unmittelbar seine Liebesbekundungen. Manchmal hilft eben eine klare Ansage: »Auch du kannst hier noch was lernen!« Ein wissendes Lachen zog über die Wiese hinter meinem Haus.

SETZ DIR SELBST EINE RÖNTGENBRILLE AUF

Uns Psychologinnen und Psychologen werden ja gerne mal Superkräfte nachgesagt. Aber freilich hat keiner von uns diesen »alles durchschauenden Röntgenblick«, mit dem er in dich und in deine Psyche hineinschauen könnte. Wir haben lediglich ein Handwerk erlernt, über Jahre hinweg Erfahrungen gesammelt, Expertise aufgebaut und unsere Sensoren verfeinert. Welchen Beruf hast du mal erlernt? Kannst du dich noch an die einzelnen Inhalte deiner Ausbildung beziehungsweise deines Studiums erinnern? Vermutlich auch nur an die, welche du später dann ständig gebraucht hast, oder an jene, die vielleicht kurios gewesen sind. Wenn du also mit deinem Expertenwissen in deinem Berufsfeld unterwegs bist, dann erkennst du doch auch relativ schnell, was ungefährer Stand der Dinge ist und wo es welche Unterstützung braucht, oder?

Der uns Psychologen zugeschriebene Röntgenblick ist nichts anderes als das, was du bei der Ausübung deines Jobs oder Hobbys machst. Du setzt dein erlerntes Wissen samt deiner Erfahrungen und Fähigkeiten ein. Und die liegen bei uns Psychologen eben im Beobachten, Beschreiben und Analysieren. Wir versuchen zu verstehen, um passende Impulse für eine Entwicklung geben zu können. Die Umsetzung liegt dann in den Händen des anderen.

In diesem Buch bringe ich dir wesentliche Aspekte der Psychologie als Wissenschaft des Verstehens und der Veränderung näher, damit du dir selbst eine Röntgenbrille aufsetzen kannst. Es ist genau das Wissen, das du brauchst, um mit größerer Klarheit und vor allem auch Selbstbestimmtheit deine ganz persönlichen Ziele besser zu erreichen. Und ob du es nun glaubst oder nicht: Zu den wichtigen Aspekten gehörst du und deine Rolle in diesem Buch. Einfach nur Leserin? Würde gehen. Wirkungsvoller ist es jedoch, wenn du zeitgleich die Rolle deines eigenen Coachs einnimmst. »Selbst-Coaching« nennen wir das: dein Wissen über dich als Person und deine Persönlichkeit, gepaart mit meinem Wissen aus dem Bereich der Psychologie der Veränderung. Daraus kann ja nur was Gutes entstehen.

KLÄRE DEINE EIGENE ROLLE

Zu jeder guten Coaching-Ausbildung gehört die Klärung der eigenen Rolle und der Frage, welche Haltung wir Coaches einnehmen sollten, damit unsere Coachees den größtmöglichen Nutzen erhalten, um sich selbst gut entwickeln zu können. Im Zeitalter der Internetpsychologie und des inflationär gebrauchten Begriffs »Coaching« ist es mir ein wichtiges Anliegen, dass alles, was ich hier für dich zusammengetragen habe, Hand und Fuß hat und auch wissenschaftlich fundiert ist. Denn nicht in allem, was nach Psychologie klingt, ist auch Psychologie drin.

Pseudopsychologisches Wissen täuscht uns häufig. Wir Psychologen verwenden dafür den Begriff »Küchenpsychologie«, wenn alltagspsychologische Kenntnisse unreflektiert angewendet und simple Antworten auf komplexe Fragen gegeben werden. So muss zum Beispiel der Satz »Die ist halt in der Midlife-Crisis!« als Erklärungsversuch für so ziemlich jedes Verhalten einer Frau in der Lebensmitte herhalten.

Jeder Erfolg im Coaching hängt auch vom Coach ab. Deswegen meine klare Empfehlung für dich: Zieh dir einen Hut auf, und schlüpfe in diesem Buch immer wieder in die Rolle deines eigenen Coachs, denn keiner kennt dich besser als du selbst. Wenn du dich nun sagen hörst: »Kann ich das überhaupt? Mir selbst ein guter Coach sein? Ich habe doch gar keine Coaching-Ausbildung!«, dann rufe ich dir zu: »Doch, du kannst! Du bist keine Hochstaplerin, wenn du es tust! Das Grundlagenwissen, das ich mit dir teile, befähigt dich, diese Rolle zu füllen. Zumindest in einigen Bereichen.«

NUTZE DEINE GEFÜHLE – SIE WOLLEN DIR ETWAS WICHTIGES MITTEILEN

Ein Coach hat eine gewisse Gabe, Gefühle und Schwingungen wahrzunehmen. Diese Wahrnehmung sowie das Unausgesprochene holt er aus der Tabuzone und spricht es an. Oft liegt darin die Lösung. In der Psychologie nennen wir dieses Vorgehen »Utilisation der Gefühle«. Das lateinische Wort *utilis* heißt »nützlich«. Utilisation der Gefühle bedeutet also nichts anderes, als dass du deine Gefühle aktiv für deine Entwicklung nutzen kannst, weil sie dich auf etwas hinweisen wollen. Jede Veränderung hat emotionale Begleiter. Sowohl positive als auch negative: Hoffnung,

Vorfreude, Angst, Skepsis, Ärger, Mut, Zorn … und, und, und. All diese Gefühlszustände kannst du wunderbar nutzen und aktiv in dein Vorhaben eines selbstbestimmten Lebens einbringen. Es geht ganz einfach:

1. Du nimmst ein Gefühl in dir wahr: »Stopp! Da ist was!«
2. Dann versuchst du, das Gefühl zu benennen: »Was ist es?«
3. Du hörst deinem Gefühl zu und verbalisierst den Appell in ihm: »Was willst du mir sagen, was ich tun soll?«
4. Dann entscheidest du dich, ob und wie du handelst: »Verstanden! Folgendes werde ich tun …«

Als ich die rote Bommelmütze und die seltsame braun-weiß gestreifte Jacke ablegte, nahm ich deutlich einen schnelleren Herzschlag in mir wahr. Als Grund für diese körperliche Reaktion konnte ich eine Mischung aus Schuldgefühl, Angst und Vorfreude ausmachen. Die Gefühlsmischung wollte mir sagen, dass es einerseits okay ist, mich wieder mehr um mich zu kümmern, dass ich aber auch zeitgleich meine Vergangenheit nicht mit Füßen treten, sondern durchaus als Teil von mir wertschätzen soll. Nach einem kurzen Zögern entschied ich mich dazu, mich von der Jacke zu trennen und sie in die Kleiderkammer zu geben. Bei der roten Bommelmütze hingegen wusste ich nicht so richtig, was ich tun sollte. Sie kam zu mir, als wir mit der Familie in einem Winterurlaub im Allgäu waren. Unser Sohn war noch sehr klein. Inzwischen gibt es dieses Leben jedoch nur noch in Erinnerungen und auf Fotos. Und genau das durfte die Mütze nun auch werden: eine Erinnerung. Zuerst fand sie einen ehrwürdigen Platz im Keller; inzwischen ist sie in einem Karton in einem Regal gelandet. Mal schauen, wie es mit ihr weitergeht. Neue Erinnerungen entstehen und beanspruchen auch einen gebührenden Platz.

Die Utilisation oder das Nutzen von Gefühlen ist eine wichtige Coaching-Kompetenz, die ich weder im Umgang mit anderen noch mit mir selbst missen möchte. Andere halten mich für mutig, dass ich Dinge anspreche, die sie sich selbst niemals trauen würden. Dabei ist es ehrlich gesagt nur eine Röntgenbrillentechnik, die ich anwende. Nicht mehr und nicht weniger. Und für mich persönlich? Wenn ich Dinge ausspreche, die ich fühle, und sie dann auch nutze, dann komme ich wieder in meine Klarheit. Ein schönes Gefühl, die Klarheit. Sie kann der Beginn der Veränderung sein; vor dieser jedoch liegt dann noch die Entscheidung. Dazu aber später mehr.

WÄHRT EHRLICH AM LÄNGSTEN, ODER HEILIGT DER ZWECK DIE MITTEL?

Ich weiß noch ganz genau, wie voll ich meine Hosen bei meinem ersten Coaching hatte. Ich gestehe: Von Tuten und Blasen geschweige denn von Coaching selbst hatte ich keine Ahnung. Meine Röntgenbrille war erst im Entstehen. Das konnte ich aber meiner Coachee nicht sagen, und so ging es für mich vor allem darum, meine Unsicherheit vor ihr zu verbergen und souverän aufzutreten. Dafür las ich vor unserem ersten Treffen das Buch *Coaching* von Christopher Rauen.[10] Dieser ist in unserer Profession eine große Nummer.

Aus heutiger Sicht kann ich nur den Kopf über mich schütteln, aber damals blieb mir gefühlt keine andere Wahl. Ich hatte gerade mein Studium der Psychologie abgeschlossen und nach einer langen und sehr frustrierenden Bewerbungsphase endlich einen Einsteigerjob ergattert. Dafür solltest du wissen, dass wir Psychologen nach unserem Studium zwar unfassbar viel Wissen angehäuft haben; mehr aber auch nicht. Warum sollte es bei uns anders sein als in anderen Berufen auch? Der eigentliche Aufbau unserer Expertise erfolgt erst danach. Im Tun. In der Arbeit mit Menschen. Und damit diese Arbeit eben nicht in die Hose geht, braucht es entsprechende Weiterbildungen, die fast alle sehr viel Geld kosten. Ich hatte mich bereits im Studium dazu entschlossen, diese Expertise zumindest rudimentär aufzubauen und mich ehrenamtlich in der Berliner Suizid- und Krisenprävention zu engagieren. Der Deal war fair: »Du bekommst von uns eine Ausbildung in Gesprächsführung und regelmäßige Supervision und arbeitest dafür als Gegenleistung mit x Stunden pro Monat ehrenamtlich bei uns mit.«

Supervision gehört zu den Methoden des Perspektivwechsels. Ähnlich wie bei der Perspektivwechsel-Übung in Kapitel 2 erfolgt eine »Von-oben-Betrachtung« der eigenen Arbeit durch einen externen und neutralen Coach. Dieser leitet dich dazu an, dich und dein eigenes Handeln zu reflektieren, deine blinden Flecken zu erkennen und dadurch deine persönliche Entwicklung weiterzubringen. Denn ganz ehrlich: Auch wir Coaches verrennen uns, übersehen das ein oder andere und sind weit davon entfernt, die Götter in Weiß mit Röntgenbrille auf der Nase zu sein. Genau aus diesem Grund – um mich selbst weiterzuentwickeln – gönne ich mir in regelmäßigen Abständen eine Supervision. Wenn du also mal auf der Suche nach einem Coach sein solltest, dann frag ihn unbedingt, wann er zuletzt eine Supervision für sich in Anspruch genommen hat. Achte auf die Reaktion und vor allem auch auf dein Gefühl. Du weißt ja, wie du dein Gefühl nutzen kannst.

Meinem Studium und der Ausbildung bei der Seelsorge entstammte also das einzige Coaching-Handwerkszeug, das ich auf der Suche nach einem ersten Arbeitsplatz vorzuweisen hatte. Ziemlich dürftig. Nach Hunderten von Bewerbungen hatte ich mich dazu entschlossen zu flunkern und benannte es kurzerhand in »Coaching-Erfahrungen« um. Der Rest ist Geschichte. Ich bekam die Chance, nutzte sie, las ein Buch zur Vorbereitung auf meinen ersten Coachingfall und setzte ein Pokerface des Könnens auf.

Ehrlich währt also nicht immer am längsten, aber der Zweck heiligt durchaus so manches Mal die Mittel. Gewiss, ich brachte durchaus ein natürliches Talent für meine Rolle als Coach mit. Gut reden konnte ich schon immer. Anscheinend kam ich sogar so zur Welt. Zumindest wenn ich den Worten meiner Eltern Glauben schenken darf. Und auch empathisch wäre ich schon immer gewesen. Aber das alleine hätte nicht genügt. Und so entwickelte ich mein Können, indem ich viel las und das Gelesene an meinen Coachees anwandte. Ob das dann fair und verantwortungsvoll meinem Gegenüber gewesen ist? In meinem Fall würde ich mal ganz unbescheiden behaupten, dass ich aufgrund meiner ehrenamtlichen Tätigkeit doch ein relativ solides Grundgerüst mitgebracht hatte und sich meine damaligen Klienten durchaus gut von mir begleitet fühlten.

Wie anders das Coaching mit mir gewirkt hätte, wenn ich eine entsprechende Ausbildung genossen hätte? Darüber nachzudenken, finde ich müßig. Hätte, hätte, Fahrradkette. Sicherlich anders. Aber es war nun mal so, wie es war, und so schlängelte ich mich durch meine ersten Berufsjahre und setzte stets eine Miene der Souveränität auf. Mein damaliger Arbeitgeber investierte leider nicht in meine Weiterbildung, und ich selbst verdiente zu wenig und musste zudem meine Schulden aus dem Studium abbezahlen. Wenn ich in dieser Zeit auf andere Coaches traf, hatte ich immer ein leicht mulmiges Gefühl und die Befürchtung, dass mich diese als Hochstaplerin entlarven könnten.

Erst als ich mich selbstständig machte und ein gutes und auch sicheres Einkommen erzielte, entschloss ich mich, mein berufliches Wirken mit »echtem« Coaching-Wissen zu unterfüttern, und entschied mich für eine Ausbildung als Systemische Beraterin bei einem der führenden Qualifizierungsinstitute Deutschlands. Diese dauerte über zwei Jahre und hat einiges gekostet. Aber das Beste war für mich gerade gut genug. Mein Glaube: Wer ein Zertifikat von einem solch renommierten Institut vorweisen kann, dessen Expertise würde sicherlich nicht mehr infrage gestellt werden. Sicherlich war das zwar nicht mein Hauptmotiv für die Ausbildung dort, denn ich wollte ja wirklich lernen. Aber beeinflusst hat es meine Entscheidung doch irgendwie.

DIE ANGST DAVOR, NICHT GUT GENUG ZU SEIN

Dass es gar nicht die anderen, sondern ausgerechnet ich selbst war, die sich infrage stellte, wurde mir erst bewusst, als ich in meiner Ausbildung das sogenannte Hochstapler-Syndrom kennenlernte. Manch einer kennt es auch unter dem Namen »Impostor-Phänomen« (engl. *impostor* [Hochstapler, Betrüger, Schwindler]). Wer das Syndrom hat, der erkennt seine eigenen Leistungen nicht wirklich an und lebt mit der Befürchtung, dass seine vermeintliche Inkompetenz jederzeit aufgedeckt werden könnte. Eben weil die Person glaubt, dass sie das, was sie macht, eigentlich gar nicht wirklich oder nicht gut genug kann.

Genau genommen ist das Hochstapler- also ein Tiefstapler-Syndrom. Wobei es sich keinesfalls um eine psychische Erkrankung mit einer Diagnose handelt. Es geht vielmehr um ein persönliches Erleben und Empfinden der Betroffenen. Früher wurde angenommen, dass vor allem Frauen und Mütter mit einem Hang zum Perfektionismus davon betroffen seien. Eine eindeutige Studienlage hingegen, ob dem tatsächlich so ist, gibt es meines Wissens Stand heute jedoch nicht. Es scheint eher so zu sein, dass der Anteil von Frauen mit Hochstapler-Syndrom deshalb höher ist, weil wir uns eher trauen, darüber zu reden. In diesem Zusammenhang gefällt mir übrigens sehr gut das Statement der britischen Journalistin Yomi Adegoke, die sich mit den Ursachen des Syndroms beschäftigte. Sie meint: »Es wird Zeit, dass wir das Problem nicht darin sehen, dass Frauen nicht an sich selbst glauben, sondern darin, dass wir in einer Welt leben, die sich weigert, an Frauen zu glauben.«[11]

Der Ursprung des Hochstapler-Syndroms ist übrigens sehr individuell. Er kann durchaus in der Kindheit liegen. Er muss es aber nicht. In unserer Generation scheint es da aber auf jeden Fall einen Zusammenhang zu geben. Viele von uns hatten als Kind das Gefühl, sich die Liebe und Anerkennung ihrer Eltern vor allem über Leistung verdienen zu müssen. In der heutigen Generation ist es hingegen häufig so, dass junge Erwachsene, denen vermittelt wurde, dass sie in allem gut und fehlerfrei sind, nicht wirklich auf die reale Welt vorbereitet sind. Irgendwann mal erfahren sie, was es bedeutet zu scheitern. Und genau diese Erfahrung kann am Selbstwert rütteln und dazu führen, dass sich das Impostor-Phänomen entwickelt.

DU BIST DRAN

ICH HABE EIN PAAR REFLEXIONSFRAGEN FÜR DICH

✓ Welche Gefühle spürst du, wenn du etwas gut gemacht hast? Freust du dich über deinen Erfolg? Wenn ja, wie lange dauert deine Freude?

✓ Wie wurde in deiner Herkunftsfamilie/deinem Bezugssystem über »Leistung« gedacht? Wurden gute Leistungen und Erfolge gefeiert?

✓ Wie oft tust du mehr als andere? Und wie oft tust du mehr, als andere überhaupt von dir erwarten? Wie gut bist du darin, frühzeitig um Unterstützung zu bitten?

✓ Falls du einfach mal nichts tust oder dir was Schönes gönnst: Kannst du das genießen, oder taucht irgendwann mal ein schlechtes Gewissen auf (»So, jetzt muss ich aber wieder …«)? Was würde passieren, wenn du das Schöne noch ein wenig länger genießen würdest – so lange, bis es wirklich zu Ende ist?

SELBSTZWEIFEL SIND ERLAUBT. ABER AUCH, SIE ABZULEGEN

Zu gerne würde ich ja jetzt Mäuschen spielen und deinen Antworten lauschen. Wenn du magst, dann geh die Reflexionsfragen noch einmal durch. Nutze aber die Vorteile eines Perspektivwechsels, und beantworte sie aus einem anderen Blickwinkel: Was würde jemand aus deinem nahen Umfeld über dich sagen? Wären es die gleichen Antworten, oder nähme man dich zumindest in Teilen anders wahr? Wenn du glaubst, dass dein Umfeld ähnliche Antworten gäbe, dann verfügst du wahrscheinlich über eine gute Selbsteinschätzung. Was für eine Gabe! Falls die anderen dich ein bisschen anders einschätzen würden, dann weißt du ja, was du mit dieser Erkenntnis machen kannst. Setz ein Lächeln auf, und schmunzle über dich. Das setzt nämlich Energien frei, die du für deinen Aufbruch in dein selbstbestimmteres Leben nutzen kannst. Übrigens: Zeig den Leuten in deinem Umfeld doch mal die Fragen, und erkundige dich, was sie tatsächlich über dich denken. Das kann durchaus erhellend sein.

Falls du nun Anteile des Impostor-Syndroms an dir entdeckt haben solltest und dich fragst, was du tun kannst, um es abzulegen, so sind wir Psychologen und Coaches uns einig. Der erste Schritt zum Überwinden des Phänomens besteht bereits darin zu erfahren, dass es überhaupt existiert. Was dann weiterhilft, ist, mit jemandem darüber zu reden und dessen Einschätzung über dich zu hören.

Des Weiteren ist es beruhigend zu wissen, dass selbst Menschen, die man persönlich für höchst kompetent hält, sich ebenfalls mit Selbstzweifeln herumplagen. Schau dich ruhig mal in deinem Umfeld um, bestimmt gibt es da jemanden, von dem du denkst: »Warum zweifelt der denn so oft an sich? Der macht sein Ding doch super!« Immer wieder lese ich in den Medien über das Hochstapler-Phänomen. Auch Jodie Foster – die Hauptdarstellerin des Films *Das Schweigen der Lämmer* – soll das Gefühl kennen, eine Hochstaplerin zu sein. Als sie 1988 für ihre schauspielerische Leistung im Film *Angeklagt* einen Oscar gewann, dachte sie, es handle sich um einen großen Irrtum. Sie hätte den gesamten nächsten Tag damit gerechnet, dass es an ihrer Tür klingelte und jemand den Oscar wieder abholen würde. »Sorry. Das war ein Versehen. Der war für Meryl Streep bestimmt.«[12]

Du siehst, das Impostor-Syndrom kann jeden betreffen. Jeder trägt Anteile davon in sich. Einige mehr, andere weniger, manchmal getriggert durch bestimmte Situationen oder Aussagen von anderen. Ich persönlich glaube, dass ich nie ausgeprägt von diesem Syndrom betroffen gewesen bin, aber in den hintersten Ecken meiner Seele steckt da durchaus ein Teil, der die Befürchtung hat, entdeckt zu werden.

Tatsächlich war es ausgerechnet meine systemische Lehrtherapeutin, die gleich am ersten Ausbildungswochenende wie ein Trüffelschwein das hinterste Versteck meiner Selbstzweifel fand. Bei einer Übung sagte sie zu mir: »Auch du kannst hier noch was lernen!« Ganz sicher verriet die vehement und impulsiv klingende Aussage einiges über sie selbst. Vielleicht sogar über ihre eigenen Selbstzweifel. Damals aber war ich derart empört, dass ich meine Ausbildung am liebsten abgebrochen hätte. »Ich will lernen. Ich investiere hier doch nicht viel Geld, um dir lediglich zu zeigen, was ich schon alles kann!« Heute bin ich mir dessen bewusst, dass mein »Pokerface des Könnens« und dahintersteckend die Furcht vor Entlarvung noch ziemlich sichtbar gewesen sein müssen. Zumindest für einen Profi wie meine Lehrtherapeutin. Sie erkannte es durch ihre Röntgenbrille.

In unserer Intervisionsgruppe erinnern wir uns ab und zu an dieses Wortgefecht. Eine Intervision unterscheidet sich von einer Supervision darin, dass es sich um einen reflektierenden Austausch unter Kolleginnen und Kollegen handelt. Wobei aus diesem Austausch über die Jahre hinweg echte und tiefe Freundschaften entstehen können. Die Treffen mit Verena und Sabine sind solche Intervisionstreffen, und das wissende Gelächter auf der Wiese war unsere Reaktion auf unsere Parodie von *»Auch du kannst hier noch was lernen!«*

ZEITGLEICH LESERIN UND EIGENER COACH SEIN?

In meiner Rolle als Coach haben sich nicht nur meine Coachees weiterentwickelt, sondern auch ich mich selbst. Ich gestehe, dass die Situation aber so manches Mal durchaus paradox gewesen ist. Denn das Thema meines Coachees war des Öfteren auch mal mein eigenes. Vor allem dann, wenn es darum ging, für mich selbst mehr Freiräume zu schaffen und für die eigenen Wünsche und Bedürfnisse einzutreten. Für all die Themen, die mir persönlich wichtig waren.

Aber was soll ich sagen? Es funktioniert! Du kannst die Rollen der Leserin und des Coachs zeitgleich einnehmen. Es gibt zwar ein paar Herausforderungen, doch es klappt. Ich bin mir sicher, dass auch dir dieser Spagat gelingen wird. Und ja, das erinnert dich zu Recht an den Baron von Münchhausen, der sich der Legende nach selbst am eigenen Schopf aus dem Sumpf gezogen hat. Falls du also Zweifel in dir spürst und glaubst, dass du das nicht kannst, dann rufe ich dir ermutigend zu: »O doch! Setz dein ganz persönliches Pokerface samt Röntgenbrille auf, und mach einfach. Lesen und Ausprobieren. Weiterlesen und Ausprobieren. Und so weiter. Und so weiter. Und so weiter …«

Du wirst in diesem Buch weiterhin gutes Hintergrundwissen und Anregungen bekommen – oft verpackt in meinem Storytelling, das du nun ja schon kennst. Du wirst dir weiterhin die für ein Coaching typischen und vor allem klugen Reflexionsfragen stellen und kannst wertvolle Übungen und Methoden ausprobieren, um dich selbst besser kennen- und verstehen zu lernen. Ja, Selbst-Coaching ist durchaus eine Herausforderung, aber die kennen wir ja zur Genüge aus unserem Leben. Stimmt's? Und wenn mal was nicht so klappen sollte, wie wir es uns vorgestellt haben, dann kennst du ja den Spruch: »Aufstehen, Krone richten, weiterlaufen!« Lass ihn uns ein wenig ändern: »Aufstehen, Krone aufsetzen, Lippenstift nachziehen, sich selbst ein Lächeln schenken, weiterlaufen!«

WAS ICH DIR FÜR DEINE ROLLE ALS SELBST-COACH UND DIE ZUKUNFT EMPFEHLE

Es gibt einige wenige Punkte, die du beachten solltest, um gut in deine Rolle als dein eigener Coach hineinwachsen zu können. Sie alle sind wichtig, weil sie dich darin unterstützen, dich weiterzuentwickeln. Und das nicht nur während der Lektüre dieses Buches, sondern dein gesamtes Leben lang. Ein kleines Wort wird dir in meiner Zusammenstellung ins Auge fallen, das Wörtchen »konsequent«. Das bedeutet nichts anderes als »Übung macht die Meisterin!« Sowohl der Aufbau von Expertise als auch Veränderungsprozesse brauchen Wiederholungen:

1. Probiere konsequent alle Übungen aus, denn Denken ist kein Handeln.
2. Wechsle häufiger mal die Perspektive.
3. Orientiere dich konsequent an deinen Bedürfnissen und daran, wie du deine Zukunft gestalten möchtest.
4. Verstehe Probleme immer als einen Zwischenschritt zum Ziel, als einen Lösungsversuch.
5. Orientiere dich konsequent an deinen Ressourcen.
6. Leg dir eine positive Haltung zu, und lebe sie konsequent.
7. Gönn dir immer wieder mal ein Coaching – oder besser noch: eine Intervision.
8. Übe die Fragetechniken, denn auch küssen will gelernt sein.

Lass uns nun mal einen Blick darauf werfen, was sich im Detail hinter den genannten Aspekten verbirgt.

PROBIERE KONSEQUENT ALLE ÜBUNGEN AUS, DENN DENKEN IST KEIN HANDELN

Spiel sie nicht nur im Kopf durch, denn Denken ist lediglich ein »So tun, als ob«, ein Probehandeln. Jede von uns kann dabei dem Irrtum unterliegen zu glauben, sie habe verstanden. Wirklich verstehen wirst du etwas aber erst, wenn zum Denken das Handeln dazukommt. Sicherlich hast du das auch schon mal erlebt. Du erklärst jemandem etwas. Dein Gegenüber nickt: »Hab's verstanden!«, und irgendwann mal später staunst du darüber, was dabei herausgekommen oder, im Falle einer Wegbeschreibung, wo er angekommen ist.

WECHSLE HÄUFIGER MAL DIE PERSPEKTIVE

Wenn du deine Welt mit anderen Augen betrachtest, wirst du Lösungen und Hinweise sehen, die du sonst gar nicht erkennen würdest. Indem du einen anderen Blickwinkel einnimmst, beugst du einem »Tunnelblick« vor und kannst »Knoten« in deinem Gehirn lösen. Wichtig: Vollziehe den Perspektivwechsel möglichst auch körperlich. Ich nenne das »sich aus der Situation entfesseln«, denn alleine schon die Bewegung bringt dich in Fluss.

ORIENTIERE DICH KONSEQUENT AN DEINEN BEDÜRFNISSEN

Richte deinen Blick konsequent auf die Art und Weise, wie du dir dein zukünftiges Leben einrichten möchtest. Das bedeutet im Umkehrschluss nicht, dass du deine Vergangenheit künstlich ausblenden sollst. Wie Paracelsus es jedoch bereits in leicht abgewandelter Form sagte: »Es ist die Dosis, die das Gift macht.«

Eine akribische Analyse dessen, warum es so kam, wie es kam, hält deinen Blick unnötig in der Vergangenheit gefangen und mit diesem Blick auch die Energie, die du besser für die Gestaltung deines vor dir liegenden Lebens nutzen kannst. Wenn es uns gelingt, unsere Vergangenheit zu verstehen, ihr aber keine Macht mehr über unsere Gegenwart zu geben, dann lässt sich die Zukunft gut nach unseren Vorstellungen gestalten.

Noch ein Gedanke zum Thema »Vergangenheit«: Wenn du auf sie blickst, dann empfehle ich dir, dies immer wertschätzend zu tun und mit den Fragen zu koppeln: »Was habe ich daraus für mich und für meine Zukunft gelernt? Wie kann ich meine früheren Erfahrungen für die Gestaltung meines selbstbestimmten Lebens nutzen?« Und falls du jemandem oder sogar dir selbst etwas zu verzeihen hast, dann tu es! Verzeihen bedeutet zu akzeptieren, dass wir Menschen fehlbar sind. Und genau darin steckt unser Potenzial für inneres Wachstum.

VERSTEHE PROBLEME IMMER ALS EINEN ZWISCHENSCHRITT ZUM ZIEL

Falls du beim Blick auf deine Vorhaben, Sehnsüchte und Wünsche und ihre Umsetzung feststellen solltest, dass es »Probleme« gibt, dann übe dich in Gelassenheit und einer neuen Sichtweise. Ein »Problem« ist nämlich nichts anderes als ein Lösungsversuch, eine Verhaltensmöglichkeit im Hier und Jetzt. Ja, es ist ein unerwünschter und veränderungsbedürftiger Zustand, aber genau dadurch prinzipiell veränderbar. In »veränderungsbedürftig« steckt deine Motivation – sprich: dein »Warum?« und dein »Wozu?« – und in »prinzipiell« die Frage nach deinem Mut, deiner Kreativität, deinem Ideenreichtum sowie einer Strategie samt den dir zur Verfügung stehenden Ressourcen.

Ein Kollege von mir empfiehlt, das Wort »problematisch« durch das Wort »gewagt« zu ersetzen. Wie anders sich doch ein Satz anhört, weil er in die Zukunft schaut und so manche Lösung bereithält: »In meiner derzeitigen Situation für ein selbstbestimmteres Leben einzutreten, ist ›problematisch‹« versus »In meiner derzeitigen Situation für ein selbstbestimmteres Leben einzutreten, ist ›gewagt‹« … und dennoch möglich.

ORIENTIERE DICH KONSEQUENT AN DEINEN RESSOURCEN

Ressourcen sind all die Dinge, die uns dabei helfen, unser Leben zu führen und unsere Ziele zu erreichen. Häufig denken wir hier an Geld – an das vorhandene, aber auch häufig an das fehlende: »Ohne Moos nix los!« Oder: »Geld allein macht nicht glücklich.« Unzählige dieser küchenpsychologischen Alltagsweisheiten bezüglich Geld, Glück und erfülltes Leben schwirren in unseren Köpfen herum. Tatsächlich ist die Mehrheit der Menschen mit mehr Geld zufriedener; nur bei einer unglücklichen Minderheit hilft das Mehr auf dem Konto nicht.[13] Wie gut, dass Geld nur eine Ressource neben vielen weiteren wie Gesundheit, Familie, Beziehung, Freizeit und noch einigen mehr ist.

LEG DIR EINE POSITIVE HALTUNG ZU, UND LEBE SIE KONSEQUENT

In jeder Coaching-Ausbildung geht es auch um die Haltung des Coachs. In der systemischen Psychologie gehört die Betrachtungsweise »Niemand ist schuld an der Situation« in aller Selbstverständlichkeit dazu. Das bedeutet, dass wir nicht wirklich zwischen Ursache und Wirkung unterscheiden, sondern davon ausgehen, dass das eine das andere bedingt und umgekehrt. Diese Haltung – »Es gibt keinen Schuldigen« – wird dich in deinen Veränderungsvorhaben unterstützen, denn sie wird sich auf dein ganz persönliches Verhalten im Umgang mit deinem Umfeld auswirken. Mit ihr gibt es keine Vorwürfe mehr, weil du nicht nach einem Schuldigen suchst, sondern danach strebst, die Situation und das Muster zu verstehen, um eine gute Lösung daraus abzuleiten.

Eine positive Haltung und Lebenseinstellung wird dir in schwierigen Zeiten viele Optionen öffnen. Die Wissenschaft zeigt mittlerweile zahlreiche Zusammenhänge auf: Wer eine negative Grundhaltung hat, dem stehen auch nur begrenzte mentale Möglichkeiten zur Verfügung. Der Betreffende wird sich schwer mit dem Ausprobieren neuer, ungewohnter Lösungen tun. Warum? Weil die Wahrnehmung eingeengt ist und der Fokus sich ausschließlich auf Sicherheit und das bereits Bekannte richtet. Wer sich eine positive Haltung zulegt, für den ist sprichwörtlich »alles möglich«. Weil er in Lösungen denkt und weiß, dass negative Emotionen sein dürfen. Aber nur kurz. Du weißt schon: aufstehen, Krone richten, Lippenstift nachziehen, weitergehen!

DU BIST DRAN

ICH HABE EIN PAAR REFLEXIONSFRAGEN FÜR DICH

- ✓ Welche Haltungen in Sachen Glück, Loslassen und Veränderungen trägst du in dir beziehungsweise möchtest du erlernen?
- ✓ Wenn du eine körperliche Pose einnähmest, die deine (zukünftige) Haltung bezüglich »Mut und Veränderung« ausdrückt, wie sähe sie aus? Nimm, wann immer es möglich ist, diese Pose

ein, und mach sie dir zur Verbündeten. Du wirst sehen, es wird funktionieren. Mach unbedingt auch ein Foto davon!

Oft werde ich gefragt, was eigentlich zuerst da war: meine Mütze mit der Aufschrift »Happiness is the best Make-up« oder mein glückliches Leben? Diese Frage fühlt sich irgendwie wie die Frage nach dem Huhn und dem Ei an. Ganz ehrlich? Ich weiß es nicht. Und es ist mir auch egal. Damals, als das Bild mit der roten Bommelmütze auf dem Kopf entstanden ist, habe ich mich dazu entschieden, mich auf den Weg »Vorwärts zurück zu mir« zu machen und mich in allen Lebensbereichen nach meinem ganz persönlichen Glück auszurichten. Was weder bedeutet, dass ich in meinem Umfeld plötzlich den Rambo gespielt habe, noch, dass ich seitdem den ganzen Tag mit einem Dauergrinsen rumlaufe. Das würde mein Lippenstift gar nicht mitmachen. Ich habe mir aber eine innere Haltung bezüglich eines »selbstbestimmten, glücklichen und zufriedenen Lebens« zugelegt, die ungefähr wie folgt lautet: »Die Verantwortung dafür, dass ich glücklich bin, liegt vor allem bei mir – in der Art und Weise, wie ich für mich und meine Bedürfnisse eintrete.« Und so frage ich mich in allem, was ich unternehme: Was ist es, was mich glücklich macht? Das praktiziere ich in aller Konsequenz, und inzwischen läuft es automatisch ab. In diesem Zuge ist auch »Happiness is the best Make-up!« längst zu meiner inneren Haltung geworden. Mein Lippenstift liegt daher seit Monaten ungenutzt im Spiegelschrank in meinem Bad, auf den ich das Herz für mich gemalt hatte. Alles hat seine Zeit. Aber ich wüsste, wo ich ihn fände, wenn mal wieder eine Veränderung anstünde oder schwierige Zeiten kämen. Wer weiß, was die Zukunft für uns bereithält?

GÖNN DIR IMMER WIEDER MAL EIN COACHING – ODER BESSER NOCH: EINE INTERVISION

Alles, was wir für unsere Veränderung brauchen, tragen wir in uns. Wobei wir uns selbst häufig die Sicht auf diese Ressourcen versperren. Oder anders gesagt: uns selbst im Weg stehen. Eine Sicht von außen ist da echt Gold wert. Du könntest dir einen Coach gönnen, der dich ein Stück weit auf deinem Weg begleitet und dir hilft, all das schneller und auch in größerer Bandbreite zu entdecken. Persönlich würde ich dir empfehlen, einen Coach vor allem für die großen Lebensthemen zu nutzen, falls dies das zuerst zu lösende »Problem« auf deinem Weg in dein selbstbestimmteres Leben darstellt. Was ich dir aber auf jeden Fall nahelege, ist die Gründung einer Intervisionsgruppe mit Gleichgesinnten. Du könntest deine Freundinnen auf dieses Buch hinweisen oder es ihnen auch schenken. Und dann macht ihr euch gemeinsam auf diesen Weg zurück zu euch, probiert die Übungen und Reflexionsfragen zusammen aus, und besprecht eure Erkenntnisse. Ich bin mir fast sicher, ich werde euer Lachen bis hier zu mir in den Wäldern meiner schwäbischen Highlands hören.

ÜBE DIE FRAGETECHNIKEN, DENN AUCH KÜSSEN WILL GELERNT SEIN

Als Coach habe ich viele verschiedene Positionen inne, je nachdem, mit welchem Anliegen mein Coachee auf mich zutritt. Häufig bin ich Starthelferin für eine neue Lebensphase. Hebamme einer Idee war ich auch schon. Meistens bin ich jedoch Beraterin, Prozessbegleiterin und gute Zuhörerin. Bei jedem Coaching geht es darum, Ziele zu klären, Lösungswege zu erarbeiten, individuelle Ressourcen sichtbar zu machen und zu mobilisieren. Das Mittel der Wahl eines Coachs ist neben den Methoden, die du auch in diesem Buch findest, vor allem unsere Gesprächsführung mit großartigen Fragetechniken. Wer fragt, der führt. Wer sich selbst fragt, der führt sich selbst. Gute Fragen zu stellen, ist nicht selbstverständlich. Die meisten kennen nur die »handelsüblichen«: wer, wie, was, wieso, weshalb, warum?

WER FRAGT, DER FÜHRT. WER SICH SELBST FRAGT, DER FÜHRT SICH

Gute Fragen eröffnen Perspektiven und regen deine Fantasie, deine Gedanken und auch deine Vorstellungskraft an. Die Art, wie ein systemischer Coach zu fragen, fühlt sich jedoch erst mal fremd an. Du wirst jedoch feststellen, dass sie, je konsequenter du die Techniken übst und anwendest, nach und nach ein Teil von dir wird. Da es eine Vielzahl an Fragemöglichkeiten gibt, habe ich dir für dieses Buch meine Lieblingstechniken ausgewählt. Dabei handelt es sich um

1. Skalierungs-,
2. zirkuläre,
3. hypothetische und
4. paradoxe Fragen.

DU BIST DRAN

PROBIER'S EINFACH MAL AUS … »FRAGETECHNIKEN FÜR HEUTE UND DEIN WEITERES LEBEN«

Für eine bessere Lesbarkeit erkläre ich im Anschluss an die Übung nacheinander die jeweilige Fragetechnik und schreibe dazu, was sie bewirkt. Wie andere Fragen dienen auch diese Techniken dazu, Erkenntnisse zu gewinnen. Daher habe ich dir zu jeder Technik einige Fragen formuliert, die ich dir ungefähr so in einem Live-Coaching stellen würde. Alle Fragen zielen darauf ab, dass du deinen eigenen Status quo bezüglich deines Vorhabens »Vorwärts heißt zurück zu mir« intensiv aus unterschiedlichen Perspektiven beleuchtest und Lösungen für dich und deinen weiteren Weg erarbeitest.

Mein Tipp: Auch wenn sie sich zum Teil ähnlich anfühlen und du auf vergleichbare Antworten kommen solltest, geh trotzdem jede einzelne Frage durch, stell sie dir, beantworte sie laut, und schreib dir den Kern deiner Antworten in deinem Journal auf. Einerseits gewöhnst du dich so an die Art zu fragen. Andererseits könntest du bei einer Frage auf deinen ganz persönlichen »Stein des Weisen« stoßen. Wenn eine Antwort immer wieder an den unterschiedlichen Stellen auftauchen sollte, dann liegt in ihr höchstwahrscheinlich ein Schlüssel zur Lösung.

Zeit:	**½ Stunde mindestens – und danach am besten dein ganzes Leben lang**
Schwierigkeit:	**★★★☆☆ – Übung macht die Meisterin**
»Material«:	**Du**

Modifikation:

✓ Wenn du magst, kannst du die Fragen mit einem körperlichen Perspektivwechsel unterstützen. Nimm zwei Stühle, beschrifte den einen mit »Ich als mein Coach« und den anderen mit »Ich, die sich verändern möchte«, und wechsle entsprechend deiner Rolle deinen Sitzplatz.

SKALIERUNGSFRAGEN: DEM NICHT MESSBAREN UND ABSTRAKTEN EIN GESICHT GEBEN

Skalierungsfragen gehören zu den einfachen, aber höchst wirksamen Fragetechniken, die du so ziemlich für jede Situation anwenden kannst. Sie heißen Skalierungsfragen, weil sie mit einer Skala arbeiten, die bei 0 (Minimalwert) beginnt und bei 10 (Maximalwert) endet. Einige Coaches nutzen anstatt der 0 eine 1. Feel free, und wähle deine Formulierung.

Ich habe dir im Buch ja schon einige Skalierungsfragen gestellt. Mit ihnen kannst du komplexe und vielschichtige Situationen in deinem Leben in einfacher Form darstellen und deine Empfindungen, Wahrnehmungen und Gefühle ausdrücken, ohne sie im Detail beschreiben zu müssen. Der Charme der Skalierungsfragen liegt darin, dass du weitere Fragen direkt anschließen kannst, zum Beispiel solche, die einen Perspektivwechsel berücksichtigen.

DU BIST DRAN

ICH HABE EIN PAAR SKALIERUNGSFRAGEN FÜR DEINE STANDORTBESTIMMUNG

- ✓ Auf einer Skala von 0 (überhaupt nicht) bis 10 (absolut): Wie glücklich und zufrieden bist du mit deiner aktuellen Lebenssituation?
- ✓ Gab es Phasen in deinem Leben, in denen du schon mal einen besseren Zahlenwert in puncto Glück und Zufriedenheit hattest? Welchen Wert hättest du damals vergeben? Was war anders? Was ist passiert, dass es schlechter wurde?
- ✓ Gab es Phasen in deinem Leben, in denen du dir einen schlechteren Zahlenwert hinsichtlich Glück und Zufriedenheit gegeben hättest? Welchen Wert hättest du vergeben? Was war damals

anders? Was ist passiert, dass es besser wurde? Was hat dir dabei geholfen?

- ✓ Auf einer Skala von 0 (überhaupt nicht) bis 10 (komplett): Wie selbstbestimmt kannst du in deiner jetzigen Lebenssituation entscheiden und handeln? Und ebenfalls auf einer Skala von 0 (sehr wenig) bis 10 (vollkommen): Wie stark schöpfst du diesen Rahmen, selbstbestimmt handeln zu können, aus?
- ✓ Auf einer Skala von 0 (überhaupt nicht) bis 10 (extrem): Wie motiviert bist du? Wie sehr möchtest du dich zukünftig vermehrt selbst befragen, was es ist, was du gerne machen würdest – und es auch tun? Welche Antwort würde dein größter Kritiker auf diese Skalierungsfrage geben? Welche dein größter Fan?
- ✓ Auf einer Skala von 0 (überhaupt nicht) bis 10 (sehr): Für wie mutig würdest du dich einschätzen? Wie würde dich der Mensch einschätzen, der am nächsten an dir dran ist?
- ✓ Auf einer Skala von 0 (überhaupt nicht) bis 10 (stark): Für wie stark würdest du dein Engagement und deinen Willen einschätzen, aktiv und konsequent an deiner Zielerreichung zu arbeiten?
- ✓ Fehlt dir noch eine Skalierungsfrage mit Blickrichtung »Bestandsaufnahme«? Nur zu: Übung macht die Meisterin!

LÖSUNGS- UND RESSOURCENORIENTIERTE SKALIERUNGSFRAGEN

- ✓ Mit welchem Wert auf einer Skala von 0 bis 10 wärest du in puncto »Glück, Zufriedenheit und Selbstzufriedenheit« zufrieden? Warum nicht einen Skalenpunkt weniger? Warum nicht einen Skalenpunkt mehr? Woran würdest du merken, dass du ihn erreicht hast? Was würdest du tun, um auf diesen Wert zu kommen (beziehungsweise ihn beizubehalten, falls du ihn schon hast)? Was würden deine Freunde dir empfehlen, was du tun solltest? Mal angenommen, du hast deinen Wunschwert erreicht, was tust du dafür, um ihn aufrechtzuerhalten?

- ✓ Auf einer Skala von 0 bis 10: Wie sehr bist du bereit, von einer Ressource etwas wegzunehmen, um eine andere aufzubauen? Zum Beispiel von der Ressource »Finanzen« etwas nehmen, um deine Ressource »Freizeit« nach deinen Vorstellungen gestalten zu können?
- ✓ Welche Skalierungsfrage würdest du dir noch stellen? Nur zu: Übung macht die Meisterin!

ZIRKULÄRE FRAGEN

Zirkulär zu fragen, bedeutet, um die Ecke zu fragen, indem du eine andere Perspektive mit einbringst. Mit dieser relativ einfachen Fragetechnik kannst du hervorragend ungenannte Zusammenhänge und Wechselbeziehungen sichtbar machen, aber auch Begrenzungen, die nur in deinem Kopf bestehen. Weil du dich vielleicht so verhältst, wie du glaubst, dass andere es von dir erwarten. Wir systemisch ausgebildeten Coaches bezeichnen dieses Phänomen als »Erwartungserwartung«.

DU BIST DRAN

ICH HABE EIN PAAR ZIRKULÄRE FRAGEN FÜR DICH

- ✓ Was glaubst du, was würden deine Eltern (unabhängig davon, ob sie noch leben oder bereits verstorben sind) dazu sagen, wenn du dich ab heute selbst mehr in den Mittelpunkt deines Tuns stellen würdest?

- ✓ Was glaubst du, wer von deinem Umfeld würde dich für eine Hochstaplerin halten, wenn du aufzählst, was du schon alles in deinem Leben geleistet hast?
- ✓ Was würde eine dir nahestehende Person sagen, was deine größte Herausforderung ist, die es für dich zu bewältigen gilt, wenn du dich auf den Weg »Vorwärts zurück zu dir« machst? Was würden einzelne Familienmitglieder sagen? Was würden deine Freunde antworten? Was deine Kollegen?
- ✓ Woran würde eine dir nahestehende Person erkennen, dass du dich und die Art und Weise, wie du dein Leben führst, verändert hast? Was würden einzelne Familienmitglieder sagen?
- ✓ Wer aus deinem Umfeld würde sich am meisten mit dir über dein verändertes Leben freuen?
- ✓ Wer aus deinem Umfeld würde dich am meisten darin unterstützen? Wie?
- ✓ Wenn du ein gefragter Coach wärest, welche Frage würdest du dir aus seiner Sicht noch stellen? Nur zu: Übung macht die Meisterin!

HYPOTHETISCHE FRAGEN: LÖSUNGEN FINDEN, WO DU OFTMALS KEINE SIEHST

Solche Fragen zielen auf deine Zukunft ab und geben dir die Möglichkeit, neue Blickwinkel und Lösungsansätze in Gedanken durchzuspielen, meistens aus der Perspektive einer gut gelösten Zukunft. Hier geht es vor allem darum, deine eigene Vorstellungskraft zu weiten, weil viele unserer Beschränkungen à la »Das geht nicht, weil …« von uns hausgemacht sind und wir uns dadurch bereits im Vorfeld die Chance nehmen, es überhaupt erst zu versuchen. Hypothetische Fragen dienen also dazu, die Durchführbarkeit von neuen Wegen, Lösungen und Wunschvorstellungen ganz unvoreingenommen zu überprüfen. Du wirst sehen, diese Fragen regen deine Kreativität und deinen Ideenreichtum an.

DU BIST DRAN

ICH HABE EIN PAAR HYPOTHETISCHE FRAGEN FÜR DICH

- ✓ Wenn Geld keine Rolle spielen würde, du vor nichts Angst hättest und auch auf niemanden Rücksicht nehmen müsstest, was würdest du dann tun?
- ✓ Mal angenommen, wir zwei – du und ich – begegnen uns in zehn Jahren zufällig persönlich. Du freust dich darüber, dass wir uns kennengelernt haben, und sagst: »Durch dein Buch habe ich mich auf den Weg ›vorwärts zurück zu mir‹ gemacht! Und es ist einfach nur mega geworden. Ich führe seit Jahren mein glücklichstes Leben!« Wie lebst du dann? Was siehst du, wenn du um dich herumschaust? Was ist es, was dich jeden Tag aufs Neue glücklich macht? Wie würde ein typischer Monat in deiner selbstbestimmteren Zukunft in deiner Vorstellung aussehen?
- ✓ Wenn du in den nächsten sechs Monaten keinen Erfolg siehst und noch immer beim gleichen Lebensentwurf wie heute bist: Welche Folgen hätte das für dich?
- ✓ Stell dir vor, du hast alle kritischen Stimmen deines Umfeldes gut gelöst und bist deinen Weg gegangen. Von wem kamen die kritischen Stimmen, und wie bist du mit ihnen umgegangen?
- ✓ Wenn die kritische Stimme aus dir selbst kommt, und zwar nach dem Motto »Braucht es das wirklich? Sei nicht so egoistisch!«: Wie hast du gelernt, mit diesem inneren Kritiker umzugehen?

- ✓ Stell dir vor, du hast alles erreicht, was für dich zu einem selbstbestimmten Leben dazugehört, es fühlt sich aber langweilig an? Was machst du dann?

PARADOXE FRAGEN: DICH SELBST VERBLÜFFEN UND IN BEWEGUNG BRINGEN

Paradoxe Fragen zielen darauf ab, dich aus der Bequemlichkeit deines eigenen Denkens und aus deinen Denk-Ecken herauszuholen: von dort, wo du es dir gemütlich eingerichtet hast.

DU BIST DRAN

ICH HABE EIN PAAR PARADOXE FRAGEN FÜR DICH

- ✓ Was müsstest du tun, um am Ende deines Lebens sagen zu können: »Ein langweiligeres, zu 100 Prozent fremdbestimmtes Leben hätte ich selbst im Vergleich zu anderen langweiligen Personen nicht führen können«?
- ✓ Wie kannst du sicherstellen, dass du zukünftig nie wieder auch nur einen einzigen Gedanken daran verschwendest, dich zu fragen: »Was ist mir persönlich wichtig?«?
- ✓ Was kannst du auf ganzer Linie dazu beitragen, dir selbst deinen persönlichen Selbstbestimmungsweg zu boykottieren?
- ✓ Was müsstest du tun, um nach dem Lesen dieses Buches sagen zu können: »War unterhaltsam, hat mich aber mir selbst und meinem Wunsch nach einem selbstbestimmten Leben kein Stückchen nähergebracht«?

MACH'S AUF DEINE ART

Vielleicht schwirrt dir ja jetzt nach so vielen Fragen der Kopf. Gut so! Dort, wo's schwirrt, kann Veränderung stattfinden. Einige Dinge werden wie ein Schmetterling davonschwirren, andere werden sich klarer und präsenter als je zuvor zeigen und sich direkt auf deine Nasenspitze setzen. Das sind dann die Themen, an denen du weiterarbeiten solltest.

Mein Tipp zum Schluss dieses Kapitels: Jeder gute Coach hat irgendwann mal damit begonnen, sich von den Standardbeschreibungen, wie Übungen und Methoden durchzuführen sind, zu lösen und entsprechend der Person und der Situation zu ändern. Modifiziere auch du gerne alle Übungen und Fragen, und passe sie auf dich und deine Situation an. Und sei dir vor allem eines: selbst ein guter Coach.

»Leute, wie wäre es mit einem Spaziergang? Dein Hund sieht so aus, als ob er müsste!« Verena hatte ein untrügliches Gespür für die Bedürfnisse anderer. Auch für die von Hunden.

»Au ja, lass uns hoch auf die stillgelegte Bahntrasse gehen und dann den Albtrauf hoch, der Weg liegt so schön im Halbschatten.« Sabine war schon öfter mit mir diese Strecke gegangen. Jede von uns weiß, wie wichtig die »Pausen« für die Arbeit mit sich selbst sind. Fragen wirken und Erkenntnisse sacken lassen. Bewegung draußen an der frischen Luft ist genau das Richtige dafür. Die Natur macht nicht nur glücklich, sondern hilft auch beim Sortieren.

»Passt! Ich hole nur noch die Leine und nehme für uns und den Hund was zum Trinken mit, dann kann es auch schon losgehen.«

Über die Blümchenwiese stiegen wir langsam hoch zum Waldesrand, dort verbarg sich die stillgelegte Bahntrasse, auf der auch das Bommelmützen-Foto entstand. Der Rucksack auf meinen Schultern mit den Getränken fühlte sich angenehm an. Ich mag den leichten Druck.

»Kennt ihr das auch von euren Coachees, dass sie von einer Sekunde auf die andere plötzlich erschöpft und müde wirken und ihr innerlich wisst, dass jetzt dringend eine Pause angesagt ist? Obwohl wir im Prozess noch gar nicht so weit sind, wie sie es eigentlich gerne hätten? Manchmal kommt es mir vor, als ob ich als Coach zu langsam in meiner Arbeit bin!«

»Ich glaube eher, das ist dein Thema, dass du gerne weiter wärst, weil du für dich da etwas verinnerlicht hast, was ›Ich muss schnelle Lösungen bieten‹ heißt.« Verena hielt mir mal wieder auf ihre direkt-charmante Art den Spiegel vor. »Für unsere Coachees sind das ja komplett neue Welten, und auch die Arbeit mit den Fragen ist für sie erst mal total ungewohnt und braucht Energie.«

Sabine genoss offensichtlich das Lichterspiel der Laubbäume im Sonnenschein. »Stimmt! Zu deinem Buchvorhaben würde ich dir übrigens raten, dass du den Leserinnen empfiehlst, nicht alles in einem Rutsch durchzulesen. Ab bestimmten Stellen braucht es immer wieder Pausen, damit alles wirken und sich ein innerliches Commitment entwickeln kann. Also so ein wirkliches ›Wollen‹. Alles andere ist zu schnell und kann in die Überforderung führen.«

Ich konnte Sabines Aussage voll und ganz zustimmen. Wie oft hatte ich selbst schon ein Buch gelesen und wusste am Ende nicht mehr, was am Anfang stand! Von der Mitte ganz zu schweigen.

Kapitel 4
Triff wichtige Vorbereitungen

Mein Hund hatte es eilig. Sein Bedürfnis war wohl eindeutig größer, als ich vermutet hatte. »Verena, du hast recht! Wobei ihr beide eindeutig auch zu den galoppierenden Pferdchen zählt.«

Sabine und ich schauten uns an. Unsere Augen blitzten schelmisch. Synchron – wie abgesprochen – kam in ironisch überspitzter Form folgender Satz über unsere Lippen: »Jetzt mal nicht immer die Schnellen!« Verena schaute uns mit großen Fragezeichen in den Augen an.

Sabine erlöste sie: »Als wir die Ausbildung zur Systemischen Beraterin machten, stellte unser Lehrtherapeut damals eine Frage an den Teilnehmerkreis. Wir beide meldeten uns zeitgleich. Unsere Hände gingen schon in die Höhe, bevor er die Frage überhaupt zu Ende formuliert hatte. Woraufhin er uns anschaute und meinte: ›Jetzt mal nicht immer die Schnellen!‹«

»Ja, wir waren beide durchaus empört über diese barsche Zurückweisung.« Die Szene hatte seither schon öfter mal für Heiterkeit bei uns gesorgt. »Mit was wir in unserer ›Beleidigten-Leberwurst-Ecke‹ jedoch nicht gerechnet hatten, war die Reaktion der anderen Teilnehmerinnen. Die gab's allerdings erst am Abend. Bei einem Gläsle Wein.«

Sabine lachte ihr typisches Sabine-Lachen: »Genau! Weißt du noch, wie die eine zu uns etwas säuerlich meinte: ›Was regt ihr euch auf? Wisst ihr eigentlich, was er da gesagt hat? Genaugenommen sind wir anderen also alle die Langsamen!?‹«

Sabine ahmte den Tonfall unserer Ausbildungskollegin perfekt nach. Etwas näselnd und auch schnippisch. Auch sie war ganz offensichtlich eingeschnappt, daher war der Austausch für uns alle sehr erhellend. So hatten wir das bis dahin noch gar nicht gesehen, weil jede mit sich und der eigenen Empörung beschäftigt war. Mal gut, dass wir das geklärt hatten – im gegenseitigen Perspektivwechsel versöhnt!

Gemütlich schlenderten wir weiter und hingen unseren Gedanken nach. Stimmte schon, manchmal war ich einfach zu schnell und musste mich in Geduld üben. Gar nicht so einfach. Vor allem wenn du einem Menschen gegenübersitzt, der Zeit braucht. Oder soll ich lieber sagen: »noch« Zeit braucht?

AUF DIE PLÄTZE? FERTIG? ... STOPP!

Bevor du nun gleich weitermachen kannst, möchte ich noch ein paar wichtige Gedanken mit dir teilen. Falls du jetzt denkst: »Was? Noch mehr Gedanken?«, dann kann ich deine Ungeduld durchaus nachvollziehen. Ja, du hast recht! Veränderung findet nicht alleine aufgrund von Worten, sondern vor allem durch Taten statt! Doch wie heißt es immer so schön? »Vorbereitung ist die halbe Miete.« Ich würde sogar behaupten: »Wahrscheinlich noch mehr!« Meine Erfahrungen mit meinen Coachees zeigen: Wer sich von ihnen gut vorbereitet, steigert die Umsetzungskraft und handelt souveräner. Vor allem auch in den Situationen, in denen etwas Unvorhergesehenes geschieht.

Zu einer guten Vorbereitung in Veränderungsvorhaben gehört für mich, dass man sich als Erstes einen Überblick verschafft und alle Aspekte zusammenträgt, von denen man glaubt, dass sie wichtig sind oder zumindest beachtet werden sollten. Des Weiteren gehört eine persönliche Willenserklärung dazu: »Ja, ich will!« Du buchst ja auch keine Urlaubsreise, ohne einen Vertrag abzuschließen, oder? Eine solche Willenserklärung unterstreicht, dass es dir wirklich ernst damit ist, in Zukunft das Spotlight mehr auf dich und deine Bedürfnisse zu richten. Sie überträgt dir zeitgleich aber auch die volle Verantwortung für dieses Vorhaben, sprich für all das, was du tust, ebenso für das, was du nicht tust.

Es gibt noch einen weiteren Aspekt, den ich aus Sicht der Psychologin für essenziell wichtig halte und den ich immer wieder betone: Wie reagiert dein System auf dich und auf deinen Wunsch, dass du zukünftig mehr auf dich und deine Bedürfnisse achten möchtest? Der Begriff »systemisch« irritiert viele Menschen, sie denken dann gerne an das Wort »systematisch«. Was jedoch etwas ganz anderes ist. »Systematisch« steht für ein methodisches, geordnetes, planvolles, logisches und zielbewusstes Vorgehen. »Systemisch« hingegen bedeutet, dass wir einen Menschen immer als Teil eines größeren Gesamtgebildes betrachten, dessen Elemente in wechselseitigem Zusammenhang miteinander stehen. Wenn ich also im Weiteren von deinem »System« spreche, dann meine ich damit all die Personen und Elemente, die in deinem Umfeld sind, und die Art und Weise, wie sie miteinander interagieren. Wir gehen aber noch genauer darauf ein.

ÜBER SCHNELLE MACHERINNEN, PLANVOLLE UMSETZERINNEN UND PERFEKTIONISTINNEN

Ich weiß ja nicht, ob du zu den Frauen gehörst, die ich in meinen Workshops und Coachings gerne mal als die »schnellen Macherinnen« bezeichne. »Sag mir, was ich machen soll, damit ich direkt loslegen kann!« Schnelle Macherinnen verspüren einen innerlichen Drang, nicht lange zu fackeln. Sie krempeln die Ärmel hoch und starten durch. Es sind durchaus mutige Frauen, die sich mit Hindernissen normalerweise erst dann beschäftigen, wenn sie auftauchen. Das hat durchaus Vorteile, kann aber auch dazu führen, dass auf ihrem Veränderungsweg hier und da der Wunsch auftaucht, sie hätten sich lieber im Vorfeld über ein paar Dinge Gedanken gemacht. Eben weil die Hindernisse dann erst gar nicht aufgetreten wären, und wenn doch, dann zumindest weniger kraftzehrend.

Vielleicht bist du ja auch eine »planvolle Umsetzerin«. Das sind Frauen, die für ihre Vorhaben gerne Pläne entwerfen und sich an diesen dann entlanghangeln, um an ihr Ziel zu kommen. Auch dieser Typus hat durchaus Vorteile, denn solche Frauen kommen in der Tat relativ zielgenau dort an, wo sie ursprünglich hinwollten. Schade nur, dass sie sich nicht auf die verlockenden Abbiegungen links und rechts des ursprünglich geplanten Weges einlassen. Wie viel Schönes entgeht ihnen, von dem sie nicht mal ahnen, dass es ihnen entgeht! Dumm auch, wenn sich in der Zwischenzeit ihre Vorlieben geändert haben sollten. Dann kommen sie zwar an ihrem Ziel an, merken aber: »Hm, das ist es ja gar nicht mehr!« Bei einigen dieser planvollen Umsetzerinnen bleibt es häufig beim ersten Teil der Bezeichnung. Sie widmen sich intensiv dem Schmieden von Plänen, kommen aber nicht darüber hinaus. Weil vielleicht der Mut fehlt oder der richtige Impuls für den ersten Schritt. Oder weil sie noch auf das »Go!« einer bestimmten Person warten.

Oft entdecke ich bei dieser Thematik in meinen Coachings den Wunsch meiner Kundin nach einer gewissen Absolution durch die Eltern. Am liebsten sogar noch mehr als »nur« Absolution. Es gibt eine Sehnsucht nach aktiver Befürwortung und Ermutigung durch diese: »Mach nur, Kind! Das ist doch großartig, was du da vorhast!« Wobei solche Worte durchaus irritieren können, da sich das »Kind« ja bereits in der Mitte des Lebens befindet. Ein solcher Wunsch nach Bestärkung existiert übrigens unabhängig davon, ob die Eltern noch leben oder bereits verstorben sind. Er kann aber leider dafür sorgen, dass wir alles so belassen, wie es ist.

Die Gründe dafür, das Vorhaben nicht umzusetzen, können vielfältig sein. Der »Hüter der Schwelle« ist derjenige, der dafür sorgt, dass du bis zu einem Punkt X kommst, aber nicht darüber hinaus. Bei den »planvollen Umsetzerinnen« kann sich dieser Hüter übrigens auch erst unterwegs zeigen. Nämlich dann, wenn eben nicht alles nach Plan läuft.

Frauen, die es kennen, dass unterwegs plötzlich alles ins Stocken gerät, sind gut damit beraten, sich eine große Portion Gelassenheit zuzulegen und sich den Lippenstift nachzuziehen. Denk noch mal an die Haltung, die du dir in deiner Rolle als dein eigener Coach zulegen solltest. Vielleicht wäre eine gute Einstellung in Sachen »Gelassenheit« folgendes Zitat, das dem amerikanischen Theologen Reinhold Niebuhr zugeschrieben wird (»Gelassenheitsgebet«): »Gott, gib mir die Gelassenheit, Dinge hinzunehmen, die ich nicht ändern kann, den Mut, Dinge zu ändern, die ich ändern kann, und die Weisheit, das eine vom anderen zu unterscheiden.«[14]

Meine persönliche innere Gelassenheitshaltung lautet seit vielen Jahren »Es ist, wie es ist, und genau daraus mache ich das Beste!« Durch Gelassenheit bekommen wir unsere Handlungsfähigkeit zurück. Wut, Ärger, Verzweiflung und ähnliche negative Emotionen bremsen uns nur aus. Keine Sorge, auch ich kenne solche Regungen. Aber ich schiebe negative Gefühle konsequent und äußerst energisch mit meinem Gelassenheitssatz zur Seite. Gelassenheit ist einfach eine grandiose Begleiterin – übrigens nicht nur in Zeiten der Veränderung.

Vielleicht erkennst du dich ja auch in der Beschreibung der dritten Gruppe wieder, die ich »die Perfektionistinnen« nenne. Solche Frauen überlassen nichts dem Zufall und kümmern sich gerne – in aller Verliebtheit – um die Details. Wenn dies unter dem Label »mit der erforderlichen Sorgfalt« geschieht, dann finde ich das super. Davon würde ich mir gerne eine Scheibe abschneiden. Wenn sich dieses Verhalten allerdings in Extremform zeigt und bis ins Detail alles bedacht wird, dann stelle ich schon mal folgende provokante Fragen: »Lebst du schon, oder bist du noch Perfektionistin? Geht es dir in dem, was du machst und tust, um den Wunsch, Erfolg zu haben? Oder darum, einen möglichen Misserfolg zu vermeiden?« Meistens ist mein Gegenüber dann irritiert und auch bestürzt, weil es sich selbst so nicht beschreiben würde. Eigenwahrnehmung – Selbstwahrnehmung: auch ein möglicher Perspektivwechsel.

Perfektionistinnen beschäftigen sich übermäßig damit, dass jemand sie kritisieren könnte oder sie etwas nicht schaffen könnten.

Auch wenn Perfektionismus in unserer Gesellschaft eher mit etwas Negativem verbunden wird, so bietet er durchaus Vorteile. Mit der »gegebenen Sorgfalt« zu planen, hätte mich definitiv davor bewahrt, ohne Mütze nach Schottland zu reisen, wohlwissend, dass der Wind in den Highlands extrem kühl von den Bergen pfeifen kann. Und so hätte ich Geld gespart und hätte nicht in irgendeinem Touristenort viel Geld für eine qualitativ eher minderwertige Kopfbedeckung hinblättern müssen. Allerdings wäre ich dann auch niemals der schönsten Statement-Mütze der Welt begegnet: »Happiness is the best Make-up.«

Als ich mich damals auf dem Selfie mit dem überholten Outfit sah, machte mich die Szene nicht nur nachdenklich. Am liebsten wäre ich auf der Stelle der Aufforderung der »schnellen Macherin« in mir nachgekommen und hätte sofort alles geändert. Meine Erfahrung als Coach sowie die »planvolle Umsetzerin« in mir hielten mich jedoch zurück, und Letztere stellte kluge Fragen: »Was ist es denn, was du machen möchtest? Wie willst du dein zukünftiges Leben verbringen? Mach doch erst mal eine Skizze und dann einen Plan. Und schau unbedingt auch, wie es um deine Finanzen steht!« Es war nicht das erste Mal, dass dieser innere Anteil mich vor unbedachten Investitionen der »schnellen Macherin« bewahrte. Der Perfektionistin in mir hingegen zeigte ich von Anbeginn an die rote Karte: Ein solcher Plan für ein selbstbestimmtes Leben braucht keine Excel-Tabelle mit zahlreichen Spalten und Verknüpfungen. Ein solcher Plan braucht vor allem eines: den Blick nach vorne und ein inneres Bild, wie ein glückliches, selbstbestimmteres Leben aussieht und sich anfühlen könnte.

Vielleicht hast du ja in meinen Ausführungen Teile von dir wiedererkannt. Die Typen gibt es nämlich so gut wie nie in Reinform. Die Kunst ist es, diese inneren Anteile zu kennen, zusammenzuführen und einen klugen Kompromiss zu schließen. Ich empfehle dir also, nicht gleich in dein neues Leben loszulaufen, sondern dich darauf vorzubereiten und einige wenige, aber wichtige Aspekte etwas genauer zu betrachten. Dazu gehören wie gesagt ein Zusammentragen der Ideen und Aspekte, die dir im Kopf umherschwirren, eine Willenserklärung sowie ein Blick auf die Menschen in deinem Umfeld und die Art, wie sie vermutlich auf dein Vorhaben reagieren. Und freilich auch, wie du das für dich nutzen oder dem gegebenenfalls frühzeitig gegensteuern könntest.

BRING DEINE IDEEN UND GEDANKEN AUF EIN STÜCK PAPIER

Ein guter Kompromiss zwischen »loslegen« und sich trotzdem gut vorbereiten ist die Erstellung einer Mindmap (engl. *mind map* [Gedankenlandkarte]). Das Mindmapping ist eine Methode, die bereits in unserer Kindheit – in den späten Siebzigerjahren – von den englischen Psychologen Tony Buzan und Peter Russell entwickelt wurde.[15] Eine Mindmap ist eine grafische Darstellung aller wesentlichen Punkte, die in deinem Vorhaben irgendwie ins Spiel kommen, zusammenhängen und Berücksichtigung finden müssen. Es handelt sich um eine Art »Landkarte«, mit der du zu jedem Zeitpunkt den Überblick behältst und dich nicht aus den Augen verlierst.

DU BIST DRAN

PROBIER'S EINFACH MAL AUS … »DIE MINDMAP«

In meinen Coachings arbeite ich gerne mit Mindmaps. Sie sind schnell erstellt und unterstützen dich darin, all deine Gedanken, Ideen, wichtigen Aspekte und auch kleinsten Gedankenzipfel zu sammeln und zu sortieren. Die Mindmap gehört zu den Perspektivwechsel-Methoden. Wie aus einer Art Vogelperspektive hast du alles im Blick und kannst auf nur einem einzigen Blatt Papier Verbindungen und Zusammenhänge sehen, denen du sonst vielleicht erst viel zu spät Beachtung schenken würdest. Vor allem zu dem Zeitpunkt, wenn dein Kopf und dein Herz vor Ideen und Gedanken nur so übersprudeln, ist die Methode ein echter Mehrgewinn. Aber auch dann, wenn du in der Planung bist und die wesentlichen Punkte nicht aus den Augen verlieren möchtest. Ich nutze sie außerdem immer als einen Vorher-nachher-Vergleich, denn sie erzählt die Geschichte »Wie alles begann ...«.

Zeit:	**15 Minuten, du kannst deine Mindmap jederzeit ergänzen**
Schwierigkeit:	★☆☆☆☆
Material:	**1 großes Blatt Papier und etwas zum Schreiben** **Wenn du magst, bunte Stifte**

Vorgehen:

✓ Nimm ein leeres Blatt, und leg es in Querformat vor dich hin.

✓ Schreibe den Kern, um was es dir geht, in deinen eigenen Worten in die Mitte des Blattes, zum Beispiel »Vorwärts heißt zurück zu mir« oder »Mein selbstbestimmteres Leben«. Male ein Kästchen darum. Wenn du magst, kannst du statt Worten auch ein symbolisches Foto verwenden oder etwas zeichnen.

✓ Platziere nun Oberbegriffe rund um diesen Kern herum, und verbinde sie mit diesem durch Striche. Wir haben bisher ja schon einige Punkte beleuchtet, und du wirst auch noch einige weitere Aspekte in diesem Buch kennenlernen. Nachfolgend gebe ich dir ein paar Ideen für solche Oberbegriffe. Ganz bestimmt kommen dir beim Lesen und Durcharbeiten des Buches aber noch weitere:

- *Meine Ideen, Sehnsüchte, Wünsche, Ziele.*
- *Menschen in meinem Umfeld.*
- *Meine Fähigkeiten/Kompetenzen.*

- *Meine Ressourcen.*
- *Herausforderungen/Hindernisse.*
- *Erfahrungen.*
- *Meine Familie/meine Herkunft.*
- *Ich als Coach.*
- *Meine Gefühle.*

✓ Von den Oberbegriffen gehen dann Unteräste ab. Zu jedem dieser Oberbegriffe sammelst du alles, was dir in den Sinn kommt, du für wesentlich hältst und nicht vergessen möchtest. Zum Beispiel bei »Meine Familie/meine Herkunft«: Glaubenssätze, Erwartungen, Regeln in der Familie, Förderliches, Hemmendes.

✓ Wenn du magst, dann nutze verschiedene Farben, um wichtige oder auch zusammengehörende Punkte entsprechend zu markieren. Das macht deine Gedankenlandkarte für dich leichter lesbar.

✓ Du kannst deine Mindmap jederzeit ergänzen, umbenennen, umorganisieren und auch Nennungen streichen.

Wenn du alle wesentlichen Aspekte deines Aufbruchs in dein selbstbestimmteres Leben auf einen Blick haben möchtest, dann erstelle auf jeden Fall eine Mindmap. Sie schenkt dir den Überblick über dieses durchaus komplexe Thema und ermöglicht es dir, verstreute Gedanken zu bündeln und Verbindungen zu erkennen, die du sonst nicht gleich erkennen würdest. Die Mindmap ist ein echter Tausendsassa unter den Methoden. Ich bereite inzwischen alle meine größeren Vorhaben, Projekte, Pläne und sogar Urlaube damit vor. Leider muss ich gestehen, dass ich seither nie wieder eine Mütze im Urlaub kaufen musste. Die gute Schwäbin in mir kauft ja nur Mützen, wenn sie welche zu Hause gelassen hat.

WERDE WIEDER SICHTBAR FÜR DICH

Damals, als das Selfie entstand, war ich wie gesagt nicht unglücklich. Ich wähle voller Bedacht die Form der »positiven Verneinung«. Denn »nicht unglücklich« zu sein, bedeutet im Umkehrschluss nicht automatisch, glücklich zu sein. Es ging mir gut, aber irgendwie war ich »blass«. Ohne Kontur und Ausstrahlung. Ohne Antwort darauf, wer ich bin. Für was ich stehe. Was ich möchte und was mich glücklich macht. Alles, was ich an diesem Tag an und auch in mir trug, stand für eine vergangene Zeit und hätte schon längst für Neues Platz machen müssen.

An den Weg, den ich an jenem Tag zurückgelegt hatte, konnte ich mich nur noch schwach und auch nur anhand der Fotos erinnern, die ich unterwegs geschossen hatte. Das gleiche Gefühl stieg in mir hoch, als ich auf meinen bisherigen Lebensweg zurückschaute und versuchte, mich zu erinnern. Irgendwie dümpelte mein Leben seit geraumer Zeit so vor sich hin. Ich nahm das, was kam, gestaltete aber nur wenig selbst, und wenn, dann punktuell und vor allem viel für andere. Wie ein Schifflein aus Papier in einem Fluss. Ohne wirkliche Eigeninitiative und konkrete Ziele. Warum auch? Es gab ja immer genügend zu tun. Irgendjemand wollte immer etwas von mir. Beruflich und auch privat. Also musste ich mir darüber, was ich eigentlich vom Leben wollte, keine Gedanken machen.

Das änderte sich jedoch mit besagtem Selfie. Dieser für mich durchaus überraschende Perspektivwechsel zupfte tief in mir drin eine Saite an. Irgendwie empfand ich das so, als ob ein großer Film zu Ende gehen und ein neuer beginnen würde. Ich weiß noch genau, wie es sich anfühlte, als ich zu Hause die Mütze vom Kopf nahm. Irgendwie endgültig und doch nicht zu Ende. Die Jacke legte ich nach nur kurzer Überlegung auf den Stapel für die Altkleidersammlung. Die Kopfbedeckung jedoch nicht. Ich betrachtete sie aufmerksam, denn sie stand für eine wichtige Zeit und hatte mich viele Jahre begleitet. Manche Sachen entsorgt man nicht einfach, auch wenn man weiß, dass man sie höchstwahrscheinlich nie wieder benutzen wird. Es würde sich einfach falsch anfühlen.

Nach der Wanderung damals nahm ich eine ausgiebige Dusche. Altes abspülen, warm werden für das, was kommen darf. Energiebewusstsein hin oder her. Bis heute dusche ich ausgiebig, wenn etwas Neues ansteht. Und zwar so lange, bis ich innerlich so weit bin und mir selbst ein inneres »Go!« gebe. Wie lange ich also unter dem heißen Strahl stand, das kann ich heute freilich nicht mehr sagen. Doch lange genug, dass der Dampf den Spiegel beschlug. Wie schon als Kind konnte ich nicht widerstehen und zeichnete mit meinem Zeigefinger ein kleines Herz auf den vernebelten Spiegel. Ein Herz für mich. »Was ist es, was du möchtest, Tanja? Wie soll dein weiterer Weg aussehen?«

Sicher hätte ich einfach nur die Kleidung austauschen können. Aber darum ging es nicht. Es war das Gesamtpaket, das nach Veränderung rief. Und so antwortete ich der Person, die nach und nach wieder im Spiegel zu erkennen war: »Genau so! Sieh dich wieder selbst! Ab jetzt geht's mal hauptsächlich nur um dich! Schnapp dir das Leben! Vorwärts heißt zurück zu dir und zu dem, was du möchtest.«

Spitzbübisch zwinkerte ich meinem Spiegelbild zu. Noch war ich nicht deutlich sichtbar, aber das würde sich schon noch ergeben. Begeistert fasste ich einen Vorsatz. Jetzt mussten nur noch Taten folgen. Ich zog mich an, ging die Treppe hinunter in meinen Coaching-Raum und startete meinen Rechner.

Mit jedem meiner Kunden schließe ich zu Beginn nicht nur eine kaufmännische Vereinbarung, sondern vor allem auch einen kleinen Vertrag im Sinne einer Selbstverpflichtung. Das ist eine beliebte und wirksame Coaching-Methode, ein erster wichtiger Meilenstein, um die Ernsthaftigkeit des persönlichen Veränderungsvorhabens zu unterstreichen. Einen solchen Vertrag schloss ich an jenem Tag mit mir selbst. Vertragsüberschrift: »Tanjas ganz persönlicher Sichtbarkeits- und Glücksvertrag«.

SORGE FÜR VERBINDLICHKEIT

Wenn du fest dazu entschlossen bist, dir und deinen Bedürfnissen zukünftig mehr Platz einzuräumen, dann wird es für dich vollkommen in Ordnung sein, einen Vertrag mit dir selbst abzuschließen. Falls du noch zögerst, dann empfehle ich dir, die »Utilisation der Gefühle« anzuwenden (siehe den Abschnitt »Nutze deine Gefühle« in Kapitel 3). Was will dir das Zögern sagen? Was brauchst du, um aus dem Zögern herauszukommen und eine Entscheidung für oder gegen den Vertrag mit dir selbst zu treffen?

Bei einem »Vertrag mit dir selbst« handelt es sich um deine ganz persönliche Willenserklärung: »Ja, ich will das wirklich! Vorwärts zurück zu mir und in mein selbstbestimmteres Leben aufbrechen!« Ein solcher Vertrag holt deinen Vorsatz aus der spontanen Begeisterung und sorgt für Verbindlichkeit. Er ist mehr als nur ein Stück Papier, auf dem du dein Vorhaben niederschreibst. Er folgt ähnlichen Kriterien wie bei den Verträgen, die du sonst aus deinem Leben auch kennst, wie zum Beispiel ein Kaufvertrag.

Ein Vertrag folgt immer der sogenannten Vertragsfreiheit. Das ist die Freiheit, Verträge mit Personen und mit Inhalten deiner Wahl abzuschließen. Warum also nicht mit dir und dem, was du für dich verwirklichen möchtest? Ein weiterer wichtiger Aspekt ist die »Vertragstreue«. Das bedeutet, dass Verträge einzuhalten sind. Dieses Prinzip der Vertragstreue (»Pacta sunt servanda«)

ist übrigens der wichtigste Grundsatz im gesamten Vertragsrecht. Verträge sind nicht beliebig, man muss sich an sie halten. Was aber nicht heißt, dass ein Vertrag keine Grenzen hätte. Eine solche Grenze ist zum Beispiel die Zumutbarkeit.

Auf einen »Vertrag mit dir selbst« würde ich das mal wie folgt übertragen: Du entscheidest, wo deine Grenzen liegen und in welchem Grad dein Umfeld davon betroffen sein wird. Oder positiv formuliert: Du entscheidest, was dich glücklich macht und wie du dieses Glück leben möchtest. Freilich könntest du auch deine Vertragstreue austricksen und dich täuschen, aber damit würdest du ja lediglich einer Person schaden, nämlich dir selbst.

DU BIST DRAN

PROBIER'S EINFACH MAL AUS ... »DER VERTRAG MIT DIR SELBST«

Ein Vertrag mit dir selbst ist also nichts anderes als ein Mittel zum Zweck, ein Mittel zum Erreichen deiner ganz persönlichen Ziele. Er regelt genau das, zu dem du dich selbst verpflichtest. Was bedeutet es für dich, ein selbstbestimmteres Leben zu führen? Welches Versprechen gibst du dir? Wie möchtest du zukünftig mit dir und deinen persönlichen Bedürfnissen umgehen? Welche Erwartungen hast du an dich und die Art und Weise, wie du dein Leben zukünftig führen möchtest?

Ein solcher Vertrag hat durchaus etwas Feierliches. Er ist mehr als eine Willensbekundung, er ist vor allem eine Liebeserklärung an dich selbst.

Damit dir die Erstellung eines solchen Vertrags leichter fällt, habe ich für dich ein paar Formulierungsvorschläge zusammengetragen. Meine Empfehlung: Formuliere ihn trotzdem in deinen eigenen Worten. Er sollte sich für dich stimmig und als Teil von dir anfühlen. Nur zu! Du wirst sehen, ein solcher Vertrag setzt fantastische Energien frei und motiviert dich bis in die Haarspitzen. Und dein Lippenstift wird hervorragend zur Geltung kommen!

Zeit: **10 Minuten**
Schwierigkeit: ★☆☆☆☆
Material: **Du kannst den Vertrag direkt in dein Journal schreiben, falls du dir eines zugelegt hast, oder verwende einfach ein Blatt Papier. Ich persönlich finde, dass es eines solchen Vertrags würdig ist, ein wertvolles Papier zu wählen.**

Vorgehen:

✓ Schreib einen Vertrag mit dir selbst.

✓ Wenn du ihn erstellt hast, dann unterschreib ihn, und stoß feierlich mit dir oder gemeinsam mit einem vertrauten Menschen darauf an. Vielleicht mit deiner Intervisionsgruppe? Freilich muss es kein Alkohol sein. Wobei ich persönlich finde, dass die Komposition von einem kleinen Schlückchen Sekt und Lippenstift ziemlich stimmig ist.

✓ Wenn du magst, dann steck den Vertrag in ein Kuvert, adressiere ihn an dich, und bring ihn zur Post. Das ist aber nur ein nettes Gimmick, das muss also nicht sein. Wobei du durch einen Poststempel ein Art Zeitzeugnis schaffen würdest. Auch nicht schlecht, oder?

✓ Wähle einen gut sichtbaren Platz für deinen Vertrag, und lass ihn nicht in irgendeiner Schublade verschwinden. Du weißt ja, wie es heißt: »Aus den Augen, aus dem Sinn«. Ich persönlich habe mich dazu entschieden, nicht den Vertrag, sondern das Selfie mit der Mütze als Erinnerungsanker in meinem Coaching-

Raum aufzuhängen. Es erinnert mich Tag für Tag für Tag daran, wie ich mein Leben gestalten möchte, und motiviert mich in Zeiten, in denen es mal nicht so gut läuft. Ja, leider gehören solche Phasen auch dazu.

Mein Vertrag mit mir für ein »glückliches und selbstbestimmteres Leben«

Ich ________________ (dein vollständiger Name) schließe am ____________ (Datum) diesen liebevollen Vertrag mit mir selbst. Mit ihm möchte ich Folgendes erreichen:

____

Daher verpflichte ich mich mir selbst gegenüber, mein Leben künftig mehr nach mir und meinen Bedürfnissen auszurichten. Ich weiß, dass der Erfolg hierfür in meinen Händen und somit auch in meiner Verantwortung liegt.

Mein Ziel werde ich erreichen, indem ich Folgendes umsetze:

✓ Ich achte mich selbst mit meinen Bedürfnissen und Wünschen und stehe zu dem, was mir persönlich wichtig ist. Glücklich zu sein, beginnt mit den kleinen Dingen.

✓ Ich begegne den Erwartungen anderer an mich reflektierter und frage mich selbst, ob ich diesen Erwartungen wirklich nachkommen oder ob ich ein durchaus respektvolles, aber klares Nein geben möchte.

✓ Ich nehme mir ganz bewusst Zeit für mich und markiere diese Zeiten im Kalender als »unantastbar für andere«.

✓ Ich widme mich jeden Tag (mindestens) fünf Minuten mir selbst und frage mich, was es ist, was mich glücklich macht, plane und setze das dann auch um.

✓ Ich benenne abends für mich, für welche drei Momente des Tages ich dankbar bin.
✓ Ich trainiere mich jeden Tag darin, mich und meine Bedürfnisse in den Mittelpunkt meiner Aufmerksamkeit zu stellen. Ich nehme an, was nicht veränderbar ist, ändere aber das, was mich stört. Ich gebe nicht auf, auch wenn's mal schwierig wird.
✓ Ich reflektiere einmal im Jahr über mich und justiere mein Vorhaben gegebenenfalls nach.

Erfolge in meinem Vorhaben mache ich sichtbar und feiere sie ganz bewusst mit einem Glückslächeln, das ich meinem Spiegelbild schenke. Ich freue mich und bin stolz darauf, dass ich mich auf den Weg zurück zu mir selbst mache.

Ort, Datum, Unterschrift

Bestimmt wird sich auch im weiteren Verlauf des Buches das eine oder das andere für dich noch ändern oder schärfen. Manche Aspekte möchtest du vielleicht hinzufügen, andere hingegen sind für dich dann plötzlich unwichtig. Deswegen kannst du auch erst mal einen »Vorläufigen Vertrag« mit dir schließen. Im Fachjargon wird das »Absichtserklärung« genannt. Ab dem Zeitpunkt, an dem du dir dann selbst das »Ja! Und go!« gibst und für dich alle Punkte gut geklärt hast, wandelst du die Absichtserklärung in den »Vertrag mit dir selbst« um.

Gibt es jemanden, den du an deinem Vertrag teilhaben lassen möchtest? Vielleicht deine Intervisionsgruppe? Deine Freundinnen? Ich habe schon häufiger gesehen, dass diese den Vertrag mit unterschreiben – als eine Art Beglaubigung.

Ich persönlich würde mir den Vertrag zu Beginn zur wöchentlichen und später dann zur monatlichen Überprüfung in meinem Terminkalender auf Wiedervorlage legen.

Immer zum Jahresende werden Verträge ja gerne mal erneuert. Mach daraus ein Ritual, und überprüfe dich und deinen Fortschritt. Ich persönlich gestalte das im Rahmen der Rauhnächte, die ich jedes Jahr begehe. Die Rauhnächte, das sind die zwölf Tage »zwischen den Jahren«, also von Weihnachten bis zum Dreikönigstag. In einem täglichen Ritual betrachte ich das zurückliegende Jahr, lasse los, was nicht so gut gelaufen ist, und mache mir Gedanken, was und wie ich das kommende Jahr erleben möchte.

DIE SACHE MIT DER ZEIT IN VERTRÄGEN

In den meisten Verträgen finden sich üblicherweise ganz konkrete Aussagen zu Terminen und Zeiten. Auch im Berufsleben werden Ziele mit Terminen versehen und vielfach nach der sogenannten SMART-Formel definiert. »SMART« ist ein Akronym – ein aus den Anfangsbuchstaben mehrerer Wörter zusammengesetztes Kurzwort: Ziele sollen immer **s**pezifisch, **m**essbar, **a**kzeptiert, **r**ealistisch und **t**erminiert formuliert werden.

Vielleicht spürst du meine Skepsis bezüglich der Formel. Richtig wahrgenommen! Ich halte sie für ein Relikt längst vergangener Zeiten, das nicht mehr so recht zu unserer komplexen Welt passt. Für sich gesehen, ist sie zwar durchaus nachvollziehbar. Sie berücksichtigt aber nicht die Vielschichtigkeit unseres Lebens. Persönlich habe ich schon vor langer Zeit damit aufgehört, mir Endtermine für meine Ziele und Vorhaben zu setzen. Solche »Deadlines« haben mich immer nur gestresst und zudem frustriert, wenn ich sie nicht einhalten konnte, weil einfach zu viel dazwischenkam.

Wobei das nicht bedeutet, dass du den Faktor Zeit ausblenden solltest. Ich finde es jedoch viel wichtiger, dass du ein inneres Abbild davon bekommst, wie viel Lebenszeit dir überhaupt zur Verfügung steht. Das heißt, deine persönlichen Wünsche und Bedürfnisse in Bezug zum großen Ganzen zu sehen und dich dann zu entscheiden, wann du was ungefähr machen möchtest. Und was nicht. Außerdem: ob und wie weit du aufs Gaspedal treten musst. Weil, du weißt es ja selbst, die Zeit rennt. Die Meterstab-Übung führt es uns in aller Deutlichkeit vor Augen (siehe Kapitel 1).

MUSTER ERKENNEN DURCH DEN WECHSEL DER PERSPEKTIVE

Wenn ich mit meinen Coachees an der Erfüllung ihrer Wünsche und Bedürfnisse arbeite, so höre ich häufig folgenden Satz: »Wenn ich nicht so viel Zeit für XYZ aufbringen müsste, dann könnte ich meine Vorhaben spielend leicht umsetzen.« Erinnerst du dich, dass ich dir im Kapitel 3, in »Leg dir eine positive Haltung zu …« empfohlen hatte, eine Haltung einzunehmen, die nicht die Frage nach der »Ursache« beziehungsweise nach der Schuld stellt? In der systemischen Psychologie gibt es diese Frage nach dem Huhn oder dem Ei nicht. Wir gehen wie gesagt davon aus, dass das eine das andere bedingt und auch umgekehrt. Wir nennen dieses Prinzip »Zirkularität«.

Allzu gerne hätte ich meinem Mann die Schuld dafür gegeben, dass ich so viel für die Familie gemacht habe und nur so wenig für mich. Mit dem Finger auf jemanden zu zeigen, macht es einem scheinbar leicht, oder was meinst du? So manches Mal bekam er meine Frustration mit einhergehender Kratzbürstigkeit durchaus zu spüren. Neben meinem Job als Business Coach kümmerte ich mich nach und nach um den kompletten Haushalt und übernahm auch die Hauptverantwortung für alles, was unser Kind an Aufgaben so mit sich brachte. Er konnte es mir irgendwie nicht recht machen. An seiner Stelle hätte ich auch jede freie Minute für den Job und für die Sportbegeisterung genutzt. Jeder von uns hätte zu jeder Zeit die Chance gehabt, aus diesem Muster auszubrechen. Aber das Prinzip der Zirkularität hatte uns voll im Griff. Keiner unterbrach es. Und so kann ich mir gut vorstellen, dass mein Mann das Gefühl hatte, nicht mehr Teil der Kernfamilie zu sein. Und ich wiederum hatte das Gefühl, dass mein Sohn und ich erst an zweiter Stelle kamen. Außerdem waren es nur »Gefühle« und keine Fakten.

Nun die Frage an dich: Kann es bei solch einer Dynamik eine Schuldfrage geben? Meine Meinung? Ein klares Nein! Wie gesagt: Das eine bedingte das andere. Und das andere das eine. Und genau das ist es, was wir systemisch ausgebildeten Coaches unseren Coachees vermitteln möchten: Erkenne das Muster, und versuche, es zu unterbrechen. Denn erst wenn das Muster nicht mehr wie gewohnt ablaufen kann, ist neues Verhalten möglich.

DU BIST DRAN

ICH HABE EIN PAAR REFLEXIONSFRAGEN FÜR DICH

Denk mal an eine deiner letzten Unternehmungen, bei denen du den Fokus auf dich setzen wolltest und dann doch wieder zugunsten von etwas anderem erst gar nicht damit begonnen beziehungsweise es abgebrochen hast. Betrachte diese Situation mal als Ganzes in Slow Motion – in Zeitlupe:

- ✓ Was passiert im Vorfeld?
- ✓ Was in der eigentlichen Situation?
- ✓ Was bringt dich dazu, dich gegen dich zu entscheiden?
- ✓ Wie geht es dann weiter?

✓ Gibt es Ähnlichkeiten zu anderen Situationen?
✓ Erkennst du ein Muster?
✓ Wie könntest du es unterbrechen?

DAS GANZE IST MEHR ALS DIE SUMME SEINER TEILE

Wenn du dein Muster in Abhängigkeit von anderen erkennst, dann hast du eine exzellente Möglichkeit, etwas daran zu ändern und aus diesem Muster auszusteigen. Allerdings ist das Ganze bekanntlich mehr als die Summe seiner Teile. Und daher auch mehr als nur *ein* Interaktionsmuster mit nur *einer* Person. Was ich mit diesem »Ganzen« meine, kannst du besser nachvollziehen, wenn du dir dein System – also dein Umfeld – ab sofort als Mobile vorstellst. So eines, wie es an vielen Babybetten im Sichtfeld der kleinen Zwerge hängt und so wunderschön im Wind mit dem Wind tanzt.

Ein Mobile ist eine fantastische Metapher, um dir nahezubringen, wie du in deinen Veränderungsvorhaben denken und handeln solltest, um Erfolg zu haben. Denn wie gesagt bist auch du Teil eines großen Ganzen, eines Mobiles. Die Dinge sind daher meist komplexer, als sie auf den ersten Blick zu sein erscheinen. Einfach mal beschließen: »Okay, in Zukunft rücke ich mich selbst wieder mehr in den Fokus der Aufmerksamkeit«, ist das eine. Es dann auch umzusetzen, das andere. Für Mobiles gelten nämlich folgende Prinzipien:

1. Alle Elemente deines Mobiles stehen irgendwie miteinander in Beziehung. Wenn sich ein Teil von ihm bewegt, dann bewegen sich gleichzeitig auch alle anderen Elemente. Die einen vielleicht nur ganz schwach, andere hingegen deutlich. Wenn die

Elemente erst mal in Bewegung sind, dann beeinflussen sie sich wiederum alle gegenseitig. Das bedeutet: auch das Element, das sich zuerst bewegt hat.

2. Ein Mobile versucht immer, das Gleichgewicht wiederherzustellen.
3. Je mehr Teile ein Mobile umfasst und je stärker ein Bewegungsimpuls von innen oder ein »Windstoß« von außen ist, desto schwieriger wird es, die Bewegungen der anderen Elemente vorauszusagen. Manche Dynamik kann überraschen, und manchmal verheddert sich ein Mobile heillos, sodass nur noch das Abschneiden eines oder sogar mehrerer Elemente das Ganze entwirrt. Es verliert danach zunächst die Balance, doch nach den ersten Turbulenzen findet es ein neues Gleichgewicht und kommt in eine neue Ruhe – ob sich das dann gut anfühlt, ist eine andere Frage.

DU BIST DRAN

PROBIER'S EINFACH MAL AUS … »MACH DEIN MOBILE SICHTBAR«

Ähnlich wie bei einem echten Mobile verhält es sich bei dir und deinem Umfeld. Je besser du dein Mobile kennst, umso leichter wird dir dein eigener Tanz im Wind beziehungsweise mit dem Wind fallen. Oder anders gesagt: dein Weg vorwärts zurück zu dir.

Zeit:	**20 Minuten**
Schwierigkeit:	★★★★☆
Material:	**Mensch-ärgere-Dich-nicht-Figuren oder Ähnliches** **Notizzettel und 1 Stift**

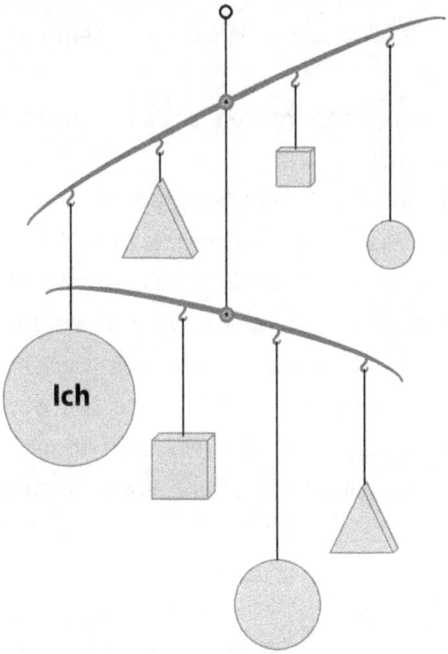

Vorgehen:

- ✓ Beantworte nachfolgende Fragen, und versuche, die Dreidimensionalität deines Mobiles zumindest in Gedanken hinzubekommen.
- ✓ Wer oder was ist alles Teil deines sichtbaren Mobiles? Das können Personen, aber auch Institutionen sein. Verwende für jedes Element eine Spielfigur, und stelle es auf einen Notizzettel. Beschrifte diesen Notizzettel jeweils mit dem Namen des Elements.
- ✓ Wie sieht dein Mobile aus, wenn du es von außen betrachtest? Von oben, von unten, von rechts, von links, von der Seite? Von innen? Versuche, es dir in ungefähren Relationen vor- und darzustellen.
- ✓ Wie frei beweglich ist dein Mobile? Wie gut tanzt es mit dem Wind?

- ✓ An welcher Stelle bist du? Würdest du gerne an einer anderen Stelle sein?
- ✓ Zwischen welchen Elementen gibt es starke Abhängigkeiten, Verbindungen?
- ✓ Welches Element deines Mobiles reagiert wie auf wen? Welches reagiert kaum, welches am stärksten? Kannst du eine Art Regel erkennen? Ein Muster? Ein Muster lässt sich gut wie folgt beschreiben: »Immer (meistens), wenn Element X dies und das und jenes macht, reagiert Y wie folgt (beziehungsweise es passiert Folgendes ...).«
- ✓ Wie kannst du dein Mobile in Bewegung bringen? Wie viel Kraft brauchst du dafür? Was passiert, wenn du zu viel Kraft einsetzt?
- ✓ Was geschieht, wenn ein oder mehrere Elemente deines Mobiles kaputtgehen? Welche könnten »kaputtgehen?« Kann das, was kaputt ist, wieder geheilt werden? Wenn ja, wie? Oder ist es nicht reparabel? Kann dann der Platz leer bleiben? Oder fühlt es sich an, als ob er gefüllt werden muss? Mit wem oder was?
- ✓ Was braucht es beziehungsweise wie viel Energie benötigt es, um dein Mobile dauerhaft in einen veränderten Zustand zu überführen, in ein neues, harmonisches Gleichgewicht?

Ich gebe zu, das ist keine ganz leichte Übung, und es sind auch keine leichten Fragen. Wenn du dich ihnen stellst und dir ehrliche Antworten darauf gibst, dann weißt du relativ genau, was du im Vorfeld tun könntest und auf was du während der Veränderung zu achten hast, damit der Rückfall nicht programmiert ist. Du weißt ja, dass Mobiles die Tendenz haben, das Gleichgewicht wiederherzustellen. Dein System wird das ebenfalls versuchen, auch wenn die einzelnen Elemente für dich nur das Beste wollen. Du musst also aus ihrer Sicht mitdenken, damit dir dein Vorhaben gelingen kann.

Eine Alternative wäre die Strategie der vollendeten Tatsachen: Machen, und gut ist, und wer nicht damit klarkommt, der wird aus dem Mobile abgeschnitten. Kontaktabbrüche sind keine Seltenheit. Auch nicht im Erwachsenenalter. Erinnerst du dich an meinen Filmtitel im ersten Teil? Meine Springerstiefel standen symbolisch für die Zeit, in der ich als Jugendliche von zu Hause abgehauen war – ein Ausdruck für meinen Wunsch nach mehr Selbstbestimmung. Keinem der Beteiligten des Mobiles ging es jedoch wirklich gut damit. Auch mir nicht.

Bevor wir nun aber alle Pferde scheu machen und Probleme sehen, wo es vielleicht keine gibt, lass uns im nächsten Kapitel deine Idee von einem selbstbestimmten Leben anschauen. Wie soll es aussehen? Was muss von dir eventuell noch aufgeräumt werden? Was gilt es loszulassen, und was will in einem Karton verstaut werden?

»Gell, Tanja, auf diesem Weg hast du schon viel für dich geklärt?« Verena holte mich aus meinen Gedanken. Beide Freundinnen hatten mich in den letzten Jahren beim Aufräumen beobachten können. Innerlich und auch äußerlich.

»Ja, vor allem bei meinen Neujahrswanderungen. In der Regel starte ich dann von zu Hause und lasse mich einfach treiben, wohin auch immer mich meine Intuition führt. Ich komme erst wieder zurück, wenn ich mir klar bin, unter welches Motto ich das jeweilige Jahr stellen möchte und welche Wünsche ich mir erfüllen werde.«

Verena hatte sich gebückt, um einen kleinen runden Stein aufzuheben. »Das mit den Jahresmottos finde ich eine geniale Idee.

Welches Motto ist es denn in diesem Jahr? Ich habe dich noch gar nicht gefragt.«

»I do it my way – und gehe meinen Weg!« Seit einigen Jahren war es mir zum wertvollen Ritual geworden, jedes Jahr unter ein eigenes Motto zu stellen. Ein solches Leitmotiv ist mir das Jahr über eine kluge Beraterin und hilft mir, Entscheidungen zu treffen. Immer wenn ich unsicher bin, rufe ich es mir in Erinnerung und stelle mir die Frage, wie ich reagieren würde, wenn ich mein Motto lebte. »Wisst ihr noch damals, als ich die Freundschaft zu Margit beendete? In dem Jahr hatte ich das Motto ›Klarheit‹. Ich habe mir die Frage gestellt, wie ich mich verhalten würde, wenn ich wirklich klar wäre. Meine innere Stimme rief mir damals zu: ›Danke ihr für die gemeinsame Zeit, und geht dann getrennte Wege.‹ Ihr habt's ja mitbekommen. Für mich und Margit war es stimmig, aber die anderen haben ein wenig gebraucht, um das zu akzeptieren, und wollten sogar eine Aussprache organisieren.« Ich lächelte. Das betroffene Umfeld war damals bestrebt, das Gleichgewicht wiederherzustellen.

»Und was für Mottos hattest du sonst noch?« Verena war damals am wenigsten betroffen.

»Im Jahr direkt nach meiner Trennung lautete es: ›Vorwärts!‹ Und ganz ehrlich? Besser hätte ich es kaum treffen können, es war ja durchaus ein herausforderndes Jahr. Im darauffolgenden Jahr lautete es dann ›Herzensglück‹ – bei jeder Entscheidung, die anstand, befragte ich aktiv mein Herz, ob es mich glücklich machen würde oder nicht. Was soll ich sagen? Irgendwie war jedes Motto bisher stimmig. Und das diesjährige unterstreicht einfach fantastisch meinen selbstbestimmten Weg. Vielleicht wird ja sogar ein Lebensmotto daraus? Mal schauen. Wer weiß …«

Kapitel 5
Räume innerlich auf, und schaffe Platz für Neues

Wir hielten an einer Bank, von der aus man einen fantastischen Blick weit ins Land hinein bis rüber zum Feldberg im Schwarzwald hatte. Ich öffnete meinen Rucksack, um den beiden eine Trinkflasche zu reichen. Neugierig schaute Sabine ihre Flasche an. »Wer bist du denn?«

Verena beugte ihren Kopf etwas vor und hob die Augenbrauen, um zu erfassen, was da an Sabines Flasche hing. »Sieht aus wie ein Oskar! Könnte aber auch ein Egon sein. Auf jeden Fall ein süßes Kerlchen! Obwohl er bestimmt ein Schleimer ist!« Ein süffisanter Spruch ging bei uns immer.

»O Gott … da war noch Leben im Häuschen! Ich dachte, das Schneckenhaus sei leer! Ich habe es bei meiner Wanderung letzte Woche als Erinnerung mitgenommen. Weil ich für mich beschlossen hatte, wieder aus meinem Schneckenhaus herauszukommen. Ihr wisst ja selbst, dass ich mich in letzter Zeit etwas rar gemacht habe! Ich bin einfach voll im Schreibmodus und im Flow und gehe fast nur zu den Gassirunden aus dem Haus. Oder um meine Eltern zu besuchen.«

»Wie geht es denen denn?« Sabine fand meine Eltern »lässig«. Sowohl zu meiner Mutter als auch zu meinem Vater hatte sie einen guten Draht.

»Na ja, es zeigt sich deutlich, in welche Richtung die Entwicklung geht. Aber sie kämpfen munter vor sich hin und sind halt nicht mehr so schnell. Ich glaube, dass sie daran am meisten zu knabbern haben. Mal geht's besser, mal weniger. Ich versuche zu unterstützen, lass aber vieles bei ihnen. Sie wollen sich auch gar nicht helfen lassen. Prinzipiell finde ich das ja super. Doch manchmal kann ich nur mit den Augen rollen, wenn meine Mutter mal wieder einen schweren Topf mit einer Pflanze von einem Ort zum anderen trägt. Aber nun denn, so geht es vielen mit ihren Eltern.«

Sabine nahm die kleine Schnecke behutsam von der Flasche, setzte sie an den Wegesrand und gab ihr einen kleinen Klaps. »Husch, husch! Mach schnell, dass du fortkommst. Und ja nicht umkehren, um auf die andere Seite zu kriechen! In drei Stunden kommt der nächste Fahrradfahrer!« Wir liebten Sabine nicht nur für ihr Wissen und ihren Scharfsinn, sondern auch für ihren Humor.

ÜBER KLEINE DRACHEN UND BROTKRÜMEL IN MEINEM RUCKSACK

Bestimmt brummt und schwirrt es inzwischen in deinem Kopf wie auf einer Bienen-, Hummel- und Schmetterlingswiese, wenn die Blütezeit so richtig beginnt. Gut so! Ich habe zwar nicht gezählt, wie viele Fragen ich dir bereits gestellt habe, aber um die hundert sind es sicherlich. Sie alle dienen dazu, dein Leben aus verschiedenen Blickwinkeln zu betrachten und deine Art, zu denken und zu handeln, aufzulockern. Das ist elementar für deinen

Weg zu einem selbstbestimmten Leben, damit dieser auch wirklich sicht- und spürbare Früchte tragen wird.

Jeder Gärtner würde dir bestätigen, dass dieses »Auflockern« wichtig ist, damit Pflanzen gut und gesund gedeihen können. Wenn du selbst eine Gartenfee bist, dann weißt du, was ich meine. Auf einem verdichteten, verkrusteten Boden zu gärtnern, macht keinen Spaß. Es ist mühsam und nur von mäßigem Erfolg gekrönt. Alle bisher gestellten Fragen sollen dich daher zu einer weiteren – wenn nicht sogar der wesentlichsten – Frage geleiten: »Wie möchtest du dein Leben zukünftig gestalten?« Und daraus wiederum abgeleitet: »Was darf mit? Was muss erst mal auf unbestimmte Zeit in einen Karton in deinen Keller? Und von was gilt es endgültig Abschied zu nehmen?«

Mir kommt gerade mein Rucksack in Erinnerung. Ab dem Frühling bis weit in den Herbst hinein nutze ich ihn wöchentlich, manchmal sogar täglich. Auch wenn ich ein echter Ordnungs- und Sauberkeitsfreak bin, so sieht mein Rucksack leider nach kürzester Zeit aus wie das Kinderzimmer meines Sohnes, als er noch klein war. Nur dass es keine Legosteine sind, die sich in unbestimmter Anzahl auf dem Boden verteilen, sondern Brotkrümel, Sonnencreme, Pflaster, Papiertaschentücher und Sonstiges, durchaus Undefinierbares. Aber keine Sorge, in meinem Rucksack gibt es keine Lebewesen der dritten Art und auch keine Pilze.

Allerdings gestehe ich, dass ich eine Sammlerin von Dingen bin, die ich unterwegs in der Natur entdecke und die mich auf ganz spezielle Art und Weise ansprechen. Häufig stehen sie für eine besonders schöne Wanderung, manchmal auch für einen Urlaub selbst. Einige symbolisieren ganz besondere Vorhaben. So gibt es zum Beispiel für jedes meiner Bücher ein Stückchen Holz aus dem Wald. Zu diesem Buch wollte eine Baumscheibe mit unzähligen Jahresringen mitgenommen werden. Du weißt ja, immer im Frühjahr und Frühsommer bildet ein Baum neues Holz. Er wächst dann schneller. Das sind die hellen Ringe. Im Spätsommer und Herbst verlangsamt sich das Wachstum wieder, und die dunkleren Ringe bilden sich. Wenn ich mich nicht verzählt habe, dann dürften der Baum und ich ungefähr gleich alt sein.

Als ich die Scheibe entdeckte, war ich tief in Gedanken zu diesem Buchvorhaben versunken und dachte darüber nach, ob ich vielleicht mal wieder hochstaple, wenn ich ein Buch zum Aufbruch in der Mitte des Lebens schreiben würde. Tatsächlich habe ich das Gefühl, dass eigentlich schon alles geschrieben ist und nichts Neues mehr dazukommen kann. Außer vielleicht die Welt ändert sich auf radikalste Weise.

Wobei auch das ja schon in jüngster Vergangenheit passiert ist. Jede von uns weiß, wie es sich anfühlt, wenn ein fieser, kleiner Virus die ganze Welt zum Stillstand bringt. Wie viele Menschen haben sich während der Pandemie geschworen, ihr Leben zu verändern, sobald sie vorbei ist? Und wer hat es dann tatsächlich gemacht? Die meisten sind doch mehr oder weniger schnell wieder im Trott gelandet, oder liege ich da falsch? Ja, dieser doofe Virus hat uns Menschen zum Nachdenken gebracht. Allerdings nur für die Zeit der Akutphase. Bei vielen scheint es beim »Denken« geblieben zu sein. Der Schritt zum Handeln blieb auf der Strecke, weil der Alltag von heute auf morgen wieder die volle Aufmerksamkeit für sich beanspruchte. Vielleicht ist das aber auch nur der Vorwand gewesen, weil die Überwindung der Grenzen der eigenen Komfortzone dann doch Mut und vor allem Energie gebraucht hätte. Zur Komfortzone und wie du diese verlassen kannst, kommen wir aber noch im nächsten Kapitel.

Bei uns Menschen verhält es sich übrigens ähnlich wie bei den Bäumen. Wenn diese zu wenig Nährstoffe erhalten und Trockenheit ausgesetzt sind, dann wachsen sie nur geringfügig. Das kann man relativ gut erkennen, weil dann die Jahresringe nur schwach ausgeprägt sind. Bei optimalen Bedingungen hingegen wächst der Baum stärker, und die Ringe sind entsprechend breiter. Und genau das will ich mit diesem Buch bewirken: Frauen nicht nur inspirieren, sondern vor allem ins Handeln bringen, damit sie sich nach ihren eigenen Wünschen mit Lust und Laune weiterentwickeln und sich gut erkennbare Jahresringe ausbilden können. Und damit meine ich nicht die kleinen Ringe am Bauch und auf der Hüfte. Wobei diese durchaus sein dürfen, wenn wir sie denn wollen. Mit der Metapher der Jahresringe meine ich das Anlegen eines Fotoalbums erfüllender Glücksmomente eines selbstbestimmten Lebens.

Meine Sammelleidenschaft hat sich übrigens inzwischen zu einem kleinen, aber feinen Museum von genau solchen Momenten entwickelt. Mal ist es nur eine kleine Wurzel, die aussieht wie ein winziger Drache. Mein Sohn und ich haben sie auf einer steilen Wanderung in der Nähe von Meran entdeckt. Mal ist es ein Steinchen, das liebevoll die Hand schmeichelt. Es lag am südlichen Ufer von Loch Ness und zog meine Aufmerksamkeit auf sich, gerade als ich dachte, Nessie in der Ferne entdeckt zu haben. Auch ein zarter Zweig mit drei winzig kleinen Lärchenzapfen dran hat seinen Weg zu mir gefunden. Die drei erinnern mich, angelehnt an das Märchen *Drei Haselnüsse für Aschenbrödel*, daran, nie wieder aufs Christkind zu warten, sondern mir auch im Alltag meine kleinen Wünsche zu erfüllen. Übrigens, falls es dich interessiert: Ich hatte die drei an jenem Tag gefunden, als das Ehepaar zu mir sagte: »Ich mag SIE!«

Ja, und dann gibt es noch die zahlreichen Flechten und Moosstücke, die ich ebenfalls unterwegs eingesammelt habe. Der ursprüngliche Plan war, die schönen Symbole darauf zu dekorieren. Beim Auspacken meines Rucksacks habe ich sie dann aber nicht mehr beachtet, weil ich nur Augen für die wesentlichen Dinge hatte. Und so zerbröselten sie und verteilten sich auf dem Boden meines Rucksacks wie die Legosteine auf dem Boden des Kinderzimmers meines Sohnes. Damals, als er noch klein war und so gut roch.

Erinnerungen dürfen sein. Manchmal auch wehmütig. Aber der Weg geht nun mal in die andere Richtung; und so dürfen wir aktiv dafür sorgen, dass neue Erinnerungen in unserem Rucksack mitgenommen werden, damit sie in unserem Museum der Glücksmomente einen schönen Platz finden.

MEINE IDEE VON EINEM SELBSTBESTIMMTEN LEBEN

Das ist es. Nicht mehr und nicht weniger. Ob du es nun glaubst oder nicht, aber genau so sieht sie aus. Meine Idee von meinem glücklichen, selbstbestimmten Leben. Es ist eine Aneinanderreihung unzähliger kleiner, wunderschöner Momentaufnahmen. Jeder Augenblick steht für sich alleine. Aus der Vogelperspektive jedoch ergeben sie zusammen gesehen mein persönliches »großes Ganzes«. Du weißt ja, dass dies deutlich mehr als die Summe seiner Teile ist. Meine Idee von »Vorwärts heißt zurück zu mir« war niemals ein großer, neuer Lebensentwurf à la »Mit einem ›Bäm‹ zur Selbstbestimmung«! Es sind die kleinen Drachen aus Wurzelholz, die großen und kleinen Zapfen, Holzstücke und Steine, die mich allesamt und jeden Tag an Erlebnisse erinnern, die mein Herz berühren, mich zum Lächeln, zum Weinen, aber auch zum Staunen bringen. Und freilich auch die unzähligen kostbaren Momente mit meinem Sohn. Mit meinem Hund. Und mit mir selbst. Und nicht zu vergessen: die mit meinen Freundinnen.

Noch ein kurzes Statement zu mir und meinem Hund. Als ich mich für diesen tollen Gefährten in meinem Leben entschied, wurde ich häufig – scheinbar wissend – angelächelt: »Jetzt kommst du ja unter Leute und findest ganz bestimmt einen neuen Partner an deiner Seite!« Leute, ihr tickt wohl nicht richtig! Als ob ich mir einen Hund kaufen würde, um wieder in eine Beziehung zu kommen. Wenn mich jemand fragt, ob mir ein Partner an meiner Seite zu meinem Glück fehle, dann lautet meine klare und deutliche Antwort: »Nein, da fehlt nichts.« Mein Glück ist perfekt. Vollkommen. Auf einer Skala von 0 bis 10 eine glatte 11. Wie bereits gesagt: »Nie zuvor bin ich in meinem Leben glücklicher gewesen!«

Die Frage »Was fehlt zum Glück?« in dieser Konstellation finde ich bis heute seltsam. Glück ist, was im Hier und Jetzt und in mir drin stattfindet. Etwas, das ich auf gar keinen Fall von einem Lebenspartner abhängig mache. Ich habe keine Angst davor, alleine zu sein. Alleine zu sein, ist etwas ganz anderes als einsam zu sein. Und das bin ich definitiv nicht.

Aber das ist *meine* Idee von einem glücklichen, selbstbestimmten Leben. Bei dir darf das vollkommen anders aussehen. Und damit möchte ich auch niemanden verletzen, der eine liebe Person an seiner Seite durch einen frühen Tod verloren hat. Wenn ein naher Mensch stirbt, dann entsteht eine große Lücke, und diese lässt sich meiner Meinung nach nicht wirklich schließen.

MEIN JOB! MEINE LIEBE! MEIN LEBEN!

Bevor wir gleich wieder zu dir und zu deiner Idee von deinem selbstbestimmten Leben kommen, lass mich noch ein paar wichtige Gedanken mit dir teilen, vielleicht findest du dich ja auch darin wieder. In der systemischen Psychologie sprechen wir von drei übergeordneten Motiven, wenn es um Veränderung geht:

1. Wir wollen etwas ändern, um etwas Negatives zu beenden.
2. Oder wir wollen etwas ändern, um etwas Negatives zu verhindern.
3. Oder aber wir wollen etwas ändern, um etwas Positives zu erreichen.[16]

In allen drei Bereichen können sich kleine, aber auch richtig große Lebensthemen befinden. Und ja, ich bin der felsenfesten Überzeugung, dass wir – sollten wir ein solches in uns tragen – zuerst dieses lösen müssen, um anschließend ein wirklich selbstbestimmtes Leben nach unseren Wünschen führen zu können. Die Klärung und Lösung dieses Kernthemas wäre dann der erste Schritt in den »Aufbruch in ein selbstbestimmtes Leben« und kann ein echtes »Bäm!« sein und dein Mobile gehörig durcheinanderbringen. Alle kleineren, selbstbestimmten Taten davor können aber durchaus auf unser Selbstvertrauenskonto einzahlen und uns darin bestärken, dem, um was es wirklich geht, nicht mehr auszuweichen. Was genau dieses Lebensthema ist, das kann nur jede für sich sagen.

Ich würde die großen »Bäms« unter folgenden drei Überschriften zusammenfassen: »Mein Job!«, »Meine Liebe!«, »Mein Leben!« Eine meiner Freundinnen entdeckte mitten im Leben, dass es nicht Männer sind, die sie glücklich machen, sondern dass sie Frauen liebt. Erst als sie dieses Thema für sich gelöst und sich zu ihren Bedürfnissen und Wünschen bekannt hatte, konnte sie sich in absoluter Selbstbestimmtheit auf ihren eigenen Weg machen. Frei, gelöst, voller Lust und Frauenpower! Eine Bekannte ging nach ihrem Burn-out nie wieder in ihren gut bezahlten und sicheren Job zurück. Stattdessen entdeckte sie eine unbändige Leidenschaft für Stoffe und absolvierte eine Ausbildung zur Schneiderin. Inzwischen führt sie erfolgreich eine kleine, aber feine Maßschneiderei. Eine andere Bekannte hingegen hat bis heute ihr Lebensthema noch nicht gelöst. Meinem Gefühl nach hängt sie im vollkommen falschen Lebensentwurf. Am liebsten würde sie alles liegen und stehen lassen und irgendwo auf dieser Welt komplett neu anfangen. Das sind übrigens nicht meine Worte. Immer dann, wenn ihr alles um sie herum zu viel wird und sie selbst keinen Platz für sich mehr findet, spricht sie es genau so aus.

Ich könnte noch zahlreiche Beispiele bringen, aber ich glaube, du hast ein Gefühl dafür bekommen, was ich meine, wenn ich sage, dass es bei manch einer von uns erst die Lösung des »Bäms« braucht. Es ist übrigens fraglich, ob es für eine »Bäm«-Entscheidung genügt, einfach nur den Rucksack auszumisten und neu zu befüllen. Ich glaube eher, dass es einen neuen braucht. Vielleicht sogar ein anderes Gepäckstück, zum Beispiel einen Trolley. Aber wer weiß? Vielleicht war das alte Leben ja auch der Trolley, und du brauchst nun einen leichten Rucksack? Die Gruppe Silbermond besingt es in aller Klarheit: »Es reist sich besser mit leichtem Gepäck.« Übrigens: Auch die Trennung von meinem Mann war ein solches »Bäm«. Dass die rote Bommelmütze ein Überbleibsel aus der gemeinsamen Zeit und auch für ebendiese stand, ist mir erst durch das Selfie bewusst geworden.

WENN NICHT JETZT, WANN DANN?

Wenn du also spürst, dass bei dir erst mal ein großes Lebensthema zu lösen ist, dann empfehle ich dir, dies nicht mit dir alleine auszumachen. Das kostet viel zu viel Kraft. Eventuell können dir Freunde helfen, wobei diese auch Teil deines Mobiles sind und niemals unbefangen agieren können. Und falls sie sich selbst nie einem »Bäm« gestellt haben, bezweifle ich, ob die Tipps wirklich gut sind, weil ihnen meiner Meinung nach die Mehr-Perspektiven-Sicht vermutlich fehlt. Hol dir zumindest zeitweise eine qualifizierte externe Unterstützung, damit du gut durch diese Phase kommst.

Was auch immer es ist, was du lösen willst: Mit einem Blick auf deinen Meterstab möchte ich dir ans Herz legen, dieses »Bäm« nicht mehr auf die lange Bank zu schieben. Bestimmt hast auch du den Begriff »Prokrastination« schon mal gehört (lat. *pro* [für] und *cras* [morgen]). Es handelt sich dabei um den wissenschaftlichen Ausdruck für die »Aufschieberitis« – das »Auf-die-lange-Bank-Schieben« ungeliebter Aufgaben. Also ich zum Beispiel, ich hasse Bügeln. Bügeln kommt sogar noch deutlich vor der blöden Steuererklärung. Erst wenn kein einziger freier Wäschekorb mehr in meinem Haus zu finden ist und auch mein Kleiderschrank nichts mehr hergibt, bin ich gezwungen, das Eisen zu schwingen. Inzwischen kaufe ich nur noch knitterfreie Stoffe. Aber auch im Job gibt es Aufgaben, die ich immer auf den letzten Drücker mache. Die vorbereitende Buchhaltung ist mir ein Gräuel.

Wir Psychologen nutzen den Begriff »Prokrastination« jedoch nicht nur für diese kleinen Aufgaben des Alltags, sondern auch, wenn wichtige Lebensentscheidungen – »Bäms« – vor sich hergeschoben oder sogar systematisch vermieden werden. Wir wissen, dass eine solche Handlungsblockade zu Einschränkungen der persönlichen Entwicklung führen kann und häufig mit Depressionen, Angst, Stress und Einsamkeit einhergehen. Acht ganze Jahre hatte ich gehadert, bis ich mich traute, das Gespräch mit meinem Mann zu suchen. Acht Jahre, in denen ich viel geweint hatte. Immer dann, wenn ich alleine war und es niemand sah. Die Liebe war irgendwann mal gegangen. Still und heimlich. Unbemerkt und trotzdem sichtbar. Auf die Frage, ob wir hätten weitermachen können wie bisher, hätten wir beide sicherlich mit den Achseln gezuckt und mit Ja geantwortet. Die Frage, ob es uns die nächsten dreißig Jahre hätte glücklich machen oder ob sogar die Liebe hätte wieder kommen können, würden wir allerdings ebenso einstimmig verneint haben. Ein Blick auf die zur Verfügung stehende Lebenszeit, gepaart mit der Frage »Wenn nicht jetzt, wann dann?«, kann uns also vielleicht den richtigen Impuls schenken, der uns in Bewegung bringt.

DU BIST DRAN

ICH HABE EIN PAAR REFLEXIONSFRAGEN FÜR DICH

- ✓ Was würde die Person, die dich am meisten liebt, sagen: Gibt es ein großes Lebensthema, das du zuerst lösen solltest, bevor du wirklich selbstbestimmt leben kannst?
- ✓ Wenn ja: Welche Überschrift würde dieses Lebensthema haben, und was würde dir diese dich liebende Person empfehlen, was du als nächsten Schritt tun solltest?

Übrigens: Je älter wir werden, umso größer ist die Tendenz, Situationen eher auszuhalten, als sie aufzulösen oder zu verändern. Die Antizipation dessen, von dem wir glauben, dass es möglicherweise passiert, verhindert, dass wir voller Vorfreude den Blick auf das richten, wie es sich später anfühlen könnte, wenn wir etwas Grundlegendes veränderten. In unserer Art und Weise zu denken kommt die Wahrnehmung eines Verlustes leider vor der Wahrnehmung eines Gewinns. Forscher glauben, dass dies ein Relikt aus längst vergangener Zeit ist, als es auf der Welt noch Mammuts gab und unser Leben davon abhing, zuerst einmal die Risiken einzuschätzen. Leider wirkt dieser Mechanismus bis heute und hindert uns häufig daran, große Veränderungen anzugehen, obwohl Studien ebenfalls in aller Deutlichkeit zeigen: Menschen, die große Lebensentscheidungen getroffen haben, fühlen sich ab einem Zeitpunkt von ungefähr zwei Monaten nach dieser Entscheidung glücklicher im Vergleich zu Menschen, die sich für die Beibehaltung des Status quo entschieden haben.[17] Sosehr wir also auch große Veränderungen im Vorfeld scheuen, so gut tun sie uns in der Nachbetrachtung. Es lohnt sich somit, sich diesen Mammutaufgaben zu stellen. Ich sag nur: »Wenn nicht jetzt, wann dann?«

SORGE FÜR KLARHEIT. PLATZ SCHAFFEN FÜR NEUES

Zwar versuche ich stetig, meinen Rucksack in Ordnung zu halten, aber du weißt ja sicherlich selbst, wie das ist. Nach und nach schleichen sich Dinge ein, die du eigentlich nicht mit dir rumschleppen möchtest. Unnötiger Ballast. Deswegen geht es meinem Rucksack einmal im Jahr so richtig an den Kragen. Dann räume ich ihn radikal aus und wasche ihn sogar im Sportwaschprogramm in meiner Waschmaschine. Von Hand wird er mir nicht sauber genug, außerdem habe ich mir sagen lassen, dass man davon Spülhände bekommt. Wenn du auf eine größere Reise gingest, dann würdest du vermutlich auch erst mal dein Reisegepäck checken, oder? Warum sollte das bei deinem Aufbruch in dein selbstbestimmteres Leben anders sein?

Um in aller Klarheit diesen Schritt gehen zu können, ist jede von uns gut darin beraten, erst mal im eigenen Leben gründlich auszumisten, aufzuräumen und wie Aschenbrödel zu sortieren: »Die Guten ins Töpfchen, die Schlechten ins Kröpfchen.« Da das Leben aber eben nun mal nicht nur aus »Schwarz« oder »Weiß« besteht, gibt es auch noch das Häufchen mit »Ich weiß noch nicht«. Genau dort befindet sich meine rote Mütze. Von den Dingen, die sich selbst überholt haben oder uns nicht guttun und Energie rauben, gilt es jedoch endgültig Abschied zu nehmen.

Wenn du dich jetzt sagen hörst: »Ich weiß genau, was du meinst, Tanja! Aber woher weiß ich, wovon ich wirklich Abschied nehmen soll, und wie kann mir das gelingen?«, habe ich zunächst eine kleine Geschichte für dich. Die von der Vase und dem Professor für Zeit- und Selbstmanagement. Vielleicht kennst du sie ja schon. Leider findet sich nirgends eine zuverlässige Quelle, wer diese wunderschöne Geschichte ursprünglich geschrieben hat; sie ist mir an ganz unterschiedlichen Orten begegnet.

EINE KLEINE GESCHICHTE ÜBER DIE DINGE, DIE WIRKLICH WICHTIG IM LEBEN SIND

Eines Tages tritt ein Professor vor seine Studierenden und schaut sie mit einem herausfordernden Blick an. »Haben Sie Lust auf ein Experiment?« Ein zustimmendes Murmeln geht durch den Vorlesungssaal. »Okay!« Er führt seine Hände unter seinen Schreibtisch, holt eine leere Vase aus Glas hervor und stellt sie auf den Tisch. Dann greift er nochmals unter den Tisch und hält eine kleine Kiste mit faustgroßen Steinen in den Händen. Behutsam legt er einen Stein nach dem anderen in die Vase, bis keiner mehr hineinpasst. Er zählt nach; es sind sieben Stück an der Zahl. Erwartungsvoll schaut er die Studierenden an: »Was meinen Sie? Ist die Vase voll?«

Eine junge Frau in der ersten Reihe meldet sich: »Nein, da gibt es noch Platz für kleinere Steine!«

Der Professor nickt, greift erneut unter den Tisch, holt einen Eimer mit Kieselsteinen hervor und schüttet diese vorsichtig in die Vase. Die kleinen Kieselsteine suchen sich ihren Weg in die Lücken zwischen den großen Steinen. Ein Schmunzeln zeigt sich auf dem Gesicht des Professors. »Aber jetzt, oder? Jetzt ist die Vase doch voll? Was meinen Sie?«

Eine Stimme aus der letzten Reihe ruft ihm keck zu: »Wenn Sie so fragen, dann vermutlich nicht!«

Ein Gelächter geht durch den Saal, und auch der Professor kann sich das Lachen nicht verkneifen. »Richtig vermutet!« Ein weiteres Mal greift er unter seinen Schreibtisch und holt diesmal einen Eimer mit Sand hervor. Den Sand schüttet er in die Vase, und auch dieser sucht sich seinen Weg in die Lücken zwischen den großen Steinen und den Kieselsteinen. Ein weiteres Mal fragt der Professor: »Was meinen Sie, ist die Vase jetzt voll?«

»Nein!«, rufen alle einstimmig.

»Perfekt!« Er nimmt einen mit Wasser gefüllten Krug und füllt damit die Vase bis zum Rand, bis wirklich nichts mehr hineinpasst. Erwartungsvoll schaut er in die Gesichter der jungen Menschen: »Was ist der Sinn meines Experiments?«

Ein Student hebt seine Hand und sagt: »Es bedeutet, dass du – egal, wie voll dein Terminkalender ist – alles unterbekommen kannst, wenn du es wirklich willst!«

»Nein!«, antwortet der Professor ernst. »Auf gar keinen Fall! So dürfen wir niemals denken und erst recht nicht handeln!«

Die junge Frau in der ersten Reihe hat das Experiment die ganze Zeit über aufmerksam beobachtet. Mit einer warmen, aber klaren Stimme sagt sie: »Es bedeutet, wenn ich in meine Vase die mir wirklich wichtigen Steine nicht zuerst hineinsetze, werde ich sie später nie wieder hineinbekommen!«

Wenn ich meinen Coachees diese Geschichte erzähle, dann sehe ich immer in nachdenkliche Gesichter und spüre, wie sich eine wesentliche Erkenntnis den Weg in ihr Bewusstsein bahnt: »Ja, es stimmt. Auch wenn es mir Herzklopfen beschert. Ich kann nicht alles beim Alten belassen und einfach meine Bedürfnisse obendrauf setzen, wenn ich möchte, dass es anders wird. Ich werde meinen Rucksack neu packen müssen.«

WAS SOLL ZUKÜNFTIG MEHR DEINE AUFMERKSAMKEIT ERHALTEN?

Wenn du deinen Rucksack startklar für ein selbstbestimmteres Leben machen würdest, was müsste auf jeden Fall mit? Was sind die großen Steine in deinem Leben? Gesundheit? Familie? Freunde? Die Verwirklichung deiner Träume? Die Freiheit, das zu tun, was dir gefällt? Wenn du deinen persönlichen Wünschen, Bedürfnissen und Träumen zukünftig mehr Platz geben möchtest, so wird das »Hineindrücken« in deinen aktuellen Lebensentwurf auf Dauer nicht funktionieren. Du wirst nicht drum herumkommen, deinen persönlichen Rucksack in Gänze auf den Prüfstand zu stellen, ihn neu zu strukturieren und das ein oder andere loszulassen.

Einerseits gibst du damit den »Steinen«, die dir auch weiterhin wichtig sind, Luft zum Atmen und die Möglichkeit, so richtig zur Geltung zu kommen und zu wirken. Andererseits schaffst du dadurch auch Platz für Neues. Hast du noch die Übung mit deinem Film im Kopf (siehe Kapitel 2)? Dein Leben als Log Line? Ich hatte dir vorgeschlagen, diese Methode auch für die Konzeption der Zukunft zu nutzen. »Wie würde der nächste Teil aussehen? Wer wären die Hauptdarsteller, und was würde auf jeden Fall im Drehbuch stehen? Wann wäre Premiere? Und welchen Bereichen in deinem Leben möchtest du mehr Aufmerksamkeit schenken?« Kannst du dich an die Musiksendung *Disco* Ende der Siebziger- und Anfang der Achtzigerjahre erinnern? Ilja Richters Worte »Licht aus, Spot an!« wurden zum geflügelten Motto vieler Generationen, immer wenn es darum ging, jemandem oder etwas die volle Aufmerksamkeit zu schenken. Genau darum geht es. Rücke das, was dir wichtig ist, (wieder) ins richtige Licht. Auf meiner Webseite stelle ich eine Klarheit bringende Methode als Download exklusiv für dich zur Verfügung. Mit der »Kerzenschein-Methode!« kannst du in aller Ruhe ausprobieren, wie es sich anfühlt, wenn du dem einen oder anderen »großen Stein« mehr Aufmerksamkeit schenkst. Oder eben weniger. Du wirst überrascht sein, wie differenziert du damit arbeiten kannst. Kleine Flamme, große Wirkung.

WIE DU DIR DEIN LEBEN VERSÜSSEN KANNST

Platz für Neues zu schaffen und sich die Freiheit zu nehmen, das zu tun, was dir gefällt – manchmal ist das leichter gesagt als getan. Inzwischen weißt du ja, dass meine Idee von einem erfüllten, selbstbestimmten Leben in den vielen kleinen, glücklichen Momenten liegt. Wenn ich mit Frauen darüber rede, was ihre Idee vom Leben ist, dann zucken viele mit den Achseln. Alles, was ihnen in den Sinn kommt, fühlt sich für sie entweder zu groß – nach einem »Bäm« – oder auch inhaltsleer an. Wenn ich nachfrage und versuche, dieses »inhaltsleer« besser zu verstehen, zeigt sich sehr schnell, dass es sich häufig um Ideen anderer handelt, über welche die Frauen mal was gehört oder gelesen haben. Im Internet gibt es unzählige Plattformen, die Ideen für die Erstellung einer persönlichen Bucket List zur Verfügung stellen.[18] Das ist eine Liste mit den Dingen, die du tun kannst, bevor du »den Löffel abgibst« (so die deutsche Entsprechung der englischen Redewendung *to kick the bucket* [wörtlich »den Eimer wegtreten«]), und wird daher im deutschsprachigen Raum auch gerne mal »Löffel-Liste« genannt. Aber ganz ehrlich? Ich mag diesen Ausdruck nicht, weil er makaber-ironisch mit dem Tod umgeht. Er vermittelt mir zudem den Eindruck, dass die Menschen eine Art Wettkampf daraus machen. Ein Wettkampf mit sich selbst, aber auch mit anderen. Punkt auf der Liste durchführen. Abhaken. Gut ist. Nächster Punkt. Wer die meisten Punkte innerhalb der kürzesten Zeit abgehakt hat, der hat gewonnen.

Sicherlich werde ich mit dieser Wahrnehmung nicht allen gerecht, trotzdem ist es mir ein Herzensanliegen, dass du ein anderes Konzept für erfüllende Momente in deinem Leben in Betracht ziehst: das der Teelöffel. Auch »Teelöffel« sollen eine Metapher sein, allerdings für die Dinge, mit denen du dir das Leben versüßen kannst. Ich persönlich überlege mir immer zum Jahresbeginn drei »Teelöffel«, die das Jahr für mich unvergesslich machen sollen. Wobei ich bei der Formulierung sehr detailliert vorgehe.

Statt zu schreiben, dass ich einen Urlaub in Schottland machen möchte, formuliere ich deswegen wie folgt: »Ich werde einen Teelöffel mit Honig naschen, während ich barfuß in Loch Linnhe im Westen Schottlands stehe.« Oder ein anderes Beispiel. Aus dem Vorhaben einer gemeinsamen Tageswanderung auf der Schwäbischen Alb mit meinem Sohn wurde folgender Teelöffel: »Mein Sohn und ich werden ein Foto machen, auf dem wir mit unseren Händen ein Herz formen und im Hintergrund die Burg Hohenzollern zu sehen ist.«

Es müssen also keine großen Sachen und Taten sein, denn es sind meines Erachtens die kleinen schönen Momentaufnahmen im Leben, die das große Ganze ausmachen. Denk außerdem noch mal an das, was ich über das Zeitempfinden geschrieben habe. Wer immer wieder mal was Neues ausprobiert, der entschleunigt sein Leben.

Übrigens bin ich total froh, dass es die Erfindung von Smartphones gibt. So kann ich all diese wunderschönen Momente fotografisch festhalten, ohne immer etwas aus dem Wald in meinem Rucksack mitnehmen zu müssen. Mein Museum der schönen Glücksmomente soll ja schließlich keine Rumpelkammer werden. Und wer weiß, vielleicht steckt in einem dieser kleinen Momente der Samen für etwas wirklich Großes drin.

Einer meiner Teelöffel war das Ausprobieren eines Wohnmobils. Du erinnerst dich an meine Glückstränen über einen der schönsten Momente in meinem Leben? Mein Sohn, unser Hund und ich gemeinsam in den Dünen von Calais, untergehende Sonne über dem Ärmelkanal, in gespannter Erwartung, welche Abenteuer unser gemeinsamer Wohnmobiltrip nach England am nächsten Tag mit sich bringen würde … Mein ganzes Leben lang konnte ich mir nicht vorstellen, in einem solchen Teil je einen Urlaub zu verbringen. Und jetzt? Mir hat es so gut gefallen, dass ich dieser Art zu leben zukünftig mehr Aufmerksamkeit schenken möchte und damit begonnen habe, auf ein eigenes Wohnmobil zu sparen.

DU BIST DRAN

PROBIER'S EINFACH MAL AUS ... »DREI TEELÖFFEL FÜR ASCHENBRÖDEL«

Zeit: **Solange du willst**
Schwierigkeit: ★☆☆☆☆
Material: **3 Teelöffel**
Weiße Blätter und Stifte

Modifikation:

✓ Ich persönlich lege meine drei Teelöffel immer zu Beginn des neuen Jahres fest. Das hat einen ganz besonderen Charme, weil Neujahr zu den sogenannten »magischen Daten« gehört. Selbstverständlich kannst du aber zu jedem Zeitpunkt deine drei Teelöffel formulieren.

✓ Drei Teelöffel sind eine gute Anzahl. Du kannst zwar gerne auch mehr formulieren. Meine Empfehlung lautet aber: nicht mehr als fünf. Sonst fühlt es sich inflationär an, und die Besonderheit und der Zauber der einzelnen Momente gehen verloren.

Vorgehen:

✓ Nimm dir Zeit, um darüber nachzudenken, welche drei schönen Dinge du in den nächsten Wochen und Monaten machen möchtest. Vielleicht unternimmst du dafür einen Spaziergang oder eine kleine Wanderung. Du kannst dich darauf verlassen, dass sich unterwegs ein Vorhaben in dir formulieren wird.

✓ Visualisiere deine Teelöffel – gib ihnen ein schönes Aussehen. Du wirst sehen, alles, was du liebevoll sichtbar machst, entwickelt eine magische Anziehungskraft. Lass dabei deiner Kreativität freien Lauf. Du kannst zum Beispiel auf Blättern kleine

Teelöffel malen und jedem einen liebevollen Namen geben. Vielleicht bevorzugst du auch eine Fotomontage? Feel free! Wenn du dir deinen Teelöffel erfüllst, mach unbedingt ein Foto oder auch einen kleinen Film davon. So entsteht dein ganz persönliches Museum deiner schönsten Glücksmomente.

ÄUSSERER KLARHEIT FOLGT INNERE KLARHEIT. UND ANDERSHERUM

Bevor du deinen Rucksack frisch mit alledem bestückst, dem du zukünftig mehr Aufmerksamkeit schenken möchtest – und seien es auch nur kleine Teelöffel –, solltest du einmal ordentlich aufräumen. Denn in der Tat ist das physische Aufräumen eine hervorragende Möglichkeit, um auch innerlich klar Schiff zu machen. Ich bringe das seit Jahren wie folgt auf einen Nenner: Äußerer Klarheit folgt innere Klarheit. Und innerer Klarheit wiederum folgt äußere Klarheit.

Vielleicht hast du das auch schon erlebt, dass du ein Zimmer aufräumen möchtest, währenddessen dies und das und jenes herausziehst und dich irgendwann mal dazu entscheidest, das Zimmer einem kompletten Frühjahrsputz zu unterziehen. Innerhalb weniger Minuten sieht es dermaßen chaotisch aus, dass du dir sicher sein kannst, den Raum in der gleichen Geschwindigkeit nie wieder aufgeräumt zu bekommen. In der Regel dauert diese Großreinemachen-Aktion auch deutlich länger als ursprünglich geplant. Was dann aber richtig Spaß macht, ist das Einräumen, wenn alles sauber ist. Wobei manche Sachen dann auch keinen eigenen Platz mehr in der schönen Stube finden. Und damit meine ich nicht nur alte Zeitschriften. Einige Sachen und auch Erinnerungen wirst du vermutlich, ohne mit der Wimper zu zucken, in den Müll werfen. Dann gibt es aber auch die Dinge, von denen du (noch) nicht loslassen kannst, weil sie zu gut zum Wegschmeißen sind. Oder weil sie irgendwann mal wichtig waren und zu deinem Leben einfach dazugehören.

Wohin also damit? Im Keller oder auf dem Dachboden gibt es meist noch ein Plätzchen. Ich nenne dieses Plätzchen für solche materiellen und immateriellen Erinnerungen liebevoll »Seelenregal«. Alles, von dem du noch nicht loslassen kannst, darfst du in einen Karton packen und dort hineinstellen. Manchmal wirst du von dir selbst aus noch mal nachschauen, ob die Erinnerung noch da ist – wie zum Beispiel die von meinem Sohn als kleines Kind, als er noch so gut roch. Ein andermal hingegen wird sich der Karton von sich aus melden, getriggert durch irgendwas, was dich erinnert. That's life! In meinem Seelenregal befinden sich übrigens schon einige Kartons. In einem von ihnen liegt – liebevoll vor Motten geschützt – meine rote Bommelmütze.

DU BIST DRAN

PROBIER'S EINFACH MAL AUS … »RÄUME (DICH) AUF! SCHAFFE PLATZ FÜR NEUES«

Zeit: **Je nach Aufwand Stunden, vielleicht auch Tage – hoffentlich aber keine Wochen und Monate**
Schwierigkeit: ★☆☆☆☆
Material: **Notizzettel und 1 Stift**

Vorgehen:

✓ Sorge für äußere Klarheit, und räume dein Haus oder deine Wohnung auf. Beginne – falls du eines hast – mit deinem ganz persönlichen Zimmer oder dem Wohnbereich, in dem du dich am häufigsten aufhältst. Bringe allen Müll hinaus in den Mülleimer. Wenn du dich von Objekten wie zum Beispiel Tassen, Vasen, Büchern trennen möchtest, ohne sie in den Müll zu werfen, dann gibt es sicherlich irgendwo in deiner Nähe eine Art Schenk- oder Tauschbox. Dort kannst du diese Sachen hineinlegen und verschenken. Irgendwer wird sich darüber freuen und sie mitnehmen. So verhinderst du, dass dein Keller oder ein anderer Raum zur Rumpelkammer mutiert. Das Seelenregal ist ohnehin tabu, das ist reserviert für Gegenstände und Erinnerungen, die einmal ein wichtiger Teil deines Lebens waren und von denen du dich (noch) nicht trennen kannst.

✓ Wenn du dein Haus oder deine Wohnung aufgeräumt hast und dein Zimmer so richtig, richtig »clean« ist, schaff dir darin eine Wohlfühloase, und mach es dir dort mit einer Tasse Tee – oder was auch immer dein Herz begehrt – bequem. Schnaufe durch, und genieße den Moment. Sorge dann im nächsten Schritt für innere Klarheit. Nimm dein Journal oder deine Mindmap zur Hand und erfasse schriftlich die Aspekte und Punkte, von denen du dich verabschieden möchtest. Setze Prioritäten. Von was möchtest du sofort loslassen? Von was demnächst? Und was hat noch Zeit? Schreibe hinter alle Punkte ungefähre Zeitangaben und ergänze gerne deinen Vertrag mit dir selbst. Das erhöht die Selbst-Verbindlichkeit.

Falls du übrigens auf die geniale Idee kommen solltest, unliebsame Aufgaben wie zum Beispiel »Reinigung des Haushaltes« abzugeben und eine »Sauberfee« dafür zu engagieren, dann zögere nicht, sondern tu es. Auch wenn das zwar etwas kostet, aber die dadurch gewonnene Zeit ist definitiv unbezahlbar. Auch bei mir gibt es immer wieder Zeiten, in denen ich »drauflege«, sprich mehr ausgebe, als ich einnehme. Aber das ist es mir inzwischen wert. Ich bin es mir wert.

WIE FUNKTIONIERT NUN DIESES »LOSLASSEN«?

Glücklich und selbstbestimmt sein Leben zu gestalten, ist eine bewusste Entscheidung für etwas, das gleichzeitig aber auch eine Entscheidung gegen etwas anderes mit sich bringt. Alles »hineinzuquetschen«, funktioniert meiner Erfahrung nach nicht, und wenn, dann nur kurz. Leider ist das »Loslassen« nicht immer einfach, vor allem wenn die Menschen in deinem Mobile nicht so luftig und locker mittanzen, wie du es dir wünschen würdest.

Einen weiteren sehr wichtigen Schritt hast du außerdem gemacht, indem du die positive Sicht eingenommen und für dich klar benannt hast, welche großen »Steine« in Zukunft mehr Raum und deine Aufmerksamkeit bekommen sollen. Wenn du damit deinen Rucksack füllst, ist vermutlich eh nicht mehr viel Platz für anderes. Loslassen ist dann kein »Kann« mehr, sondern ein »Muss« – allerdings ein schönes »Muss«.

Dann lass uns mal als Nächstes auf dein Leben als Ganzes schauen, vermutlich wirst du dir selbst weitere Antworten geben können, wie du loslassen kannst. Eine der schönsten und beeindruckendsten Perspektivwechsel-Methoden ist die sogenannte Timeline.[19] Sie visualisiert auf einen Blick deine komplette Lebenszeit – Vergangenheit, Gegenwart und Zukunft – und steht für deinen Lebensweg mit all deinen biografischen Erinnerungen.

Mit ihr bekommst du einen vollkommen neuen Blick auf dich und dein Leben und darauf, wie alles zusammenhängt. Du wirst Ressourcen erkennen, die du jederzeit aktivieren beziehungsweise weiterentwickeln kannst, um Überkommenes loszulassen und deine kommenden Jahre gut zu gestalten. Meiner Meinung nach ist keine andere Methode besser geeignet, um für sich zu klären, was in Zukunft stattfinden soll, was nicht mehr und wie dies gelingen kann.

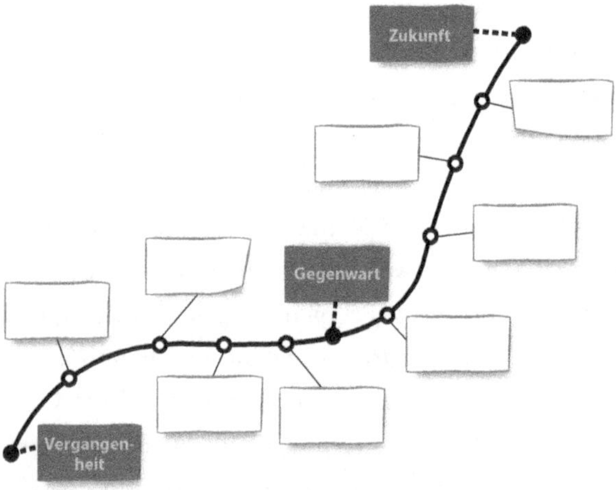

Der Vorteil der Arbeit mit einer Timeline liegt vor allem darin, dass wir uns vom reinen Denken lösen und hinein in die emotionale Ebene begeben. Du wirst fühlen und spüren, was einzelne Aspekte in deinem Leben bedeuten, welche Entscheidungen anstehen und wie dir das Loslassen gelingen kann. Das ist etwas vollkommen anderes, als es nur im Kopf durchzuspielen. Erinnere dich an meine Worte: »Denken ist nur Handeln auf Probe.« Durch die zeitliche Anordnung wird es dir außerdem gelingen, eine gute Ordnung und Struktur in deine Erlebnisse und Erfahrungen zu bringen.

Wenn dich diese Übung nun ein klein wenig an die Meterstab-Übung erinnert, dann hast du durchaus recht. Der Meterstab schenkt dir jedoch vor allem ein inneres Bild davon, wie viel Zeit dir noch zur Verfügung steht und wie du gedenkst, sie zu füllen. Die Timeline-Arbeit hingegen wird dich in Bewegung bringen und deinen Handlungs- und Entscheidungsraum weiten. Und genau an dieser Stelle kommen wir zu einem Punkt, der wichtig zu erwähnen ist. Immer dann, wenn alles möglich ist, kann uns diese Vielfalt auch hemmen oder wir können uns in ihr verlaufen.

Wer sich schon einmal im echten Leben verirrt hat, der weiß: Irgendwann mal hört man auf, sich weiter vorwärts zu bewegen, und geht wieder zurück. Das wollen wir ja nicht. Daher ist es wichtig, dass wir uns bei dieser Timeline nicht im Nirwana der Möglichkeiten dieser Methode verlieren, sondern sie unter einem ganz bestimmten Fokus durchführen: »Vorwärts heißt zurück zu dir – zu deinen Wünschen, Bedürfnissen, inneren Sehnsüchten und deren Umsetzung.«

DU BIST DRAN

PROBIER'S EINFACH MAL AUS … »DIE TIMELINE«

Zeit: **Etwa 1 Stunde, in der du nicht gestört werden kannst; es gilt: so kurz wie möglich, so lange wie nötig**

Schwierigkeit: **★★★★☆ – sehr intensiv**

Material **1 Seil oder 1 langer, dicker (schwerer) Wollfaden**
Stifte und Blätter in verschiedenen Farben
1 kleine Leiter

Modifikation:

- ✓ Eine echte Erleichterung ist die Unterstützung durch einen anderen. Wenn du magst, dann lass dich von einer Freundin oder einer anderen vertrauten Person bei der Durchführung der Timeline begleiten. Sie soll dir die Fragen stellen und auch deine Antworten für dich aufschreiben. Sie darf zu keinem Zeitpunkt mit dir über deine Antworten diskutieren. Sie darf aber nachfragen, um dich besser zu verstehen, und auch gerne in hypothetischer Form Zusammenhänge ansprechen, die sie wahrnimmt.
- ✓ Im Übrigen kannst du alle Fragen, die du bei der Meterstab-Übung beantwortet hast, auch auf die Timeline übertragen.

Vorgehen: Die Methode besteht aus insgesamt fünf Schritten: (1) Vorbereitung, (2) Blick auf die Gegenwart, (3) Blick auf die Vergangenheit, (4) Blick in die Zukunft und (5) Abschluss. Nimm dir genügend Zeit für die einzelnen Schritte, und sorge unbedingt dafür, dass du ungestört an deiner Timeline arbeiten kannst.

Schritt 1: Vorbereitung

- ✓ Schreib jeweils auf ein Blatt Papier in großen Buchstaben die Wörter »Gegenwart«, »Vergangenheit« und »Zukunft«.
- ✓ Leg das Seil auf dem Boden aus, und platziere am einen Ende das Blatt mit der Aufschrift »Vergangenheit« und am anderen das mit »Zukunft«. Entscheide dich, an welcher Stelle du auf dem Seil das Blatt mit »Gegenwart« hinlegen möchtest.
- ✓ Lies zur Vorbereitung auf die nächsten Schritte nochmals deine Antworten auf die Fragetechniken in Kapitel 3 durch. Einige betreffen deine Gegenwart, andere deine Vergangenheit bzw. deine Zukunft. Stimmen deine Antworten noch oder hat sich durch die »Gärtnerarbeit im Kopf und im Herzen« inzwischen etwas geändert? Du kannst deine Antworten gerne anpassen.

Schritt 2: Gegenwart, deine aktuelle Situation

- ✓ Stell dich auf das Blatt Papier mit der Aufschrift »Gegenwart«. Beantworte die nachfolgenden Fragen. Schreib deine Antworten in Stichpunkten auf Karten, und leg diese dann auf den Boden.
- ✓ Welche Gedanken, Gefühle und Verhaltensweisen im Zusammenhang mit der aktuellen Situation hast du? Wie steht es um deine ganz persönlichen Wünsche, Bedürfnisse und Sehnsüchte – kannst du sie gut leben?
- ✓ Gibt es etwas, das dich dabei besonders beschäftigt?
- ✓ Was ist dein Ziel? Was möchtest du – angeregt durch die Lektüre dieses Buches – erreichen? Schreib das Ziel bitte in kurzen Sätzen auf eine Karte, und leg diese an einem vorläufigen Punkt in der Zukunft auf deiner Timeline ab.
- ✓ Wenn du das Gefühl hast, dass an dieser Stelle alles Wichtige von dir angesprochen wurde, trete aus der Gegenwart heraus – neben die Timeline. Lass die Situation auf dich wirken. So lange, bis du das Gefühl hast, dass du die nächste Perspektive einnehmen möchtest.

Schritt 3: Vergangenheit

- ✓ Begib dich dann körperlich an den Anfang der Timeline. Gehe von dort aus langsam und bewusst durch deine Timeline: Welche wichtigen Wegepunkte (Wir sprechen im Coaching auch von »Waypoints« wie zum Beispiel Schulabschlüsse, erste Liebe, erste Anstellung ...) hast du erlebt? Schreib jeden Meilenstein, der dir in Erinnerung kommt, auf ein eigenes Blatt, und leg dies an den ungefähren Zeitpunkt auf der Timeline. So lange, bis du wieder in der Gegenwart angekommen bist.
- ✓ Gehe anschließend nochmals zurück an den Anfangspunkt, und scanne nun deine Timeline auf die gleiche Art und Weise

hinsichtlich ganz konkreter Situationen, in denen du dich, deine Wünsche und Bedürfnisse gut im Blick hattest, sie dir erfüllt und ein selbstbestimmtes Leben geführt hast. Schreib wichtige Situationen jeweils auf ein Blatt – nutze aber eine andere Farbe als für die Wegepunkte. Wie hast du das gemacht? Wer oder was hat dir geholfen, dich unterstützt (Ressourcen)?

- ✓ Gibt es einen Punkt auf deiner Timeline, an dem du verorten würdest, dass du dich mehr und mehr zurückgenommen und deine Bedürfnisse zurückgestellt hast? Was würdest du sagen, wann das war und was damals passierte?
- ✓ Wenn du wieder bei der Gegenwart angekommen bist, dann stell dich nochmals in Blickrichtung Vergangenheit, und beantworte folgende drei Fragen:
  - *1. Wie geht es dir insgesamt, wenn du mit einem solchen Blick auf deine Vergangenheit zurückschaust?*
  - *2. Welche einzelnen Gedanken gehen dir durch den Kopf?*
  - *3. Was fühlst du? Worauf bist du stolz?*
- ✓ Welchen Filmtitel hast du deinem bisherigen Leben im Kapitel 2 in der Übung »Dein Leben als Film« gegeben? Stimmt dieser noch, oder würdest du gerne etwas ändern? Nur zu.
- ✓ Wenn du glaubst, dass du bezüglich der zurückliegenden Zeit alles Wichtige von dir angesprochen hast, trete wieder neben die Timeline. Lass die Situation auf dich wirken. So lange, bis du das Gefühl hast, dass du die nächste Perspektive einnehmen möchtest.

Schritt 4: Zukunft

- ✓ Stell dich erneut auf die »Gegenwart«, und schau in die »Zukunft«. In Kapitel 3 hatte ich dich bei der Reflexionsfrage gefragt, welche Haltungen du in puncto (1) Glück, (2) Loslassen, (3) Mut und (4) Veränderung einnehmen möchtest. Wie könnten dich diese darin unterstützen, dein Leben selbstbestimmter zu gestalten?

- ✓ Gibt es Entscheidungen, die anstehen? Was benötigst du dafür?
- ✓ Wann in der Zukunft würdest du dich gerne aus voller Überzeugung sagen hören: »Ich führe ein glückliches und selbstbestimmtes Leben und genieße jeden Moment!«? Korrigiere gegebenenfalls den zeitlichen Platz mit deinem vorformulierten Ziel. Willst du die Formulierung deines Zieles nochmals ändern? Wenn ja, dann ändere sie.
- ✓ Stell dich als Nächstes nun bitte auf diesen Punkt mit deinem Ziel, und schau von dort aus »zurück« in Richtung Gegenwart. Angenommen, wir sind mit einer Zeitmaschine in die Zukunft gereist – genau an diesen Punkt. Du stellt fest: »Hey, ich habe mein Ziel wirklich erreicht!«
  - *1. Woran erkennst du das?*
  - *2. Wie fühlt es sich an?*
  - *3. Was machst du dann anders?*
- ✓ Schau von diesem Punkt aus weiterhin zurück in Richtung »Gegenwart«, und beantworte folgende Fragen zu deinem Umfeld (deinem Mobile):
  - *1. Wie hat sich dein Mobile verhalten?*
  - *2. Wem ist es leichtgefallen, mit dir im Wind der Veränderung zu tanzen?*
  - *3. Wem schwer?*
  - *4. Wie bist damit umgegangen?*
- ✓ Welche »Probleme« haben sich auf deinem Weg gezeigt, und wie bist du unter der Annahme, dass »Probleme nur Zwischenschritte zur Lösung« sind, damit umgegangen?
- ✓ Wenn du dich innerlich sagen hörst: »Okay, das passt jetzt so. Das genügt!«, dann geh körperlich wieder auf den Punkt der Gegenwart.

- ✓ Schau in Richtung Vergangenheit, und sprich einen Dank für all die Erfahrungen aus, die du sammeln durftest.
- ✓ Und dann wende dich in Richtung Zukunft, und spüre die Vorfreude. Vorwärts heißt zurück zu dir und zu dem, was dir wichtig ist! Zu deinen Wünschen, Bedürfnissen und Sehnsüchten.
- ✓ Wenn du das Gefühl hast, dass alles Wichtige von dir angesprochen wurde, trete wieder aus der Timeline heraus.

Schritt 5: Abschluss

- ✓ Zum Abschluss der Timeline-Übung brauchst du die kleine Leiter. Steig auf sie hinauf, und blicke auf deine ganz persönliche Timeline. In meinem Vorwort hatte ich folgende Frage gestellt: »Wie geht es eigentlich weiter? Immer brav dem Flussbett folgen? Mal links und auch mal rechts abbiegen, je nachdem, was in diesem Fluss halt so als Nächstes kommt? Oder würde ich gerne mal ans Ufer und auf eine leichte Anhöhe klettern und von dort aus diesen Fluss betrachten? Um aus einer solchen Perspektive für mich zu klären, welche Richtung ich gerne einschlagen würde.« Nimm dir Zeit, und lass das Bild der Timeline auf dich wirken, bevor du die vorerst letzte Frage beantwortest.
- ✓ Fühlt sich das Bild der Timeline für dich stimmig an, oder möchtest du nochmals etwas ändern? Falls ja, nur zu!
- ✓ Du wirst innerlich spüren, wann die Übung wirklich zu Ende ist. Bedanke dich dann bei der Situation und gegebenenfalls demjenigen, der dich begleitet hat. Mach unbedingt ein Foto davon, und komm gesund wieder runter von der Leiter.

Nun müsstest du ein relativ gutes Bild davon haben, wohin deine Reise geht, was alles in deinem Rucksack mitdarf, was keinen

Platz mehr hat und wie du davon Abschied nehmen kannst. Dann müssten wir nun als Nächstes schauen, welche Ressourcen du für deinen Weg brauchst. Ressourcen sind all die Dinge, die dir dabei helfen werden, dein Vorhaben Wirklichkeit werden zu lassen.

»Ich bin gerade total begeistert. Mir war das gar nicht bewusst, was von dir aus alles so möglich ist. Im Osten Österreich, die Schweiz, der Bodensee. Im Süden der Rheinfall, der Schwarzwald, weiter westlich Frankreich. Über dir die Schwäbische Alb. Hammer. Alle Wege stehen dir offen.« Verena lebte direkt am Bodensee, ihre Heimat war nicht weniger schön und bot ebenso viele Möglichkeiten.

»Wie im wahren Leben. Uns allen stehen doch ehrlich gesagt unfassbar viele Wege offen. Wir müssen dafür einfach nur unseren Hintern anheben, damit wir sie auch in all ihrer Schönheit sehen können.« Ich unterstrich die theatralische Wirkung meiner Worte mit einer überzogenen großen, aber durchaus einladenden Geste. »Oder anders gesagt: Wenn ich immer nur in meinem Haus und meinem Garten bleibe, dann sehe ich eben auch nur das. Wenn mir das reicht, dann ist das okay. Wenn es mir aber auf Dauer zu wenig ist und ich unzufrieden bin, dann liegt es doch an mir, mich in Bewegung zu setzen! Das ist zumindest meine Meinung.«

»Wobei der Weg hier hoch auf fast tausend Meter ganz schön anstrengend sein kann.« Sabine war gut trainiert, deswegen war ich über ihren Einwand irritiert und konnte diesen Hinweis nicht so richtig zuordnen – bis ich die Ironie in ihren Augen entdecken konnte. »Man muss ja nicht gleich aufs Gaspedal drücken und von null auf hundert beschleunigen. Aber immer mal wieder die Komfortzone zu verlassen, ohne das geht es halt nicht.«

Verena brachte die Diskussion auf den Punkt: »Und mal ehrlich, Mädels, es rüttelt halt ein wenig, wenn du in deinem Leben den nächsten Gang einlegst.«

Kapitel 6
Checke deine Ressourcen

»Bei meinen Coachees entdecke ich den Wunsch nach einer Art Checkliste. Mach dies und das, kombiniere es mit jenem, und schon kannst du dein Wunschleben führen. Aber ihr wisst ja selbst, dass es eine solche Liste nicht gibt. Und etwas Anstrengung gehört halt dazu. Wie soll Einstein so schön gesagt haben? Die reinste Form des Wahnsinns sei es, alles beim Alten zu lassen und gleichzeitig zu hoffen, dass sich etwas ändert.« Ich war ein bekennender Fan von klugen Aphorismen.

»Was ist das für ein großer Turm?« Verena zeigte in Richtung Rottweil. Vor einigen Jahren wurde dort ein riesiger Turm mit Deutschlands höchster Aussichtsplattform erbaut. Ein heiß umstrittenes Projekt, das die Bevölkerung in mehr als nur zwei Lager teilte.

»Das ist der Testturm. Dort werden Fahrstühle getestet. Du kannst aber auch hochfahren und meine Heimat von oben betrachten. Ein gigantischer Rundumblick! Am Anfang war ich ja echt skeptisch und habe mich des Öfteren gefragt, wie es mir erginge, wenn ich so ein Teil direkt vor meiner Nase hätte und es mir den Blick versperren würde. Von hier aus betrachtet, ist der Turm aber ein echter Mehrgewinn. Sobald ich die Orientierung verliere, halte ich einfach Ausschau nach ihm, und dann weiß ich wieder, wo ich bin und ob mein Trinkwasser für unterwegs noch ausreicht.«

»Na ja, so weit weg bist du ja dann doch nicht von deinem Zuhause!« Sabine hatte zwar recht, aber das Leben mit meinem Hund und mein eigener Bewegungsdrang folgten ab und zu anderen Regeln.

»Stimmt schon, meistens laufe ich ja auch die gleichen Strecken. Aber dann und wann probiere ich auch mal eine komplett neue Wegführung aus. Darauf bereite ich mich dann aber zumindest rudimentär vor und schaue mir das vorher auf der Karte an. Wie lange brauche ich? Wann komme ich wieder zurück? Im Hochsommer wäre es einfach doof, wenn ich zu wenig zum Trinken dabeihätte. Manchmal beschließe ich auch erst unterwegs, neue Wege auszuprobieren, und da hilft mir dann der Turm und schenkt mir Orientierung. Reicht mein Wasser, oder muss ich meine Flasche irgendwo auffüllen?«

ALLES, WAS DU FÜR DEINEN WEG BRAUCHST, IST BEREITS IN DIR

Der Begriff »Ressource« geht auf das lateinische Verb *resurgere* zurück, was so viel wie »wieder erstehen, wiederauftauchen« bedeutet. Wenn ich nachfolgend den Begriff »Ressource« verwende, dann meine ich damit all das, was du brauchst, um dein Leben zu meistern, auf deine Ziele hinzuarbeiten sowie die An- und Herausforderungen auf diesem Weg gut zu bewältigen. Dabei kann eine Ressource so ziemlich alles sein: dein Wissen, deine Fähigkeiten, deine Stärken, deine ganz persönlichen Eigenschaften und Werte, die du in dir trägst. Mut, Lust, Humor, Selbstvertrauen, Optimismus, Zuversicht. Eben alles, was dich befähigt und stärkt. Freilich gehören auch Geld und Personen dazu. Und manchmal eben auch eine »Happiness-is-the-best-Make-up«-Mütze sowie ein Lippenstift. Grundsätzlich gilt:

1. Verschüttete Ressourcen können jederzeit von dir freigeschaufelt und – falls notwendig – auch wiederbelebt werden. Es gibt Fähigkeiten, die verlernst du einfach nicht. Dazu zählen beispielsweise Fahrradfahren oder Schwimmen. Du bist vielleicht nach jahrelanger Abstinenz zu Beginn noch etwas unsicher, das gibt sich aber relativ schnell.
2. Fehlende oder nur wenig vorhandene Ressourcen kannst du entwickeln. Es gibt nur weniges, wovon ich behaupte, dass ich es niemals lernen könne. Oder sollte ich besser sagen: lernen will? Neben der Steuererklärung und dem Bügeln zählt vor allem das Rückwärtsfahren mit einem Anhänger dazu … Aus diesem Grund scheidet – obwohl mein Auto eine Anhängerkupplung hat – ein Wohnwagen als ein fester Bestandteil meines zukünftigen selbstbestimmten Lebens aus.
3. Du kannst deine Ressourcen präventiv wie eine Art Vorratslager aufbauen und dadurch dem entgegenwirken, dass im wahrsten Sinne des Wortes der »Akku« irgendwann mal leer sein sollte und der Boden im Fass zu sehen ist. In meinem Leben gab es Zeiten, da war ich nah am Wasser gebaut, und die Nerven lagen blank. Heute ist das anders. Bis mir mal die Nerven durchgehen, muss schon viel passieren. Manchmal nenne ich mich selbst liebevoll »Frau Gelassenheit«. Denn entspannt bin ich auch dann, wenn ich mit einem dicken Wohnmobil, das exakt 2,35 Meter breit ist, im idyllischen Cornwall eine noch idyllischere Straße entlangfahre. Ungefähr zwei Meilen lang, links und rechts von herrlichen, dichten und wunderbar duftenden Brombeerhecken gesäumt. Wohlgemerkt bei einer unfassbar komfortablen Straßenbreite von exakt 2,30 Metern. Differenz bemerkt? Früher wäre ich ausgeflippt. Inzwischen kann ich mich über schicke Brombeer-Tattoos auf beiden Seiten eines gemieteten Wohnmobils amüsieren, vor allem wenn sie sich wegpolieren lassen.

Für immer in meinem Gedächtnis eingeprägt sind die vor Entsetzen geweiteten Augen der Fahrerin des entgegenkommenden Autos vor mir – zwei Meilen rückwärts mit einem SUV zu fahren, war wohl nicht der Hit. Lachtränen gab es an diesem Tag wahrscheinlich nur in unserem Gefährt.

Aber Spaß beiseite. Wenn du dich auf den Weg »Vorwärts zurück zu dir« und zu deinen Wünschen, Zielen und Bedürfnissen machst, dann hast du grob gesagt zwei Möglichkeiten. Entweder checkst du den Ist-Stand deiner Ressourcen und schaust, was damit alles möglich ist und wie weit du kommst. Oder aber du wählst den Weg über die »gut gelöste Zukunft«. Dafür ziehst du deine Lippen mit deinem Lippenstift nach und tust so, als ob du dein Ziel schon erreicht hättest. Fühlt sich gut an, gell? Erst dann überlegst du, was du brauchst, um dorthin zu kommen. Welche Ressourcen hast du bereits? Welche musst du eventuell freischaufeln oder sogar erst noch aufbauen? Und freilich auch, wie dir das gelingen kann. Alles andere wäre »Rumeiern«, ein ungleichmäßiges Rotieren um deine Wünsche und Sehnsüchte herum, was dich allerdings keinen Schritt weiterbringt.

ECHTE MAGIE BEGINNT DORT, WO DU MUTIG DEINE KOMFORTZONE VERLÄSST

Auf meiner Teelöffel-Liste stand schon so manches Vorhaben, das mir mein Herz hat in die Hose rutschen lassen. Du hast ja gerade von meinem Erlebnis mit der engen Straße und den Brombeerhecken in Cornwall gelesen. Ich hoffe nur für die Frau in dem SUV, dass es nicht ihr Teelöffel von einem lang ersehnten Englandurlaub gewesen ist … Diesen hätte ich ihr nämlich ordentlich vermasselt.

Für jemanden, der seine Ferien schon immer mit einem Wohnmobil gestaltet hat, wären das sicherlich Peanuts gewesen. Für mich als Einsteigerin fühlte es sich jedoch eher nach einer Monster-Kokosnuss an. Wobei ich mich aber auch niemals mit einem langjährigen Profi in Sachen Camperurlaub vergleichen würde.

In der Psychologie unterscheiden wir zwischen einem Inter- und einem Intra-Vergleich. Mit einem Inter-Vergleich setzen wir uns und unsere Leistung in Bezug zu anderen. Bei sportlichen Wettkämpfen ergibt das ja Sinn. Aber nicht, wenn es darum geht, sein Leben wieder selbstbestimmter zu leben. Das Gefühl der Selbstbestimmtheit ist wie gesagt absolut individuell. Wenn überhaupt, würde ich nur einen Intra-Vergleich gelten lassen, denn dieser findet innerhalb von uns selbst statt. Aber auch diesen Vergleich finde ich müßig – vor allem wenn er in Blickrichtung Vergangenheit geht. Ja, früher war es anders. Aber die Glorifizierung der Vergangenheit bringt uns auch nicht weiter, denn sie ist unwiederbringlich vorbei. Auch wenn wir versuchen, frühere Situationen wiederherzustellen – zu reproduzieren –, kann ich nur sagen: Es wird nicht funktionieren. Es wird sich immer wie ein Abklatsch längst vergangener Zeiten anfühlen.

Als Frau mit einem Wohnmobil auf der Fähre von Calais nach Dover einzuchecken, um anschließend zwei Wochen die atemberaubende Landschaft von Cornwall zu erkunden, das ist schon eine Hausnummer, die auch mir sehr viel Mut abverlangte. Enge Straßen, Linksverkehr und ein Fahrzeug, dessen Maße deutlich größer waren als alles andere, was ich bis dahin kannte. Von den englischen Dialekten unterwegs ganz zu schweigen. Die Ressource »Englisch sprechen« konnte ich allerdings schnell wieder freischaufeln. Die Ressource »Finanzen« hatte ich zuvor schon gut aufgebaut. Die »planvolle Umsetzerin« hatte ausgerechnet, was ein solcher Urlaub ungefähr kosten würde, und Rücklagen dafür gebildet. Die einzige echte Herausforderung war die Ressource »Mut«.

Wer sich nun denkt, dass die Tanja ein durch und durch mutiger Mensch ist und das sicherlich mit links gemacht hat, dem kann ich nur sagen: »Nein!« Ich hatte extra ein halbes Jahr zuvor bereits einen kleineren Urlaub mit einem anderen Wohnmobil unternommen. Quasi eine Probe, um zu sehen, ob ich damit klarkam. Für England aber musste ich meine Komfortzone wirklich verlassen. Für solch einen Schritt kannst du keine Ressource »Mut« im Vorfeld aufbauen. Da hilft nur eines: Du musst dein Herz vorauswerfen und dann direkt hinterherhopsen. Dieser Urlaub, der durch die banale Formulierung eines kleinen Teelöffels entstanden ist, hat mich aber wachsen lassen. Durch ihn habe ich aus erster Hand erfahren, was ich alles kann und welche tollen Fähigkeiten in mir stecken. Außerdem führte mir dieser Urlaub nochmals in aller Deutlichkeit vor Augen, wie weise es gewesen war, dass ich im Vorfeld die »schnelle Macherin« ausgebremst hatte, um der »planvollen Umsetzerin« Raum zu geben. Im vorgeschalteten Probeurlaub konnte ich so für mich herausfinden, ob diese Art von Urlaub überhaupt etwas für mich ist.

Meine innere »Perfektionistin« hingegen musste ich bei der Englandtour sehr bestimmend in ihre Schranken weisen. Sie wollte kein Risiko eingehen und auf alles vorbereitet sein, was ihr auf ihrem Wohnmobilabenteuer so an Unwegsamkeiten hätte begegnen können. Aber mal ehrlich, kannst du dir vorstellen, wie ich mit einem Schraubenschlüssel die Räder eines gemieteten Wohnmobils wechsle? Oder wie ich mit dem gleichen Werkzeug die Duschbrause repariere, weil kein Tröpfchen Wasser mehr rauskommt? Wir brauchen nicht weiter darüber nachzudenken. Der Schraubenschlüssel blieb zu Hause, und mit kam eine Servicetelefonnummer für Wohnmobilnotfälle in England.

In der Vorbereitungsphase spürte ich immer wieder mal eine nervöse Aufgeregtheit und durchaus auch Zweifel: Ist das nicht Verschwendung? So viel Geld für die Miete eines Wohnmobils? Davon könnte man locker auf die Malediven fliegen. Und überhaupt: Schaff ich das mit dem riesigen Teil? Wie wird das mit der Fähre laufen? Werde ich den richtigen Anlegeplatz in Calais finden? Wie wird das mit dem Campen funktionieren? Oder soll ich nicht doch lieber einfach nur nach Südtirol? Da kenne ich mich wenigstens aus.

Jeder, dem ich von meinem Vorhaben berichtete, sah mich mit großen Augen an. »Wow, Respekt! Das würde ich auch gerne machen, aber ich traue mich nicht! Hast du denn überhaupt keine Angst vor dem Linksverkehr?« Nein, hatte ich nicht. Aufgrund meiner zahlreichen Aufenthalte in Schottland war ich es bereits gewohnt, auf der Insel zu fahren. Aber all das andere stresste mich. Bis kurz vor der Überfahrt konnte ich mich noch relativ gut deckeln und so tun, als sei ich gelassen. Wobei es in mir drin definitiv anders aussah.

Am Abend vor der Überfahrt steigerte sich meine Nervosität dann ins Unermessliche. Am liebsten hätte ich geweint. Aber selbst für Tränen war ich zu aufgeregt. Es waren die Hände meines Sohnes, die mich beruhigten. Ganz sachte legte er sie auf meinen Oberarm und ließ sie dort liegen, bis ich ruhiger wurde. »Mama, das läuft doch alles super. Wir schaffen das. Ganz ruhig. Alles ist gut!« Mein Herzschlag war sicherlich Hunderte Kilometer weiter hörbar, und ich behaupte noch heute, dass mein Zittern ein kleines Erdbeben auf der anderen Seite der Welt ausgelöst hat. Mit dieser Reise bewegte ich mich deutlich außerhalb meiner Komfortzone.

Erst in dem Moment, als wir auf die Fähre fuhren, wusste ich: »Okay, jetzt wird alles gut!« Wir stellten das Wohnmobil ab, gingen an Deck und verbrachten dort die gesamte Überfahrt über den Ärmelkanal. Ein weiteres Bild für mein kleines persönliches Glücksmomente-Museum, das ich für immer in meinem Herzen tragen werde: die näher kommenden schneeweißen Kreidefelsen von Dover im strahlenden Sonnenschein, mein Sohn mit einem herzerwärmenden Lächeln neben mir, der salzige Fahrtwind im Gesicht und die unbändige Vorfreude auf diesen kleinen und doch so großen Abenteuerurlaub. Echte Magie beginnt eben dort, wo du mutig deine Komfortzone verlässt und Hermann Hesse dich mit den Worten »Und jedem Anfang wohnt ein Zauber inne …« begrüßt.

RAUS AUS DER KOMFORTZONE. MIT ÄNGSTEN UMGEHEN LERNEN

Der erste Schritt heraus aus deiner Komfortzone ist derjenige, der die meiste Energie benötigt. Dieser Schritt findet allerdings nicht im Vorgeplänkel der Planung statt. Er passiert genau in dem Moment, in dem du dich ins Unbekannte wagst. Wer seine Komfortzone verlassen will, der muss für sich vielleicht erst mal herausfinden, wo sich diese Grenze überhaupt befindet: an welcher das Vertraute aufhört und das Neue beginnt. Solange ich auf dem europäischen Festland war, befand ich mich noch innerhalb meiner Komfortzone. Je näher wir allerdings in Richtung Ärmelkanal und Fähre kamen, umso deutlicher konnte ich vor meinem inneren Auge das Hinweisschild lesen, das sich in ähnlicher Form auch an realen Ländergrenzen befindet: »Sie verlassen jetzt Ihr bekanntes Terrain!«

In Kapitel 3 stellte ich dir die Skalierungsfrage: »Auf einer Skala von 0 (überhaupt nicht) bis 10 (sehr): Für wie mutig würdest du dich einschätzen?« Weißt du noch, welche Einschätzung du abgegeben hast? Hat sich in deiner Einschätzung inzwischen etwas verändert? Mut und Angst, das sind übrigens keine Gegensätze, sondern sie gehören zusammen. Sie sind zwei Seiten einer Medaille: Mut brauchen wir nur, wenn wir auch Angst haben. Im Grunde sind es drei Ängste, die uns in unserer Komfortzone halten und die es zu kennen gilt, um sie überwinden zu können:

1. die Angst vor dem Scheitern,
2. die Angst vor Ablehnung und
3. die Angst vor der Anstrengung.

VOM UMGANG MIT DER ANGST VOR DEM SCHEITERN

»Was ist, wenn's nicht klappt? Wenn ich es nicht schaffe?« Jeder kennt solche Gedanken, und ich kann dich beruhigen: Sie sind vollkommen legitim. Neben der eigentlichen Sorge vor dem Scheitern enthalten solche Fragen nämlich zeitgleich auch die Lösung im Umgang mit diesen Ängsten. Sicher erinnerst du dich daran, dass ich dir empfohlen habe, Probleme nicht als Probleme zu betrachten, sondern immer als Lösungsversuch. Ist doch clever, oder? Solche Zweifel ziehen nämlich das Scheitern als einen möglichen Ausgang in Betracht. Die Betonung liegt auf »einen«. Die einleitenden Worte »Was ist, wenn …?« richten tatsächlich den Blick auf die Zeit danach, also wenn es wirklich nicht funktionieren sollte. Diese drei kleinen Wörter »Was ist, wenn …?« sind eine perfekte Einladung zum Perspektivwechsel, um sich für diesen Fall schon mal den weiteren Verlauf anzuschauen, einen alternativen Plan B zu entwickeln oder »Frau Gelassenheit« in dir aufzuwecken.

Wenn du noch mal an deine Timeline denkst, dann entspricht die Angst vor dem Scheitern dem Blick vom Punkt der »Gegenwart« in Richtung »Zukunft«, allerdings ohne den Platz der Gegenwart zu verlassen. Leider, denn wie gesagt: Erst wenn ich die körperliche Bewegung in die gut gelöste Zukunft und darüber hinaus mache, kann ich spüren, dass ich alles für eine Lösung in mir trage und selbst mit einem Scheitern umgehen könnte.

Falls dein erster Schritt beim Aufbruch in dein selbstbestimmtes Leben allerdings mit der Lösung eines »Bäms« – eines großen Lebensthemas – beginnen sollte, so bist du in der Tat gut damit beraten, dich von jemand Externem begleiten zu lassen, um dieses »Was ist, wenn …?« gemeinsam zu betrachten und Lösungsoptionen zu entwickeln. Für die kleineren und größeren Angelegenheiten, die du im Alltag erledigen und ändern kannst, um wieder »vorwärts zurück zu dir« zu kommen und deinen eigenen Bedürfnissen mehr Raum und Platz zu geben, kannst du selbst diesen Perspektivwechsel durchführen. Du weißt ja inzwischen, wie das geht.

Noch ein paar Gedanken zur deutschen Mentalität: Bei uns scheint es so zu sein, dass sich das Zurückscheuen vor großen Veränderungen, wie ich es weiter vorne beschrieben habe, mehr als in anderen Kulturen manifestiert hat. Leider ist es oft so, dass unser rational denkender innerer Anteil zuerst in Blickrichtung »Risiken« wandert. Erst dann folgt ein Blick auf das, was alles zu gewinnen wäre. Auch hier gilt, dass es die Dosis ist, die das Gift ausmacht. Wenn unser Fokus ausschließlich auf das Risiko gerichtet sein sollte, dann wird es tatsächlich schwierig, die Herausforderungen eines selbstbestimmten Lebens überhaupt anzunehmen. In diesem Fall versuchen wir nämlich, solche Hürden bereits im Vorfeld zu vermeiden, um die Möglichkeit eines Scheiterns zu umgehen. Das ist unsere persönliche Strategie, um unsere Angst loszuwerden.

Leider »funktioniert« diese Taktik hervorragend. Denn »nichts« zu tun, fühlt sich zunächst einmal als Entlastung an. Daraus lernen wir, dass es gut ist, solchen Dingen aus dem Weg zu gehen, und werden es beim nächsten Mal in vergleichbarer Lage ähnlich machen. Das Vermeiden der Situation erhält also paradoxerweise die Angst vor dem Scheitern aufrecht. Sogar noch mehr: Sie nährt sie. Ein verflixter Kreislauf, aus dem es auszusteigen gilt. Aber wenn du dieses Muster erst mal erkannt hast, kann dir das relativ gut gelingen.

Die folgenden drei Lösungsmöglichkeiten zum Umgang mit der Angst vor dem Scheitern empfehle ich dir:

1. Nimm die Haltung *Nobody is perfect* ein. Fehler zu machen und zu scheitern, gehört dazu. Perfektion schafft nur Aggression. Bei dir und bei anderen! Deswegen: Schick deine innere Perfektionistin auf die Strafbank!
2. Nimm das Scheitern in Kauf. Plane es sogar aktiv mit ein. Frag dich, was das Schlimmste ist, was passieren kann, und geh dann in Gedanken noch weiter und male es dir in noch bunteren und schlimmeren Farben aus. In der Psychologie nennen wir das »paradoxe Intervention«. Das ist eine Methode, die in scheinbarem Widerspruch zur Erreichung des Zieles steht, aber in Wahrheit hervorragend dazu geeignet ist, es dann zu erreichen. Die Frage, die du dir stellen könntest, könnte wie folgt lauten: »Was müsste ich tun, damit es auch wirklich, wirklich in die Hose geht?« Du hast die Technik der paradoxen Fragen bereits bei den Fragetechniken kennengelernt.
3. Richte deine Gedanken auf die Situationen, die du früher schon erlebt und gut gemeistert hast. Bei der Meterstab-Übung habe ich dich danach gefragt. Du könntest außerdem einen Perspektivwechsel durchführen. Ein Blick aus der gut gelösten Zu-

kunft, wie toll es sich dann anfühlt und welche Chancen sich daraus ergeben, hat mich schon des Öfteren ins Tun gebracht.

VOM UMGANG MIT DER ANGST VOR ABLEHNUNG

Eines unserer elementarsten Bedürfnisse ist das Gefühl der Zugehörigkeit. Auch wenn dein Umfeld dich ermutigt: »Na klar, mach doch! Ich finde es toll, wenn du dich wieder mehr um dich und deine Bedürfnisse kümmerst!«, kann diese Aussage bei dem einen oder anderen in deinem Mobile durchaus ambivalent besetzt sein. In diesem Fall hörst du den unausgesprochenen Nachsatz: »Hauptsache, für mich ändert sich nichts.« Von der Übung mit dem Mobile weißt du inzwischen nur zu gut, dass bei einer Veränderung das gesamte System in Bewegung kommt.

Ein kleines Beispiel: Als ich vor vielen Jahren mein erstes Buch geschrieben hatte, da dachte ich absolut naiv, dass sich für mein Umfeld nichts ändert. Schließlich bin ich ja weiterhin »die Tanja«. Falsch gedacht. Irgendwie wurden die Kontakte immer weniger. Einige Jahre später hat mir eine Freundin dann mal gespiegelt, dass sie überhaupt nicht mehr wusste, wie sie mit mir reden solle, weil sie das Gefühl habe, ich würde plötzlich auf einem Podest stehen. Sei also innerlich darauf vorbereitet: Wenn du deine Komfortzone verlässt, könnten andere sich von dir abgelehnt fühlen und entsprechend reagieren. Es kann aber auch sein, dass du selbst mit Ablehnung konfrontiert wirst, wobei diese Ablehnung durchaus einer Unsicherheit im Umgang mit dir entspringen kann.

Die folgenden drei Lösungsstrategien zum Umgang mit der Angst vor Ablehnung habe ich für dich:

1. Geh direkt in den Schmerzpunkt hinein, und thematisiere mit den Menschen deines Mobiles deine Angst vor Zurückweisung. Wenn sie begründet sein sollte, schließe eine Vereinbarung mit diesen Menschen.
2. Anders zu sein und nicht mehr dazuzugehören, ist okay. Akzeptiere es, dass du nicht alle auf deinem Weg in ein selbstbestimmteres Leben mitnehmen kannst. Wie andere reagieren, sagt übrigens mehr über diese Personen aus als über dich. Du bist keine Egoistin und lässt auch niemanden im Stich, nur weil du damit beginnst, dich vermehrt deinen Bedürfnissen zuzuwenden. Um deine Gefühlswelt gut zu verarbeiten, kannst du in dein Journal einen Brief an diese Menschen schreiben, um deinen Emotionen Ausdruck zu verleihen. Egal, um welches Gefühl es sich handelt, ob Traurigkeit, ob Wut, ob Hilflosigkeit, ob schlechtes Gewissen – alles hat Platz und darf sein.
3. Stärke dir selbst deinen Rücken, und hör unbedingt damit auf, dich zu fragen, was andere von dir denken. Die Angst vor Ablehnung entsteht häufig an den Punkten, an denen wir uns selbst ablehnen. Ein starkes Selbstwertgefühl wächst, wenn du dir jeden Tag aktiv Zeit für dich nimmst und etwas tust, das du liebst. Also genau das, was du vorhast.

VOM UMGANG MIT DER ANGST VOR DER ANSTRENGUNG

Zugegeben, die Gemütlichkeit unseres Wohnzimmers hat schon was. Ein schickes und bequemes Vintage-Sofa als Mittelpunkt, dazu die passenden Dekokissen, eine schöne Vase mit Blumen hier und ein bisschen Schnickschnack dort. Auch ich genieße schöne Dinge und lehne mich in einem solchen Ambiente gerne zurück. Hier lässt es sich aushalten.

Aber mit den Monaten – manchmal sogar erst mit den Jahren – wächst in mir eine innere Unzufriedenheit. Irgendwann mal hab ich mich sattgesehen. Sicherlich sieht mein Wohnzimmer immer noch schön aus, aber das ist nicht der Punkt, ob es äußerlich schön aussieht. Die Frage ist doch: Wie fühlt es sich für mich von innen an? Eine ganze Weile kann ich die Situation noch wegignorieren. Damit ich mich aber wieder wohlfühle, muss ich etwas ändern. Und genau hier beginnt die Anstrengung, denn Veränderung braucht Energie.

Die Formel ist einfach: Je vertrauter uns eine Situation ist, umso weniger anstrengend empfinden wir sie. Anstrengung beginnt dort, wo wir das Vertraute – unsere Komfortzone – verlassen, letztendlich, um zu wachsen. Und wie bereits gesagt: Es ist dieser erste Schritt, der die meiste Energie benötigt, danach ist es wie bei einem Zahnrad. Zuerst stockt es, dann ruckelt es, und irgendwann läuft es wie am Schnürchen.

Übrigens: Du darfst jederzeit zurück in dein gemütliches Wohnzimmer, um dich zu regenerieren. Du wirst feststellen, dass es sich Stück für Stück mit dir weiterentwickelt. Persönliches Wachstum braucht Zeit, Raum und auch Gelassenheit und Geduld.

Zu den folgenden drei Lösungsstrategien zum Umgang mit der Angst vor der Anstrengung rate ich dir:

1. Beginne mit kleinen Schritten. So umgehen wir unsere Angst vor Anstrengung. Unser Angstgehirn wähnt sich in Sicherheit. Bei der Timeline hatte ich dir eine letzte Frage gestellt: »Was wäre ein erster kleiner Schritt?« Dieser würde sich doch jetzt gut anbieten, oder?
2. Entwickle neue Routinen: Routinen sparen Energie. Wenn du immer wieder etwas Neues ausprobierst und diesen Prozess aber nicht dem Zufall überlässt, dann entwickelst du für dieses »Neues-Unternehmen« eine Routine. Ein gutes Beispiel hierfür

ist die Übung mit den Teelöffeln. Wie gesagt: Ich kann mir ein Jahr ohne Benennung und Erfüllung meiner Teelöffel-Liste gar nicht mehr vorstellen. Übung macht die Meisterin!
3. Mach dir dein »Wozu« bewusst. Denk an deine Timeline und dein Ziel. Es gab einen Grund, warum dich der Titel dieses Buches angezogen hat. Abseits deiner Couch und deines Wohnzimmers wartet so viel Neues auf dich! Freu dich darauf, denn genau das entschleunigt dein Zeitempfinden.

Dein persönliches Wachstum und dein selbstbestimmteres Leben beginnen genau dort, wo du über die Schwelle des Vertrauten hinwegsteigst und mit erhobenem Haupt durch deine ganz persönliche Angstzone gehst. Welche Angst bei dir die vorherrschende ist, das kannst nur du sagen. Der Schritt durch die Angst kostet durchaus Energie, die du aber tausendfach zurückbekommen wirst.

Es ist wie bei einem Schmetterling. Wir alle staunen über seine Leichtigkeit und Schönheit. Kein Gedanke daran, dass das kleine Wesen einen durchaus anstrengenden Weg beschreiten musste, um zu dem zu werden, was unser Auge und unser Herz erfreut. Also: Augen zu und durch! Vorwärts zurück zu dir! Dorthin, wo deine ganz persönliche Magie beginnt.

MIT KLEINEN VERÄNDERUNGEN GROSSE WIRKUNG ERZIELEN

In Kapitel 1 habe ich dir vom Glück erzählt: »Glück liegt nicht immer direkt vor deiner Haustür, aber nicht weit davon entfernt.« Falls du die Befürchtung hast, dass du für deinen Weg in dieses selbstbestimmtere Leben sehr viel Energie brauchen wirst, dann lächle ich dich wissend an und kann dir diesen imaginären Brocken direkt aus dem Weg räumen. Die größte Wirkung steckt häufig in den kleinsten Dingen.

Eines meiner Lieblingsmärchen stammt vom dänischen Schriftsteller Hans Christian Andersen: Die Prinzessin auf der Erbse. Sicherlich erinnerst du dich, dass eine klitzekleine, fiese Hülsenfrucht der Prinzessin die ganze Nacht den Schlaf raubte. Kleines Teil, große – schlafraubende – Wirkung, oder? Das bedeutet umgekehrt aber auch, dass du bereits durch eine klitzekleine Veränderung große Erfolge erzielen kannst. Erbse weg, guter Schlaf gewiss. Freilich nur, wenn der Prinz nicht dazwischenfunkt.

Wenn Märchen nicht dein Ding sein sollten, so kann ich dich vielleicht mit einem modernen Vergleich abholen. Angenommen, du bist jemand, der absolut begeistert von Leichtathletik ist. Wenn du nun bei dir zu Hause im Stadion einen Hundertmeterlauf machen möchtest und deine Ausrichtung auf dem Startpunkt um sechs Winkelgrad abweicht, dann kommst du an deinem Ziel um zehn Meter nach links beziehungsweise rechts versetzt an. Je weiter wir laufen, desto stärker macht sich eine solche kleine Veränderung bemerkbar.[20] Lass uns daher mal deine Ressourcen checken, wie es mit deiner Energie aussieht und wie sie dich auf deinem Veränderungsweg gut begleiten können. Du weißt ja, wie das mit den Ressourcen ist: Du kannst sie freischaufeln, wiederbeleben, entwickeln und sogar als Vorratslager anlegen.

ZEIG HER DEINE »TÖPFE« UND WAS IN DIR STECKT

Eine meiner Freundinnen zaubert in ihrer Küche für ihr Leben gern Gerichte, die mein kleines Genießerherz höherschlagen lassen. Deutlich sogar. Ich bin überzeugt davon, dass sie – wenn sie nicht diesen supersicheren Job hätte, schon längst eine Sterneküche ihr Eigen nennen würde. Aber so ist es halt mit dem Sicherheitsdenken: Es verhindert Leichtsinn, doch zeitgleich auch die Erfüllung so manch eines Lebenstraums.

Ihre private Küche ist kompromisslos auf die großen und kleinen Freuden des Gaumens ausgerichtet. Mich faszinieren besonders die zahlreichen kleinen Töpfchen, in denen sie Lebensmittel und Gewürze aufbewahrt, die mir zum Teil gänzlich unbekannt sind. Und über genau solche Töpfchen möchte ich als Nächstes mit dir nachdenken.

Stell dir vor, vor dir stehen derartige Vorratstöpfchen. Alle sind gleich groß und aus Glas, damit du auf einen Blick sehen kannst, was sich darin befindet und ob noch genügend davon da ist. Einige von ihnen sind so gut gefüllt, dass der Deckel nicht mehr richtig draufpasst. Andere hingegen sind nur halb voll. Und dann gibt es auch noch die, bei denen du deutlich den Boden sehen kannst. Statt Kochzutaten befinden sich in diesen Töpfchen allerdings die Zutaten für dein glückliches und selbstbestimmteres Leben; eben all die Dinge, die dir bei einem richtigen Füllstand Kraft und Energie geben. Aus diesem Grund nenne ich diese Töpfe auch »Energietöpfchen«.

Sobald die Ziele in einem Coaching-Prozess einigermaßen klar sind, führe ich mit meinem Coachee eine Art Inventur durch: »Wie gefüllt sind deine einzelnen Energietöpfe? Lässt sich mit dem aktuellen Füllstand dein Ziel erreichen? Muss etwas aufgefüllt werden? Oder vielleicht ausgetauscht, weil es über die Jahre ranzig wurde?« Fakt ist: Mit leeren Töpfchen wird es höchstwahrscheinlich mühsam. Deine Reise in ein selbstbestimmteres Leben könnte fade schmecken oder dich nur bis zu einem Punkt X innerhalb deiner Komfortzone führen, weil dann der Saft ausgeht. Es könnte aber auch sein, dass du bei deiner Inventur überrascht feststellst: Du hast alles, was du brauchst. Auf was also noch warten? Los geht's!

Bevor du nun gleich mein Coaching-Tool der Energietöpfe ausprobieren kannst, um zu sehen, was alles in dir steckt, möchte ich dir die in meinen Augen wesentlichsten Töpfchen samt ihrer Inhalte vorstellen. Es handelt sich um

1. deine Gesundheit von Körper, Geist und Seele,
2. dein Zuhause und dein Wohnumfeld,
3. deine Finanzen,
4. deine Freundschaften,
5. dein Beruf und
6. deine Familie.

Wie gesagt, mit klitzekleinen Veränderungen – und sei es nur an einem einzigen Töpfchen – kannst du ganz gewiss große Wirkungen erzielen. Freilich braucht es dafür deine Geduld und auch Durchhaltevermögen. Behalte bitte bei den Energietöpfchen immer im Hinterkopf, dass auch sie den Prinzipien eines Mobiles unterliegen. Lies dazu gerne noch mal in Kapitel 4 nach. Wenn dir zum Beispiel das Energietöpfchen »Deine Familie« tagtäglich aufs Neue Energie abzapft, kann das dazu führen, dass das Energietöpfchen deiner Gesundheit sich nach und nach leert. Oder wenn du eine Zeit lang viel arbeitest, um dein Energietöpfchen »Deine Finanzen« im Vorrat aufzubauen, weil du als Ziel eine Weltreise planst, dann sei dir bewusst, dass andere Energietöpfchen wie die Gesundheit, die Freunde, die Freizeit darauf entsprechend reagieren werden. Die Kunst ist es also, sein eigenes Ziel im Blick zu haben und umsichtig die Ressourcen zu verwenden, um den Weg der Selbstbestimmung zu gestalten.

ENERGIETÖPFCHEN »DEINE GESUNDHEIT VON KÖRPER, GEIST UND SEELE«

Ein wichtiges Energietöpfchen ist das, was für die Gesundheit steht. Nach der aktuellen Definition der Weltgesundheitsorganisation WHO (World Health Organization) ist die Gesundheit ein Zustand des vollständigen körperlichen, geistigen und sozialen Wohlergehens. Gesundheit ist dabei weit mehr als »nur« die Abwesenheit von Krankheit – im Vordergrund steht das eigene Wohlbefinden oder, anders ausgedrückt, dein ganz persönliches Gesundheitsempfinden, das dir niemand vorgeben kann.

Für mich persönlich ist der Bereich der Gesundheit derjenige, der mich bis vor einigen Jahren am meisten stresste. Was läuft eigentlich in unserer Gesellschaft schief, dass es ausgerechnet dieses so wichtige Thema ist, das vielen Menschen nicht guttut? Ich persönlich fühle mich rundum gesund und auch wohl in meinem Körper. Und vor allem innerlich bin ich ganz bei mir. Zumindest meistens. Aber egal, wohin ich auch schaue, überall begegne ich Aussagen, wie ich ein gesundes Leben zu führen habe. Ich soll auf eine ausgewogene Ernährung achten. Ich soll mein Gewicht reduzieren. Ich soll mich genügend bewegen. Ich soll auf eine ausgeglichene Work-Life-Balance achten. Was ich nicht alles soll! Immer wenn mich eine solche Aufforderung ereilt, verspüre ich unterschwellig ein schlechtes Gewissen in mir. Warum? Weil ich diesem Streben niemals gerecht werden kann. An den Idealvorstellungen, wie ein gesundes Leben auszusehen hat, bin ich mein ganzes Leben lang gescheitert.

Deswegen habe ich mich zum Zeitpunkt, als das Selfie entstand, durchaus etwas trotzig, aber in aller Deutlichkeit dazu entschieden, mich auch in Sachen »Gesundheit« wieder mehr auf mich selbst zu besinnen. Und meine innere Stimme ruft mir zu: »Tanja, du bist okay so, wie du bist. Du bist gesund!«

DU BIST DRAN

ICH HABE EIN PAAR REFLEXIONSFRAGEN FÜR DICH

- ✓ Was bedeutet Gesundheit für dich? Was ist dir persönlich wichtig?
- ✓ Wie geht es deinem Körper, wie deiner Psyche und wie deiner Seele? Wie sähen deine Antworten aus, wenn du dir für jeden Bereich eine Skalierungsfrage stellen würdest?
- ✓ Wie ergeht es dir mit den Anforderungen an ein gesundes Leben, die von außen an dich herangetragen werden?
- ✓ Nimmt deine Gesundheit Einfluss darauf, ob du dein Leben insgesamt betrachtet »selbstbestimmt« gestalten kannst? Wenn ja, wie?
- ✓ Angenommen, du räumst in Sachen »Gesundheit« bei dir mal so richtig auf – was würdest du dann tun?

Hätte ich mich nicht rundum wohl und fit gefühlt, so wäre ich vermutlich mit dem Wohnmobil doch in der Nähe geblieben. Das Risiko, im Ausland im Krankenhaus zu landen, würde ich persönlich nicht eingehen wollen. Das ist aber meine Meinung und sagt absolut nichts über die gesundheitliche Versorgungslage in anderen Ländern aus. Bei dir könnte das wiederum ganz anders aussehen.

Leider hat es mich in Cornwall dann doch voll erwischt. Eine Gallenkolik – ein Thema, das mich in unregelmäßigen Abständen seit einigen Jahren begleitet. Vorsorglich hatte ich aber starke Schmerzmittel und krampflösende Medikamente dabei. Die »planvolle Umsetzerin« hatte umsichtigerweise daran gedacht. Mit dem Älterwerden kommen halt doch so manche Zipperlein. Dadurch lasse ich mich aber definitiv nicht von der Umsetzung meiner Teelöffel und dem Sammeln meiner ganz persönlichen Glücksmomente abhalten.

ENERGIETÖPFCHEN »DEIN ZUHAUSE UND DEIN WOHNUMFELD«

Ein Energietöpfchen, das auf den ersten Blick in seiner immensen Wirkkraft nicht jedem bekannt sein wird, ist das Zuhause und das Wohnumfeld. Auch wenn es uns manchmal nicht direkt bewusst ist, so wirkt unsere Umgebung auf uns ein. Stetig. Permanent. Wo und wie wir leben, ist weit mehr als »nur« eine Wohnung oder ein Haus. Unser Zuhause ist der Ort, der uns Geborgenheit, Sicherheit und Wohlgefühl schenken soll. Ein Wohlfühlort, ein Zufluchtsort. Doch genauso, wie Räume unser Wohlbefinden fördern können, bewirken sie unter Umständen auch genau das Gegenteil. Dann entziehen sie uns Kraft und Energie. Dabei darf das direkte Umfeld nicht außer Acht gelassen werden. Auch dieses prägt unser häusliches Wohlbefinden signifikant mit.

Wie wichtig ein Wohlfühl-Zuhause ist, wurde mir bewusst, als ich während meines Studiums in Berlin lebte. Ich war gerade aus einer WG ausgezogen, weil die Grundwerte in Sachen »Sauberkeit« dort für mich nicht mehr stimmig gewesen waren. Damals zog ich in eine kleine Wohnung in einer breiten Straße, in der es niemals leise wurde. Leider hatte ich auch nicht realisiert, dass die Wohnung vollständig nach Norden ausgerichtet war. Meine neue Behausung konnte innendrin noch so schön sein, das Gefühl, in einem dunklen Loch zu leben, ließ einfach nicht nach. Im Gegenteil. Es verstärkte sich von Tag zu Tag. Zudem waren meine direkten Nachbarn alkoholkrank, und aus ihrer Wohnung stank es furchtbar.

Als ich eines Tages heimkehrte, kam mir mein Türschloss entgegen. Einbrecher hatten meine Abwesenheit genutzt. Dass jemand Fremdes meine Wohnung durchwühlt und für mich wichtige Sachen mitgenommen hatte, war das eine. Die Polizei meinte aber, dass die Einbrecher vermutlich schon seit einigen Tagen die Bewohner im Viertel ausgespäht hätten. Nicht zu wissen, dass jemand mich von mir gänzlich unbemerkt beobachtete und an meinem Leben teilnahm, das war das andere. Ich sollte mich nie wieder wohlfühlen in dieser Wohnung. Und auch wenn die Angstzustände über die Jahre weniger wurden, so blieb mir relativ lange ein ungutes Gefühl. Alle weiteren Wohnungen in meiner Umzugskarriere habe ich von da an immer nach Sonnenlauf und sicherer Umgebung ausgesucht. Ab dem Zeitpunkt dieser massiven Erfahrung war der Preis nur noch auf Stelle zwei meiner Suchkriterien. Was nutzt dir eine Unterkunft, für die du zwar relativ wenig Geld zahlst, in der du dich aber nicht wohlfühlst und den Aufenthalt dort auf ein Minimum reduzierst?

DU BIST DRAN

ICH HABE EIN PAAR REFLEXIONSFRAGEN FÜR DICH

- ✓ Was ist dir wichtig an deinem Zuhause und dem Umfeld, in das es eingebettet ist?
- ✓ Was braucht es, damit deine vier Wände ein echtes »Wohlfühl-Zuhause« sind, sodass sie dir Energie schenken können?
- ✓ Nimmt dein Zuhause/ Wohnumfeld Einfluss darauf, ob du dein Leben insgesamt betrachtet »selbstbestimmt« gestalten kannst? Wenn ja, wie?
- ✓ Wenn du in deinem Zuhause und deinem Wohnumfeld mal so richtig aufräumen würdest, was würdest du dann tun? (Vielleicht hast du es ja bereits durch die Übung »Aufräumen« getan?)

Du kannst sicherlich gut nachvollziehen, dass ein Urlaub in einem Wohnmobil für mich durchaus eine große Herausforderung darstellte. Nicht, weil der Platz beengt war. Mein größter Knackpunkt war das Thema »Sicherheit«. Unbewachte Stellplätze schieden von vornherein aus. Selbst bei der Reise mit meinem Sohn konnte ich mein mulmiges Gefühl nicht einfach so ablegen. Campingplätze hingegen waren auch nicht mein Ding, weil ich an Sanitäranlagen hohe Anforderungen in puncto Sauberkeit und auch Privatheit stelle. Da verlasse ich meine Komfortzone nur dann, wenn es wirklich gar nicht anders geht.

Erleichterung machte sich in mir breit, als ich erfuhr, dass es die Möglichkeit zum Duschen im Wohnmobil gab, dass einige Campingplätze private Sanitäreinheiten boten und dass es in England auch die Möglichkeit gibt, eine Nacht in einer sicheren, ruhigen und naturnahen Umgebung zu verbringen, und das auch noch kostenlos. Bei der Planung meiner Tour konnte die »planvolle Umsetzerin« mit all ihrem Können glänzen, und auf diese Weise lernten wir einige der schönsten Orte und gastfreundlichsten Menschen der englischsprachigen Welt kennen.

ENERGIETÖPFCHEN »DEINE FINANZEN«

Den Zusammenhang zwischen Glück und Geld und die Allgemeingültigkeit küchenpsychologischer Aussagen habe ich bereits kurz beleuchtet. Genügend Geld zur Verfügung zu haben, bedeutet in aller Regel weniger Stress, und das wiederum zahlt auf das Glücksempfinden ein. Aber unser Gespartes kann auch durch die Inflation aufgefressen werden und was bringt es dir, wenn du doch jederzeit sterben kannst? Meterstab hin oder her?

Die Angst, es finanziell nicht zu packen, zieht sich bei mir persönlich wie ein roter Faden durchs gesamte Leben. Dabei sei es, wie bereits gesagt, dahingestellt, ob diese Befürchtung tatsächlich berechtigt ist. Vielleicht ist es ja auch ein unsichtbarer Staffelstab, der mir von meinen Vorgängergenerationen mitgegeben wurde.

In der Tat ist meine Branche keine ganz einfache. Der Coaching-Markt ist hart umkämpft, und alle großen Krisen der Vergangenheit haben gezeigt: Bei meiner Dienstleistung setzen die Unternehmen als Erstes ihren Rotstift an. Das bedeutet: Immer wenn der Markt unruhig ist, bekomme ich das unmittelbar zu spüren. Wirklich sicher in Sachen Geld bin ich also nie, aber ein »Mann« wäre für mich definitiv niemals eine Altersvorsorge.[21]

DU BIST DRAN

ICH HABE EIN PAAR REFLEXIONSFRAGEN FÜR DICH

- ✓ Wie empfindest du deine aktuelle finanzielle Situation?
- ✓ Was bedeutet Geld für dich? Sicherheit? Freiheit? Etwas ganz anderes?
- ✓ Wenn du in die nähere Zukunft blickst, wie sicher fühlt sich für dich dieser Blick in Bezug auf deine finanzielle Sicherheit an? Wie für die mittlere Zukunft? Und für die weit entfernte Zukunft?
- ✓ Nehmen deine Finanzen Einfluss darauf, ob du dein Leben insgesamt betrachtet »selbstbestimmt« gestalten kannst? Wenn ja, wie?
- ✓ Wenn du in deinen Finanzen mal so richtig aufräumen würdest, was würdest du dann tun?

Manchmal bekomme ich ein schlechtes Gewissen, weil ich mein Geld von Herzen gerne für schöne Lebensmomente ausgebe. Wobei ich niemand bin, der das Geld mit den Händen aus dem Fenster wirft. Ein Wohnmobil zu mieten, ist aber tatsächlich nicht die günstigste Variante eines Urlaubs. Ich könnte durchaus für einige Monate meine Lebenshaltungskosten dafür abdecken. Wenn in mir wegen dieser großen Summe ein schlechtes Gewissen aufsteigt und an meiner Verstandestür anklopft, hilft mir die Geschichte von Frederick der Maus von Leo Lionni. Anders als die anderen Mäuse sammelt Frederick nicht Getreide und Nüsse, sondern Sonnenstrahlen, Farben und Geschichten für den nahenden, kalten und grauen Winter.[22] Das Leben besteht eben nicht nur aus dem, was es grundlegend zum Leben braucht. Es sind vor allem unsere inneren Erlebnisse, die uns durch schwierige Zeiten führen können. Allerdings musste ich die »schnelle Macherin« in mir ausbremsen, da sie sich am liebsten auf der Stelle ein eigenes Wohnmobil gekauft hätte. Die »planvolle Umsetzerin« eilte ihr jedoch zu Hilfe und setzte als Kompromiss einen Sparplan auf.

ENERGIETÖPFCHEN »DEINE FREUNDSCHAFTEN«

Dass Freundschaften wichtig sind, wissen schon die Kleinsten und suchen sich daher sehr früh ihre liebsten Spielkameraden aus. Ganz intuitiv. Sandkastenfreunde! Die ersten Freundschaften werden bereits im Kindergartenalter geschlossen, auch wenn solche Beziehungen oft noch wenig mit dem zu tun haben, was wir Erwachsenen unter Freundschaft verstehen.

Eine gute Freundschaft macht nicht nur Spaß. Sie ist sogar der Schlüssel für ein gesundes langes Leben.[23] In der Psychologie unterscheiden wir übrigens zwei Typen von Freundschaften: die Alltags- und die Herzensfreundschaften. Erstere basieren hauptsächlich darauf, dass wir gemeinsam etwas unternehmen, zum Beispiel Sport treiben oder zusammen in einer Kneipe etwas trinken. Herzensfreundschaften hingegen sind Freundschaften, in denen ich alles erzählen kann; sie entstehen nicht einfach so im Nebenbei. Um vom »Bekannten« zum »Freund« zu werden, braucht es mindestens fünfzig gemeinsame Stunden. Um vom »Freund« dann zum »guten Freund« zu wechseln, sind weitere neunzig Stunden nötig. Dass daraus dann »ziemlich beste Freunde« werden, dafür sind nochmals weitere zweihundert Stunden Beisammensein notwendig.[24] Verena, Sabine und ich haben bereits deutlich mehr Stunden miteinander verbracht, und vermutlich genau deswegen fühlt sich die gegenseitige Neckerei genau danach an.

Es gibt aber auch Situationen, in denen du spürst, dass eine Freundschaft zu Ende ist, weil sie dir nicht mehr guttut. Bereits bevor das Selfie mit der Mütze entstand, habe ich von einer langjährigen Freundschaft losgelassen. Vielleicht war es auch gar keine Freundschaft, sondern eher eine Bekanntschaft mit falschem »Label«. In allem, was ich tat, fühlte ich mich von ihr immer bewertet, genauer genommen sogar abgewertet. Irgendwann habe ich mir die Frage gestellt, wie sich mein Leben anfühlen würde, wenn diese Person von einem Tag auf den anderen nicht mehr daran teilnähme. Die Antwort überrascht nicht wirklich: »Es würde mir definitiv besser gehen.« Gefragt. Geantwortet. Komfortzone verlassen. Abschied genommen. Was mich total überraschte, war, weil ich überhaupt nicht damit gerechnet hatte, die Reaktion meines Mobiles. Dieses hatte in der Tat einige Mühe damit, wieder ins Gleichgewicht zu kommen, und war als erste Reaktion bestrebt, den Bruch zu kitten. Ich blieb bei meiner Entscheidung, und nach kurzer Schieflage fand mein Mobile eine neue Balance.

DU BIST DRAN

ICH HABE EIN PAAR REFLEXIONSFRAGEN FÜR DICH

- ✓ Wie wichtig sind dir gute Freunde?
- ✓ Wen würdest du zu deinen Alltagsfreunden zählen? Und wen würdest du als Herzensfreund bezeichnen?
- ✓ Welche Erwartungen hast du an eine gute Freundschaft?
- ✓ Wie können Freunde dich darin unterstützen, ein selbstbestimmteres Leben zu führen?
- ✓ Wenn du in deinen Freundschaften mal so richtig aufräumen würdest, was würdest du dann tun?

Stolz kann ich sagen, dass mich alle meine Herzensfreunde – ohne Ausnahme –für meinen Wohnmobiltrip feierten. Am liebsten würde ich sie auf meine nächsten Touren alle mitnehmen. Davon rät mir aber meine »planvolle Umsetzerin« dringend ab. Auch wenn es ziemlich lustig wäre, würde ich bei zehn Lippenstiften meinen eigenen nicht wiederentdecken.

ENERGIETÖPFCHEN »DEIN BERUF«

Wenn ein Coachee mir berichtet, dass er oder sie unglücklich im Beruf ist, dann stecke ich ihn/sie in seiner/ihrer Fantasie zu einem anderen Arbeitgeber und frage, ob sich ähnliche Thematiken zeigen würden. Lautet die Antwort Nein, dann können wir einerseits daran arbeiten, was sich beim aktuellen Arbeitgeber verändern müsste. Wie kann der Stress reduziert werden? Ist das Gehalt zu niedrig? Fehlt die Anerkennung, oder ist der Arbeitgeber in Sachen Urlaubstagen nicht flexibel genug? Nerven die Kollegen, oder sind sie gar unkollegial? Wie führt der Chef? Habe ich die

Möglichkeit, mich weiterzuentwickeln? Und, und, und. So vielfältig die Gründe sein können, so vielfältige Lösungsmöglichkeiten bieten sich. Erinnere dich: Ein Problem ist lediglich der Zwischenschritt zur Lösung. Andererseits können wir aber auch gemeinsam schauen, welche ganz konkreten Erwartungen mein Coachee dann an einen zukünftigen – anderen Arbeitgeber – formulieren könnte. Ein solches Erwartungsprofil lasse ich meinen Coachee immer schriftlich anfertigen. Du weißt ja, wie sehr das Schreiben für innere Klarheit sorgen kann.

Wenn er oder sie mein Gedankenexperiment mit einem Ja beantwortet – sich also ähnliche Thematiken zeigen würden –, dann darf sich mein Coachee unter meiner Anleitung folgende Fragen stellen: »Was ist mein Anteil daran, dass es so ist, wie es ist, und wie kann ich es ändern? Setze ich mir unrealistische Ziele? Vergleiche ich mich ständig mit anderen? Glaube ich, dass ich nicht gut genug bin, und habe ich eventuell das Hochstapler-Syndrom? Habe ich Angst zu scheitern?« Und so weiter und so fort.

Es kann aber auch sein, dass mein Coachee wirklich vor einer »Bäm«-Entscheidung steht. Wenn diese allerdings trotz der schönsten Wunder- und Perspektivwechselfragen keine Option darstellt, dann gilt es, an der Haltung zu arbeiten. Ein Bekannter von mir stand ein Jahr vor seiner Rente, als in seiner Firma die Einführung von jährlichen Mitarbeitergesprächen beschlossen wurde. Er suchte bei mir nach einer Bestätigung: »So einen Mist muss ich doch nicht mehr mitmachen, oder?«

Meine ehrliche Antwort lautete: »Ich glaube, dass es vollkommen okay ist, wenn du diesen Weg nicht mehr mitgehst. Allerdings gibt dir das nicht das Recht, das Instrument abzuwerten und den anderen madig zu machen.«

Auch ich habe in meinem Leben bereits zwei berufliche »Bäm«-Entscheidungen getroffen. Die erste war mein Psychologiestudium, für das ich mich nach zahlreichen Arbeitgeberwechseln in meinem früheren Leben als kaufmännische Angestellte entschieden hatte. Ich spürte irgendwann in aller Deutlichkeit, dass ich vollkommen unterfordert und der permanente Wechsel lediglich ein Ausdruck davon war. Die zweite »Bäm«-Entscheidung war mein Schritt in die Selbstständigkeit. Fast hätte meine finanzielle Existenzangst mich davon abgehalten, zahlreiche Signale aus meinem Mobile bestärkten mich jedoch darin, den Schritt ins Unbekannte zu wagen.

DU BIST DRAN

ICH HABE EIN PAAR REFLEXIONSFRAGEN FÜR DICH

- ✓ Fühlst du dich wohl in deinem Job?
- ✓ Wenn du heute nochmals einen Beruf wählen müsstest, wäre es der gleiche, den du ausübst? Würdest du bestimmte Aspekte ändern? Oder würdest du etwas ganz anderes machen? Was?
- ✓ Nimmt dein Beruf Einfluss darauf, ob du dein Leben insgesamt betrachtet »selbstbestimmt« gestalten kannst? Wenn ja, wie?
- ✓ Wenn du in deinem Beruf mal so richtig aufräumen würdest, was würdest du dann tun?

Vor Corona konnte ich mir nicht vorstellen, ein Coaching online durchzuführen. Diese Einstellung habe ich inzwischen komplett geändert. In meinem Beruf kann ich – wenn ich es denn möchte – von jedem Ort der Welt aus arbeiten. Die »schnelle Macherin« kann sich inzwischen gut gedulden, weil sie weiß, dass es die finanziellen Ängste gibt, und sie diese als solche respektiert. Die

»planvolle Umsetzerin« ist derzeit damit beschäftigt, sich dieses Leben in den schönsten Farben auszumalen. Und die »Perfektionistin« in mir sitzt erneut auf der Strafbank. Ihren Platz an meiner Seite hat inzwischen meine stetige Begleitung »Frau Gelassenheit« eingenommen. Diese sorgt dafür, dass ich selbst dann gut klarkomme, wenn mal kein Internet oder Strom für die Arbeit am Laptop zur Verfügung stehen sollte. Und mal ganz ehrlich, Bücher lassen sich zur Not auch mit der Hand schreiben, oder?

ENERGIETÖPFCHEN »DEINE FAMILIE«

Das einflussreichste Energietöpfchen habe ich mir bis zum Schluss aufgehoben. Es ist sicherlich das komplexeste aller Energietöpfchen, und es bräuchte viele eigene Bücher, um alle Aspekte und Dimensionen ausführlich zu beschreiben.

Während die heutige Familienrealität immer bunter und vielschichtiger wird, sind viele von uns noch mit einem konservativen Verständnis aufgewachsen. Demnach besteht eine Familie aus Eltern, Geschwistern und gegebenenfalls noch Großeltern. Unter Herkunftsfamilie versteht man die Familie, in der wir aufgewachsen sind und die uns in vielen wesentlichen Aspekten prägte.

Auch die Familie ist ein System, das du dir als ein eigenes Mobile vorstellen kannst. Wie der Tanz eines solchen Mobiles im Wind aussehen kann, habe ich von meinen Coachees in unzähligen Varianten gehört: von Orkanen mit stärksten Verwüstungen hin zur vollkommenen Windstille. Am liebsten sind mir die Familiensysteme, die einer leichten bis frischen Brise folgen. Warum? Meines Erachtens schenken sie in gesunder Verbundenheit Inspiration und ermöglichen Veränderung der einzelnen Elemente.

Meine Neugier auf und meine Lust an einem Wohnmobilurlaub sind übrigens ebenfalls noch relativ jung. Sie entstanden während der Corona-Pandemie, als eine Freundin meinem Sohn und mir ihren Wohnwagen in den Niederlanden zur Verfügung gestellt hatte. Ich musste das Teil Gott sei Dank nicht selbst fahren, weil sie ihn fest auf einem Campingplatz in der Nähe des legendären Brouwersdam zwischen Nordsee und Grewelingenmeer stehen hat. Das war der erste Campingurlaub in meinem Leben. Seit ich mich erinnern kann, hatten sich meine Eltern über die Menschen lustig gemacht, die ihren Urlaub in einem Wohnwagen oder einem Wohnmobil verbrachten. Solche Attacken mündeten regelmäßig in Aussagen wie »Das wäre nichts für uns! In so einem kleinen fahrenden Ding Urlaub zu machen …« So kam es, dass ich diese Feststellung noch während meiner Kindheit unhinterfragt übernommen habe: »Urlaub im Wohnwagen ist nichts für mich!«, habe ich jedem erzählt, der mich fragte, ob ich mit zum Campingurlaub möchte.

Das ist übrigens nur eine von unzähligen familiären Annahmen, die ich unreflektiert übernommen hatte. Sätze, die ich in den letzten Jahren nach und identifiziert, aufgearbeitet und in neue Bahnen gelenkt habe. In befreiende Bahnen. Wir Psychologen nennen solche Aussagen übrigens »Glaubenssätze«. Wie massiv sie doch unser Leben beeinflussen, und wie subtil sie uns Wege versperren! Aber überall, wo es Sperren gibt, steht es uns frei, diese für immer zur Seite zu räumen. Der Urlaub überzeugte mich vom ersten Tag an, dass das genau mein Ding ist.

DU BIST DRAN

ICH HABE EIN PAAR REFLEXIONSFRAGEN FÜR DICH

✓ Wenn du auf deine Herkunftsfamilie schaust – welche sind die Themen, die immer wieder auftauchen, wenn es darum geht, sich seine Wünsche zu erfüllen?

✓ Und falls du eine eigene Familie hast, wie ergeht es dir in dieser, wenn du dir deine Wünsche und Bedürfnisse erfüllen möchtest?

✓ Mal angenommen, du hättest dir deine Herkunftsfamilie selbst zusammengestellt und die einzelnen Mitglieder bei einem Versandhandel bestellt. Bei deiner Bestellung hättest du vor allem Wert darauf gelegt, dass dich die Mitglieder in deinen Bedürfnissen unterstützen:

- *Welches Familienmitglied würdest du reklamieren? Was wäre der Grund für die Reklamation, und wie würde die Nachbesserung aussehen?*
- *Welchen Familienmitgliedern würdest du hingegen eine großartige Bewertung auf der Plattform des Versandhandels hinterlassen? Wie lautet diese?*
- *Wenn du in deiner Familie mal so richtig aufräumen würdest, was würdest du dann tun?*

Als ich meinen Eltern berichtete, dass ich gemeinsam mit Sohn und Hund einen Wohnmobilurlaub plante, fanden sie übrigens durchaus Gefallen an der Idee. Sie hatten noch gut in Erinnerung, wie begeistert wir von unserem ersten Campingabenteuer in den Niederlanden waren. Der leicht skeptischen Frage meines Vaters nach den Kosten ging ich allerdings gekonnt aus dem Weg. Die »planvolle Umsetzerin« in mir – wie sollte es auch anders sein? – hatte mit einer solchen Bemerkung gerechnet und nicht nur einen Sparplan entwickelt, sondern auch eine Antwort vorbereitet: »Papa, du hast recht, der kostet tatsächlich was! Ich habe dafür gespart und werde nun mit meinem Sohn einen wunderschönen gemeinsamen Urlaub verbringen, bevor er seinen eigenen Weg geht. Toll, gell?« Manchmal kann man auf eine Frage antworten, ohne eine konkrete Antwort zu geben.

DU BIST DRAN

PROBIER'S EINFACH MAL AUS ... »ENERGIETÖPFCHEN«

Den wesentlichen Aspekten unseres Lebens und wie sie Einfluss auf die Gestaltung unserer Wünsche, Sehnsüchte und Bedürfnisse nehmen, schenken wir leider viel zu wenig Beachtung, geschweige denn, dass wir sie hinterfragen. Neben den gerade beschriebenen gibt es noch zahlreiche andere Energietöpfchen wie zum Beispiel das »deiner persönlichen Entwicklung« oder »deines Freizeitverhaltens inklusive Spaß und Freude«. Da sich dieses Buch unter anderem genau damit beschäftigt, diese Töpfchen wieder zu füllen, habe ich sie hier nicht extra beleuchtet. Wenn du irgendwann mal in Zukunft etwas anderes planst und die Ressourcen dafür checken möchtest, dann solltest du sie jedoch unbedingt berücksichtigen. Ein weiteres Energietöpfchen wäre übrigens das der »Liebe und Partnerschaft«. Ich habe diesen Bereich für mich mal unter »Meine Familie« subsumiert und den Personen zugeordnet, die ich gerne reklamieren würde beziehungsweise für die ich gute Bewertungen abgeben möchte. Wenn du magst, dann kannst du »Liebe und Partnerschaft« auch als eigenes Töpfchen betrachten.

Lass uns jetzt aber mal deinen ganz persönlichen Ressourcencheck machen und schauen, wie der Füllstand deiner einzelnen Energietöpfchen aussieht, damit du deinen Aufbruch in dein selbstbestimmteres Leben gut gehen und gestalten kannst.

Zeit:	**20 Minuten**
Schwierigkeit:	★★★☆☆
Material:	**Durchsichtige Gläser in der Anzahl der Energietöpfchen** **Kleine Kärtchen und 1 Stift** **Zucker**
Modifikation:	**Gerne kannst du weitere Energietöpfchen betrachten.**

Vorgehen:

✓ Stell alle Gläser auf einen Tisch, beschrifte die Kärtchen mit den Namen der Energietöpfchen, und stell dann vor jedes Glas ein Kärtchen. Jedes Glas repräsentiert das entsprechende Energietöpfchen.

✓ Fülle nun nacheinander jedes Glas mit so viel Zucker, wie du den aktuellen Füllstand empfindest. Es ist ganz einfach: »Viel« bedeutet auch »viel«, und »wenig« bedeutet »wenig«. Du kannst also sehr differenziert vorgehen und mit den jeweiligen Füllständen außerdem die Relationen zwischen den einzelnen Energietöpfchen darstellen.

✓ Beantworte dir nun nacheinander für jedes Energietöpfchen die nachfolgenden Fragen. Sie werden dir leicht von der Hand gehen, weil du sicherlich schon Antworten durch die Reflexionsfragen beziehungsweise über die anderen Übungen wie dein Mobile, das Aufräumen, die Timeline und gefunden hast. Ziehe gerne deine bereits gefundenen Antworten heran.

✓ Damit ich mein selbstbestimmteres Leben gut führen und mein Ziel von der Timeline-Übung verwirklichen kann,

- *benötige ich die jeweilige Ressource. Wenn ja: Welchen Einfluss nimmt sie?*
- *Ist die Ressource ausreichend, oder muss ich sie noch aufbauen? Was empfehle ich mir selbst, was ich dafür tun kann? Wenn ich diese Ressource aufbaue, welchen Einfluss hat das dann auf die anderen Energietöpfchen?*
- *Oder ist die Ressource einfach nur über die letzten Jahre verschüttet worden und kann von mir wieder freigelegt werden? Was muss ich dafür tun? Kann mich etwas oder jemand darin unterstützen?*
- *Ergibt es Sinn, für diese Ressource in Zukunft einen Vorrat anzulegen? Wie kann mir das gelingen? Was muss ich dafür tun?*

- *Was würde mit der Ressource passieren, wenn ich mein Vorhaben einfach mal so umsetzte? Sprich: alle meine hemmenden inneren Anteile zur Perfektionistin auf die Strafbank verpflanzen, spontan mein Herz vorauswerfen und mutig hinterherspringen würde?*

✓ Wenn du während der Beantwortung der Fragen feststellen solltest, dass der Füllstand eines Energietöpfchens doch ein anderer ist, dann füge etwas Zucker hinzu, beziehungsweise nimm welchen weg.

✓ Wenn du magst, kannst du dir für jedes einzelne Vorhaben oder jeden »Teelöffel« die gleichen Fragen stellen. Ein solcher Blick auf die kleinen Glücksmomente wirkt wie ein Umsetzungsturbo. Du weißt ja: kleine Veränderung, große Wirkung.

✓ Notiere dir in deinem Journal die Antworten, und mach dir unbedingt auch ein Foto, wenn du alle Energietöpfchen gecheckt hast.

✓ Wiederhole diese Übung in drei Monaten, in sechs Monaten und in einem Jahr. Vergleiche dann die jeweiligen Füllstände. So erkennst du die Entwicklung.

Das Ziel dieser Übung ist es nicht, alle Energietöpfchen bis obenhin zu füllen. Es geht vielmehr darum zu erkennen, dass genügend Ressourcen vorhanden sind beziehungsweise welche wie aufgebaut werden müssen, um dein Zielbild von der Timeline-Übung zu erreichen und deine Idee von einem selbstbestimmten Leben zu leben.

»Was meint ihr? Auf was habt ihr Lust? Wollen wir den Berg wirklich hochsteigen und oben im Restaurant etwas trinken? Oder wollt ihr doch lieber den Weg runtergehen und zurück?«

Das Wetter war einfach unfassbar schön, und mir standen mein Herz und mein Kopf noch nach etwas mehr Bewegung. Außerdem war die Aussicht auf etwas Leckeres zum Essen durchaus verlockend.

Verena schaute auf ihre Armbanduhr. »Also bei mir ist alles möglich. Alle sind versorgt, und keiner rechnet mit meiner frühen Heimkehr.«

Auch Sabine nickte. Sie hatte sich ebenfalls den gesamten Tag für sich und für uns freigehalten. Aus Erfahrung wusste jede von uns, dass sich durch einen Anschlusstermin alle irgendwie gehetzt fühlen würden. In diesem Punkt gingen wir achtsam mit unseren, aber auch mit den Ressourcen unserer Herzensfreundinnen um. Und so setzten wir den Weg auf der stillgelegten Bahntrasse fort und stiegen langsam den Albtrauf hoch.

»Seht ihr den mit Moos überzogenen Fels? Den vor dem Eisenbahntunnel? Ich nenne ihn ›den Pförtner‹, weil er die Wanderer so freundlich und erhaben begrüßt, wenn sie den Tunnel durchschritten haben. Der muss ja schon ewig dort liegen, aber bewusst wahrgenommen habe ich ihn erst, als ich hier mal nach meiner Trennung entlangwanderte und innerlich spürte, dass alles gut werden würde.«

Sabine hielt an und schaute mir in die Augen. »Weißt du noch damals, als wir am Lago di Lugano alle gemeinsam Urlaub gemacht haben? Damals hätte sogar ein Blinder gesehen, dass es dir in deiner Ehe nicht gut ging. Aber all unseren Gesprächsangeboten bist du vehement ausgewichen.« Sabine hatte leider ein hervorragendes Gedächtnis.

»Du weißt doch, wie es heißt. ›Die Schuster tragen die schlechtesten Schuhe!‹« Ich konnte mich noch in aller Deutlichkeit an den

Moment erinnern, als mir die Fragerei meiner Freundinnen zu viel wurde, ich polternd vom Tisch aufgestanden war und mich der Situation entzogen hatte. Wenn ich sitzen geblieben wäre, wäre ich vermutlich auf Angriff übergegangen, hätte den Spieß umgedreht und nach der eigenen Partnerschaft gefragt. Ich war einfach noch nicht so weit. Und so dauerte es tatsächlich noch einige Monate, bis ich eine Entscheidung für mich treffen konnte.

Kapitel 7
Aufbruch in dein selbstbestimmtes Leben

Sabines Blick wanderte vom Tunnel hin zum Fels hoch in Richtung Albtrauf. »Na ja, dir ist es ja auch nicht wirklich schlecht ergangen. Ich finde schon, dass du für dich einen guten Weg gefunden hast, dich mit der Situation zu arrangieren und trotzdem viele schöne Dinge für dich zu machen! Denk nur an unseren gemeinsamen Trip nach Schottland!« Ein Aufstöhnen der Erinnerung waberte durch den Wald. Sechs Frauen, vier Tage, elf Koffer und jede Menge Arbeit und noch viel mehr Spaß. Unvergesslich für alle, die dabei waren. Ein echter Hammer, und von diesen gab es einige in unserer Freundschaft. Schottland war allerdings bis heute von nichts zu toppen.

Verena hob ihre Sonnenbrille leicht an und schaute mir direkt in die Augen. »Wobei ich schon finde, dass du seit eurer Trennung ein anderer Mensch geworden bist. Also versteh mich bitte nicht falsch, aber seither bist du irgendwie mehr bei dir. ›Ruhiger‹ will ich gar nicht sagen. Aber ich nehme dich klarer wahr. Schon krass, oder? Eine so wichtige Entscheidung so lange aufzuschieben!«

Ich setzte mich wieder in Bewegung. Das Thema war mir irgendwie unangenehm. Solche Dinge machte ich am liebsten mit mir selbst aus. »Wahrscheinlich wird es genau daran gelegen haben.

Eben weil es nicht um Pillepalle ging, sondern eine wirklich elementare Entscheidung gewesen ist. Für das eine, gegen das andere. Für mich und gegen die Ehe. Am Schluss war es eh eine gemeinsame Entscheidung.«

Sabine nickte. »Entscheidungen zu treffen, ist ja auch nicht einfach. Selbst in den kleinen Dingen wird es schon schwierig. Apropos, wie ist der Plan, Tanja? Wie lange brauchen wir noch nach oben? Nur so ungefähr, damit ich mir meine Kräfte einteilen kann. Nicht dass mich noch eine von euch hochtragen muss! Wobei, dann setze ich mich einfach auf deinen Hund und reite den Rest!«

Als ob er ahnen würde, dass es um ihn ging, zog mein Hund an der Leine. Er hatte genug verweilt und wollte weiter.

Verenas Grinsen sprach Bände. »Ja, ja … die Männer mal wieder! … Mädels, wie sieht es aus, wenn wir oben sind? Kaffee und Kuchen oder schon ein Gläsle Sekt?«

Die Entscheidung fiel einstimmig – für einen Aperol Spritz.

DIE ENTSCHEIDUNG KOMMT VOR DER VERÄNDERUNG

Eigentlich hast du jetzt alles, was du für deinen Weg in dein selbstbestimmteres Leben brauchst:

1. Du hast dir Gedanken dazu gemacht, was es für dich bedeutet, ein selbstbestimmteres Leben zu führen, und wie schön es sich anfühlen könnte.
2. Durch den Vertrag mit dir selbst hast du dich zu dir bekannt und geklärt, ob es dir wirklich ernst damit ist.
3. Du weißt inzwischen, wie viel Zeit dir statistisch gesehen noch zur Verfügung steht, um jeden Tag aufs Neue deine ganz per-

sönlichen Glücksmomente zu gestalten, und dass du genau durch diese dein Zeitempfinden entschleunigen kannst.

4. Du hast ordentlich in dir aufgeräumt und weißt nun, welches deine großen Steine sind und welchen Bereichen deines Lebens du mehr Aufmerksamkeit schenken möchtest. Womöglich hast du auch schon »Teelöffel« formuliert.
5. Der Blick auf deine Ressourcen hat für Klarheit gesorgt, welche davon du gegebenenfalls wieder freischaufeln oder noch aufbauen musst. Erleichternd war sicherlich der Impuls, dass eine kleine Veränderung große Wirkung erzeugen wird.
6. Außerdem hast du dein System besser kennengelernt und ein Gefühl dafür bekommen, wie dein Mobile im Wind mit dem Wind tanzen wird. Du weißt inzwischen, dass es die Haltung ist, die das Mobile mit beeinflussen kann. Entweder entscheidest du dich, das ganze Vorhaben als zäh und schwierig anzusehen und deine einzelnen Mobile-Elemente als steife Tanzpartner, Tanzmuffel oder sogar Nichttänzer zu betrachten. Oder aber du kannst mit großer Lust, Freude und Zuversicht auf dein Mobile zugehen und in bester »Happiness-is-the-best-Make-up«-Art deine Elemente zum Tanz auffordern. Tanzen macht erwiesenermaßen glücklich und steigert die Lebenszufriedenheit. Ob es ein Stehblues, ein Cha-Cha-Cha, Lambada oder Salsa oder was auch immer ist – egal! Hauptsache, du machst dein ganz persönliches *Dirty Dancing* oder *Flashdance* daraus. Nur vom Hard Rock mit exzessiven Headbanging-Einlagen raten die Experten aus neurobiologischer Sicht ab. Warum? Weil es zu Hirnblutungen führen könnte. Und das will ja kein Mensch, oder? Schließlich gilt es, den Meterstab noch gut aufzufüllen, und das in relativer oder sogar bester Gesundheit!

All das hast du für dich nun geklärt. Was jetzt noch bleibt, ist die Entscheidung. Deine Entscheidung. Denn diese kommt direkt vor der Veränderung. Immer.

VON GROSSEN ENTSCHEIDUNGEN, EINSAMEN WÖLFINNEN UND ANDEREN TYPEN

Alle großen »Bäm«-Veränderungen in meinem Leben folgten immer der Strategie der vollendeten Tatsachen. Auch wenn ich gut eingebunden bin in einen Kreis von liebevollen und kompetenten Menschen, die selbst wiederum in ihren Berufen anderen Menschen helfen, so mache ich große Entscheidungen wie gesagt weitestgehend mit mir selbst aus. Eine einsame Wölfin ist also kein reines Phänomen der Tierwelt. Wobei ein »einsamer Wolf« zu sein nicht automatisch bedeutet, auch wirklich einsam zu sein oder sich so zu fühlen.

Meine Freundinnen spürten, dass in meiner Ehe eine große Entscheidung anstand. Ich will nicht sagen, dass sie es vor mir wussten, weil mein Pokerface auch hier relativ lange gut funktionierte. Ungefähr ein halbes Jahr bevor es zur Trennung kam, wollten sie mit mir darüber sprechen. Sie spürten, dass ich innerlich aufgelöst war und mein Pokerface »Happiness as usual« nicht mehr funktionierte. Allerdings war ich noch nicht bereit dafür. Einsame Wölfinnen ziehen sich in ihren Krisen zurück, auch wenn es gerade dann hilfreich wäre, sich von anderen begleiten zu lassen.

Und so verhielt ich mich, wie Wölfe es tun, wenn sie sich angegriffen fühlen und einen Ausweg suchen: Sie schnappen kurz zu. Das ist ihre Art, eine Warnung auszusprechen. Wenn sie aber dann mal so weit sind, muss alles schnell gehen. Es waren Verena und Sabine, die ich als Erste darüber informierte, dass die Trennung keine Frage von Tagen oder Wochen, sondern nur noch von wenigen Stunden sei. Wie ich es bereits geschrieben hatte: Wenn es ein großes Lebensthema gibt, das dir nicht guttut, dann muss zuerst dieses gelöst werden, um wieder ein selbstbestimmteres Leben führen zu können. Ein Leben, das dich erfüllt, glücklich und zufrieden macht. Solche Entscheidungen gehen mit einem hohen Stressempfinden einher, und darin greifen Menschen auf vertraute Bewältigungsstrategien zurück. Diese haben wir im Verlauf unseres Lebens entwickelt. Der Psychotherapeut Dr. Hans Lieb unterscheidet dabei vier Krisenbewältigungstypen, die sich durchaus auch in Mischtypen zeigen: schnelle Handler, einsame Wölfe, Nebler und chronische Krisler.[25]

Ich zähle mich zu den einsamen Wölfinnen, die sich zurückziehen und alles mit sich selbst ausmachen. Das Umfeld erkennt das häufig lange nicht, weil es der Wölfin darum geht, die anderen eben nicht zu belasten. Falls du Anteile einer einsamen Wölfin in dir entdecken solltest, bist gut beraten, dich beizeiten unterstützen zu lassen. Genau das öffnet dir den Blick auf neue Ressourcen und einen Aufbruch in ein selbstbestimmteres Leben *ohne* schlechtes Gewissen. Könnte ich meinen Lebensfilm noch mal zurückspulen und ändern, dann wäre genau das etwas, das ich anders machen würde. Nicht acht Jahre vorher, aber zumindest vier.

Die Neblerin als Konfliktbewältigungstyp schützt sich vor übereilten Entscheidungen, indem sie diese vermeidet. Sie will sich innerlich nicht festlegen und verwirrt genau dadurch ihr Umfeld und im Endeffekt sich selbst. »Willst du nun etwas für dich unternehmen oder nicht? Wenn ja, dann lass halt die Wäsche liegen!« Antwort: »Ach, ich weiß auch nicht!« Solche Dialoge mit den Partnern sind dann an der Tagesordnung. Falls du Anteile einer Neblerin in dir entdecken solltest, dann wird es heilsam für dich sein, wenn du dich festlegst und handelst. Das Führen eines Journals und auch Übungen wie die der Timeline, der Teelöffel und das Aufräumen können dich darin sehr gut unterstützen.

Die schnelle Handlerin darf lernen, sich Zeit zu lassen und auch anderen zu vertrauen, außer nur sich selbst. Sie ist jemand, die Entscheidungen sehr schnell trifft. Es scheint fast gar so, dass sie »Tabula-rasa-Duft« inhaliert hat. Wenn du solche Anteile in dir haben solltest, werden dich meine ersten Kapitel in diesem Buch bestimmt gestresst haben. Aber genau darin, im Reflektieren und Hineinspüren vor allem durch die Perspektivwechsel, werden deine Entscheidungen umsichtiger, vorausschauender und besser.

Bleibt noch die chronische Krislerin. Falls du zu dieser Kategorie gehörst, so stellst du für mich die größte Herausforderung dar. Warum? Weil du mit deinem Thema »hausieren« gehst und nichts von all den guten Tipps und Hinweisen umsetzt, die du unterwegs bekommst. Bitte versteh mich nicht falsch, aber dieser Typus fragt um Hilfe, ohne echte Hilfe haben zu wollen. Die chronischen Krislerinnen holen sich gefühlt Tausende von Meinungen ein. Wenn eine Ratgeberin resigniert, gehen sie einfach zur nächsten. Und ist das eine Thema dann scheinbar gelöst, gibt es bereits das nächste. Hier stelle ich gerne die Frage nach dem »Thema hinter dem Thema«: »Was müsstest du entscheiden, damit du damit aufhörst, jeden mit deinen Problemchen zu nerven?«

Wenn du Anteile der chronischen Krislerin in dir identifizieren solltest, so hör auf damit, andere mit der Lösung deines Themas zu beauftragen, und geh in die Verantwortung für dich. Dazu werde ich gleich noch was schreiben. An dieser Stelle bitte ich dich aber schon mal darum: Wirf dein Herz mutig vornweg, und hopse hinterher. Auf diese Weise lernst du, wie du zukünftig deine Themen selbstbestimmt lösen kannst.

VON KLEINEN ENTSCHEIDUNGEN, LANGSAMEN BRÜTERINNEN UND ANDEREN TYPEN

Diese vier Krisenbewältigungstypen zeigen sich nicht nur im Verhalten, wenn große Entscheidungen anstehen, sondern auch bei den kleineren Entscheidungen für die Glücksmomente im Alltag. Lass es dir anhand typischer Aussagen am Beispiel eines Wohnmobilurlaubs kurz erläutern, was ich damit meine:

1. Die *schnelle Handlerin* reagiert wie folgt: »Gestern habe ich einen spannenden Bericht über Wohnmobiltouren in Schottland im Fernsehen gesehen; und weißt du, was? Ich habe direkt für vier Wochen ein Wohnmobil gemietet!«
2. Die *einsame Wölfin* könnte sagen: »Jetzt nerv mich nicht, ich habe mich doch bereits innerlich für einen Wohnmobilurlaub entschieden!«
3. Die *Neblerin* irrt auch bei kleinen Entscheidungen im Nebel herum: »Alles ist okay – ob nun Wohnmobil oder Wohnwagen oder Zelt. Ferienwohnung ist auch toll. Oder Hotel. Ein richtiges Resort wäre ja auch denkbar. Wohin? Ach, die Alpen sind perfekt. Das Meer hat allerdings auch was. Den Süden finde ich schön. Norden geht aber auch. Westen war ich schon, würde ich aber nochmals hingehen. Osten? Osten wäre super! Wobei: Zu Hause ist es auch schön.«

4. Die *chronische Krislerin* würde mich wie folgt nerven: »Ich habe eine Bekannte gefragt, die jemanden kennt, der jemanden kennt, der schon öfters Urlaub im Wohnmobil gemacht hat. Derjenige meint Folgendes: … Und die Kollegin von einer Freundin, die hat mir übrigens dann das geraten: … Der Ehemann von meiner Chefin, der meinte, dass wir unbedingt auf dies und das und jenes achten sollten. Was meinst du?«

Die Schweizer Psychoanalytikerin Maja Storch hat bereits vor einigen Jahren eine andere, großartige Entscheidungstypologie aufgestellt, die meines Erachtens nichts an Aktualität eingebüßt hat und die gekonnt die Gefühlslage integriert. Klug zu entscheiden, bedeutet, dass unser Bauchgefühl – unsere Intuition – mit unserem Verstand kombiniert und aufeinander abgestimmt werden muss. Und zwar so, dass *Wohlbefinden* entsteht.[26] Du erinnerst dich? Das ist der Begriff, den Martin Seligman inzwischen anstelle des Worts »Glück« verwendet.

Während früher Körperempfindungen als reine Störfaktoren betrachtet wurden, werden sie heute als unersetzliche Entscheidungshilfe angesehen. Ein Entscheidungsprozess löst nämlich immer eine Bewertung aus: Lohnt es sich, oder lohnt es sich nicht, viel Aufwand oder wenig Aufwand? Unser Verstand ist allerdings nicht wirklich so schnell wie unser Körper. Unser Körper antwortet mit dem, was wir alltagspsychologisch gerne »Bauchgefühl« nennen: mit einer schnellen – wenn auch diffusen – Reaktion. Selbstsicherheit und damit einhergehend Entscheidungskraft entstehen dort, wo wir unseren Verstand in den Dialog mit unseren Gefühlen bringen.

Ich habe dir bereits die »Utilisation der Gefühle« vorgestellt (siehe den Abschnitt »Nutze deine Gefühle« in Kapitel 3). Genau darum geht es. Je nachdem, wie dieser Dialog ausfällt, gibt es zwei Hauptsignale. »Stopp!« für die Vermeidung oder » Go!« für die Annäherung an das, was uns Wohlbefinden verspricht. Nach Maja Storch unterscheiden wir Menschen uns nicht darin, ob wir solche körperlichen Signale haben oder nicht. Jeder von uns hat sie. Allerdings unterscheiden wir uns darin, ob wir diese wahrnehmen. Maja Storch definiert folgende Entscheidungstypen:[27]

1. Die *langsamen Brüterinnen* treffen ihre Entscheidungen hauptsächlich mit dem Verstand. Da dieser aber wie gesagt langsamer als das Bauchgefühl arbeitet, wirken die langsamen Brüterinnen nach außen hin oft als entscheidungsschwach. Vor allem dann, wenn schnelle Entscheidungen angesagt wären. Ich denke da gerade an ein Sparangebot für ein Wohnmobil, das aber nur für die nächsten drei Stunden gültig ist. Da hätte eine langsame Brüterin keine Chance, ein Schnäppchen zu machen. Mein Tipp für dich, falls du eine bist: Nimm dir einerseits Zeit für dich und deine Entscheidung, setz dir allerdings auch immer einen Zeitrahmen, in dem du entscheiden wirst. Zum Beispiel »innerhalb der nächsten Stunde«.
2. Die sogenannten *Körperlosen* nehmen ihre Körpersignale weniger bis gar nicht wahr. Genau das macht es für sie schwer, Entscheidungen zu treffen, die wirklich zu ihnen passen. Sie spüren es einfach nicht. Falls du dich darin wiedererkennst: Trainiere deine Körperwahrnehmung zum Beispiel mit Yoga oder anderen körperorientierten Methoden. Das ist ein wichtiger Zwischenschritt, um herauszufinden, was dir sonst noch guttut.
3. Die *Unsicheren* nehmen anders als die Körperlosen ihr Körpergefühl durchaus gut wahr. Allerdings richten sie sich nicht nach ihm. Dieser Typus bereut häufig eine Entscheidung beziehungsweise eine Nichtentscheidung. Falls du dich in dieser

Beschreibung wiederfindest, dann hilft auch dir die »Utilisation der Gefühle«. Äußere dein Bauchgefühl, und beginne deinen Satz mit den Worten »Im Moment …«: »Im Moment habe ich noch keine wirklich guten Argumente, warum ich so viel Geld für einen Wohnmobilurlaub ausgeben sollte. Allerdings habe ich ein wohliges Bauchgefühl, und diesem möchte ich erst mal folgen.«

4. Zu den *Schnellentscheiderinnen* habe ich mich früher auch gezählt. Wir haben eine gute Körperwahrnehmung und sind für Ideen schnell zu begeistern. Erinnere dich an die »schnelle Macherin«, denn genau diese ist es, die unverzüglich zur Tat schreiten und sich ein Wohnmobil kaufen würde. Gott sei Dank habe ich meine Existenzangst wahrgenommen und auch auf sie gehört: »Vorsicht! Deine Finanzen!« Menschen, die schnell entscheiden, dürfen nämlich lernen, die Meldungen vom Körper zum Verstand nicht als Bremse zu sehen, sondern als kluge Beraterin. Wenn ihnen das gelingt, dann sind sie dem nächsten Typus zuzuordnen.
5. Die *Feedback-Entscheiderin:* Zu diesen zähle ich mich inzwischen. Meine Entscheidungen treffe ich – mehr oder weniger souverän – aufgrund des Dialogs und gegenseitigen Feedbacks meines Verstandes mit meinem Bauchgefühl. Es sind wirklich kluge und auch langfristige Entscheidungen, die ich im Einklang mit meinen ganz persönlichen Erfahrungen treffe. Wenn du das nächste Mal unterwegs bist, dann halte unbedingt Ausschau, ob du ein Wohnmobil mit der einladenden Aufschrift »Vorwärts heißt zurück zu mir« entdeckst.

UND WÜRDE ICH EINE ENTSCHEIDUNG FÄLLEN, WAS WÄRE DANN?

Wer auch immer du bist, wo auch immer du stehst: Um eine Entscheidung kommst du nicht herum. Keine Entscheidung ist auch eine Entscheidung – eine für das Aufrechterhalten deines Status quo. Wenn du dir nicht vorstellen kannst, was nach deiner Entscheidung tatsächlich passieren könnte, dann habe ich für dich eine richtig gute Methode ausgewählt, die dein Vorstellungsvermögen auf einfachste Art anpikst: die 10-10-10-Methode. Die amerikanische Wirtschaftsjournalistin Suzy Welch hat sie konzipiert.[28] Wie so viele andere Methoden, die du bereits in diesem Buch kennengelernt hast, funktioniert auch sie nach dem Prinzip des Perspektivwechsels, indem du wiederum eine gedankliche Zeitreise unternimmst. Nachdem du möglichst viele Informationen zu dir, deinem Umfeld (Mobile) und deinem Vorhaben eines selbstbestimmten Lebens gesammelt und für dich persönlich Prioritäten und Ziele (Timeline und Teelöffel) festgelegt hast, stellst du dir nacheinander in aller Ruhe die folgenden drei Fragen:

DU BIST DRAN

ICH HABE DREI REFLEXIONSFRAGEN FÜR DICH

- ✓ Welche Auswirkungen hat meine Entscheidung in zehn Minuten?
- ✓ Welche Auswirkungen hat meine Entscheidung in zehn Monaten?
- ✓ Welche Auswirkungen hat meine Entscheidung in zehn Jahren?

Ich finde die Methode hervorragend geeignet, sich des eigenen Vorhabens nochmals bewusst zu werden und sich selbst zu bestärken. Als ich den Entschluss gefasst hatte, meinen Wohnmobilurlaub in England zu verbringen, malte ich mir das vor Freude strahlende Gesicht meines Sohnes in zehn Minuten aus, stellte mir einen tollen Urlaub in Cornwall zehn Monate später vor und dachte, dass ich in zehn Jahren sicherlich gerne die Fotos vom gemeinsamen Urlaub anschauen würde. Vermutlich mit einem Tränchen in den Augen, weil er dann schon längst nicht mehr bei mir wohnen würde. Was im Nachhinein dann tatsächlich passiert ist? Lest selbst:

1. *Zehn Minuten:* Mein Sohn nimmt mich in seine Arme und knuddelt mich vor Freude von oben bis unten durch und verleiht seiner Begeisterung mit den Worten »Wie geil ist das denn?« einen jugendlich starken Ausdruck.
2. *Zehn Monate:* Ja, der Urlaub hat eine Stange Geld gekostet. Aber jeder Cent war es wert. Was wir erlebt haben, ist nicht in Worte zu fassen und war bestimmt einer der schönsten Mutter-Sohn-Urlaube, die man sich nur vorstellen kann. Mit ganz vielen kleinen und auch größeren Abenteuern: Fähre fahren, Linksverkehr, die schönsten Filmdrehplätze in Cornwall besichtigen, in der untergehenden Sonne alleine staunend vor Stonehenge stehen, Brombeer-Tattoos auf beide Seiten des Wohnmobils zaubern, SUV-Fahrerinnen zwei Meilen rückwärts durch kleine Sträßchen scheuchen, Gallenkolik auf dem Golden Cap mit Blick auf den Ärmelkanal bekommen, Notting Hill, ein Asiate, der mir in Chinatown meinen Hund abkaufen will, und unzählige freundliche Engländer sowie tolle Gespräche.
3. *Zehn Jahre:* Ja, ich weiß. Das wird noch eine Weile dauern, bis es so weit ist und ich den Realvergleich herstellen kann. Bereits

heute steht jedoch fest, dass es aus rein historischer Sicht kaum jemals zu toppen sein wird: Wer kann schon von sich sagen, dass er genau in dem Moment, als die Nachricht des Todes von Queen Elizabeth öffentlich wurde, direkt vor den Toren des Buckingham Palace stand und seinem Sohn die Bedeutung des Union Flag erklärt hat?

Wer vor einer Entscheidung steht, der wünscht sich Klarheit und – wenn möglich – eine einfache Lösung. Viele Menschen sind auf der Suche nach einem Rezept: Mach es so, dann klappt es auch mit dem selbstbestimmten Leben. Das kann ich dir leider nicht bieten. Jede Entscheidung ist mit einem Risiko und mit Unsicherheit verbunden. Und Vorhersagen fühlen sich ein wenig nach dem Blick in die Glaskugel an. Unentschlossenheit ist leider eines der größten Hemmnisse, wenn es darum geht, seinen eigenen Weg zu gehen. Deinem Leben wieder mehr Selbstbestimmtheit zurückzugeben, bedeutet jedoch nichts anderes, als Entscheidungen zu treffen. Tag für Tag. Woche für Woche. Jahr für Jahr. Es gibt lediglich eine einzige Entscheidung, die uns wirklich abgenommen wird, und die darf auf dem Meterstab noch lange auf sich warten.

Wie gesagt: Glücklich zu sein, ist unsere bewusste Entscheidung und passiert im Hier und Jetzt. »Happiness-is-the-best-Make-up«-Mützen können dabei keinen Zauber bewirken, sie können aber für Magie sorgen, indem sie uns ein großartiger Erinnerungsanker im Alltag sind. So lange, bis es uns in Fleisch und Blut übergegangen ist und es irgendwann mal Zeit für eine neue Mütze wird.

KEINE QUAL BEI DER WAHL

Verändern oder alles belassen? Soll ich, oder soll ich nicht? Ja oder nein? Links oder rechts? Dies oder das? Wir neigen dazu, vieles in Gegensätzen zu sehen. Leider ist es auch bei Entscheidungen häufig so, dass wir scheinbar in einem Dilemma zwischen zwei Möglichkeiten feststecken und es sich wie eine Zwickmühle anfühlt. Ein inneres Hin und Her zwischen zwei Optionen. Die Entscheidung für das eine würde zeitgleich eine Entscheidung gegen das andere bedeuten. Und freilich auch umgekehrt.

Mal angenommen, du hast zwei »Teelöffel« für dich formuliert und musst dich nun entscheiden. Beide Optionen sind für dich trotz intensiven Dialogs von Verstand und Bauch gleich verlockend. Was ist, wenn du dich falsch entscheidest und sich im Nachhinein der andere Teelöffel doch als die bessere Wahl herausstellen würde? Ein echtes Dilemma, oder? Eine hilfreiche Methode für die Lösung solcher Situationen ist das sogenannte Tetralemma nach Matthias Varga von Kibéd und Insa Sparrer.[29] Keine Methode bietet meines Erachtens eine bessere Unterstützung, wenn es darum geht, eine Entscheidungsblockade zu lösen. Du wirst überrascht sein, denn anders, als der Name es vermuten lässt, geht das Tetralemma nicht nur von vier (gr. *tetr[a]-* zu *téttares* [vier]), sondern sogar von fünf Optionen aus:

1. *Die erste und zweite Option: »das eine – das andere«.* Hierbei handelt es sich um deine Kernalternativen, zwischen denen du dich nicht entscheiden kannst.
2. *Die dritte Option: »beides«.* Diese Möglichkeit zieht in Betracht, dass es kein »Entweder-oder«, sondern ein »Sowohl-als-auch« gibt und somit beides möglich ist.
3. *Die vierte Option: »keins von beiden«.* Wäre doch spannend,

wenn es tatsächlich noch etwas gäbe, das ebenfalls eine echte Alternative zu den Kernalternativen darstellen würde, oder?

4. *Die fünfte Option: »dies nicht und auch das nicht«.* Das sind Möglichkeiten, über die du vielleicht noch gar nicht nachgedacht hast. Bei dieser Option ist alles möglich, es handelt sich um eine Art »Joker«.

Das Tetralemma zählt ebenfalls zu den Perspektivwechsel-Methoden und ist hervorragend zum Selbst-Coaching geeignet. Es ist einfach und schnell anzuwenden, und im Normalfall hältst du danach die für dich richtige Entscheidung in Händen.

DU BIST DRAN

PROBIER'S EINFACH MAL AUS … »DAS TETRALEMMA«

Der Anschaulichkeit halber beschreibe ich diese Methode anhand meiner eigenen Dilemmasituation: Wohnmobilurlaub in England oder in Norwegen? Für beide Optionen hatte ich bereits entsprechende Reiseführer bei mir zu Hause.

Zeit:	**20 bis 30 Minuten**
Schwierigkeit:	★★★☆☆
Material:	**Ausreichend Raum**
	5 Blätter und 1 Stift

Modifikation: Wenn möglich, lass dich in dieser Übung von einer Freundin begleiten. Selbstverständlich kannst du das Tetralemma aber auch allein durchführen.

Vorgehen:

Bereite dich vor, geh dann Schritt für Schritt durch die Übung, und werte anschließend deine Aussagen aus.

Vorbereitung

- ✓ Bereite die fünf Blätter vor. Schreib deine zwei Möglichkeiten kurz und bündig jeweils auf ein Blatt. Bei mir stand auf dem einen »Das eine (England)« und auf dem anderen »Das andere (Norwegen)«. Auf das dritte Blatt schreibst du »Beides«, auf das vierte »Keins von beiden«, und das letzte Blatt beschriftest du mit »Dies nicht und auch das nicht«.
- ✓ Leg als Nächstes die Blätter über Kreuz in einer Entfernung von etwa 1,5 Metern zueinander auf den Boden. Sie werden dir gleich als Bodenanker dienen. Das Blatt mit »Das eine (England)« liegt gegenüber vom Blatt mit der Beschriftung »Das andere (Norwegen)« und das Blatt mit »Beides« gegenüber von »Keins von beiden«. Das fünfte Blatt mit »Dies nicht und auch das nicht« legst du in einer Entfernung von etwa 1 Meter außerhalb des Kreuzes.

Schritt 1: Das eine – das andere

Stell dich zuerst auf das Blatt mit »Das eine« (England), und stell dir vor, du triffst die Entscheidung hierfür und das Ereignis ist nun eingetreten. Lass dir Zeit, und spüre in dich hinein. Wie fühlt es sich für dich an? Welche Gedanken tauchen auf? Was spricht für diese Option? Welche Nachteile hätte sie?

Stell dich anschließend auf das Blatt mit »Das andere« (Norwegen). Aber *Achtung:* Geh nicht durch das Kreuz, sondern außen herum, um den Platz einzunehmen. Stell dir nun vor, du triffst die Entscheidung hierfür und das Ereignis ist eingetreten. Lass dir Zeit, und spüre in dich hinein. Wie fühlt es sich für dich an? Welche Gedanken tauchen auf? Was spricht für diese Option? Welche Nachteile hätte sie?

Schritt 2: Beides

Geh als Nächstes zur Position »Beides«, und spüre in dich hinein. Wie fühlt sich das an? Wie könnte es funktionieren?

Schritt 3: Keins von beiden

Geh dann zur Position »Keins von beiden«. Denk daran, dass du außen herumgehst und nicht durch das Kreuz läufst. Lass dir Zeit, und spüre in dich hinein. Wie fühlt sich das an? Welche Gedanken kommen hoch? Zeigt sich eine Idee?

Schritt 4: Dies nicht und auch das nicht

Geh anschließend aus den Dimensionen des Kreuzes heraus, und nimm die Position »Dies nicht und auch das nicht« ein. Betrachte das Kreuz nun in aller Ruhe von außen, und sag dir: »Dies nicht und auch das nicht – was immer es ist, alles ist möglich!« Lass dir Zeit, und spüre in dich hinein. Wie fühlt sich das an? Welche Gedanken formulieren sich in dir?

Auswertung:

Schreib gerne in Listen mit Spiegelstrichen in dein Journal, was du wahrgenommen hast. Welche Position fühlte sich am positivsten an? Das ist dann die Option, für die du dich entscheiden solltest. Falls du immer noch unsicher bist, nutze für dieses Gefühl die »Utilisation der Gefühle« (siehe den Abschnitt »Nutze deine Gefühle« in Kapitel 3): Was will es dir sagen?

DEIN GANZ PERSÖNLICHER PLAN VOM GLÜCK

In meiner Schulzeit stand ich auf Kriegsfuß mit den Werken des deutschen Dramatikers, Librettisten und Lyrikers Bertolt Brecht. Ehrlich gesagt, empfand ich seine Werke, die wir als Pflichtlektüre lesen mussten, als echte Zumutung für junge Menschen. Damals verstand ich ihn einfach nicht, heute dafür umso besser. Brecht war Mitbegründer des sogenannten epischen Theaters – einer Theaterform, bei der das Publikum bewusst Abstand zum Geschehen auf der Bühne halten soll. Was für ein fantastischer Perspektivwechsel, der durch das direkte Ansprechen der Zuschauenden in eingeschobenen Kommentaren und manchmal auch Liedern erfolgte.

Wahrscheinlich grenzt es nun wirklich an Hochstapelei, mich mit Brecht zu vergleichen, aber eine ganz ähnliche Ansprache und Haltung hast du in diesem Buch bisher auch erlebt. Durch meine Reflexionsfragen, meine Übungen und den stetigen Perspektivwechsel versuche ich nur eines: deine Art, zu denken und zu handeln, aufzulockern, um dir einen neuen Blick auf dich zu schenken, darauf, was in dir steckt und wie du dein Leben zukünftig gestalten möchtest. Zu Brechts bekanntesten Werken zählt die *Dreigroschenoper.* Meine Lieblingsstelle kommt im *Lied von der Unzulänglichkeit menschlichen Strebens vor*, in dem Brecht amüsant daran erinnert, dass man seine Pläne nicht zu ernst nehmen sollte. Meines Erachtens gibt dieses Lied eine großartige innere Haltung wieder und ist zudem eine herzliche Einladung an »Frau Gelassenheit«, dich auf deinem weiteren Weg zu begleiten und die Angst vor dem Scheitern – wann immer sie sich zeigt – einfach mal so mit einer Handbewegung für dich zur Seite zu schieben.

Allein schon das Schmieden von Plänen macht glücklich und erhöht zeitgleich die Wahrscheinlichkeit, erfolgreich zu sein. Über

70 Prozent derjenigen, die Pläne für ihre Zielerreichung schreiben, sollen diese auch erreichen. Dabei liegt der Charme in der Einfachheit eines Plans und braucht auch nicht viel Energie. Denk an die Erbse der Prinzessin, und gib für das Erstellen deines Plans »volle 1 Prozent« – diese dann aber mit Lust und Leidenschaft und aus ganzem Herzen.

Die »schnelle Macherin« in dir hat lange genug gewartet und braucht keinen Plan. Sie hat inzwischen eh alle wichtigen Wegepunkte im Kopf und weiß, worauf es für sie ankommt. Die »planvolle Umsetzerin« schmiedet ihren ganz persönlichen Plan vom Glück, aber nur in dem Sinne, dass sie das Wesentliche nochmals für sich zusammenfasst und dann ins Tun kommt. Und die »Perfektionistin«? Die darf weiterhin auf der Strafbank bleiben. Um glücklich zu sein, braucht es keine Excel-Tabelle.

BIERDECKELPLÄNE SIND FÜR MÄNNER. FRAUEN MÖGEN ES MIT STIL

Die Gestaltung deines weiteren Weges hin zu einem selbstbestimmten Leben ist also ein Prozess. Er besteht einerseits aus dem Leben selbst und andererseits aus vielen kleinen Plänchen für deine ganz persönlichen Glücksmomente. Falls du also eine Vorstellung in dir hattest, von »dem einen großen Plan«, dann löse dich getrost von dieser. Meines Erachtens genügt ein innerliches Zielbild wie das von der Timeline-Übung, unterstützt von einzelnen Wegepunkten, sprich eine Art Leitplankenplan.

Im Jahr 2003 sorgte ein ganz profaner Bierdeckel für Aufsehen: Die Steuererklärung solle einem Politiker zufolge auf einen Pappdeckel von standardmäßig 107 Millimetern Durchmesser oder 93 Millimetern Breite passen. Auch wenn daraus nichts wurde, so ist die Idee dahinter eine wirklich gute: Bring in aller Kürze auf den Punkt, um was es geht und auf was es dir ankommt. Das kompakte Format zwingt dich dazu, dich zu entscheiden, worauf du Wert legst und du deinen Fokus legen willst.

Zwar trinke ich durchaus gerne mal ein Bierchen – besser gesagt ein Radler –, aber einen Bierdeckel würde ich mir dann nun doch nicht als Erinnerungsanker für meinen persönlichen Glücksplan an die Wand hängen. Das dürfen gerne Männer tun, ich hingegen schreibe sie lieber in mein Journal und suche mir dann Symbole wie zum Beispiel die Holzscheibe mit den Jahresringen für dieses Buch als tägliche Erinnerung, mich und meine eigenen Bedürfnisse in aller Klarheit im Blick zu haben.

DU BIST DRAN

PROBIER'S EINFACH MAL AUS … »DEIN PLAN VOM GLÜCK IN 4 × 15 MINUTEN«

Eine gute Möglichkeit, einen Plan für ganz konkrete Vorhaben wie zum Beispiel das meines Wohnmobilurlaubs in England aufs Papier zu bringen, ist die 4×15-Minuten-Methode. Schreib an vier aufeinanderfolgenden Tagen jeweils in fünfzehn Minuten auf, was es zur Umsetzung deines Vorhabens alles braucht.

Zeit:	**An 4 aufeinanderfolgenden Tagen jeweils 15 Minuten** **Plus 5 Minuten am 5. Tag**
Schwierigkeit:	★☆☆☆☆
Material:	**1 Timer, dein Journal und 1 Stift** **1 Bierdeckel oder etwas, das dir gefällt**

Modifikation: Such dir gerne zusätzlich zu deinem schriftlichen Plan ein Symbol, das für dein Vorhaben steht.

Vorgehen:

✓ Plane dir deine Zeitfenster ein, sodass du an vier aufeinanderfolgenden Tagen auch wirklich fünfzehn Minuten und am fünften Tag fünf Minuten Zeit hast.

✓ Stell den Timer auf fünfzehn Minuten, und schreib alles auf, was dir bezüglich der Planung, Umsetzung und Erreichung deiner Ziele einfällt. Scanne gerne auch noch mal das, was du dir schon alles durch die vorhergehenden Übungen und Reflexionsfragen erarbeitet hast. Nachfolgend zur Erinnerung:

   1. Was ist dein Vorhaben (Ziel)?
   2. Was ist der zeitliche Rahmen? Und wenn nicht jetzt, wann dann?
   3. Welches sind die großen Steine, mit denen du dein Leben gestalten willst?
   4. Wie steht es um deine Ressourcen?
   5. Für was entscheidest du dich in der Vielfalt der Ideen?

✓ Am fünften Tag scannst du nur noch deine Aufschriften der vier Tage und bringst dann die Kernaussagen in Spiegelstrichen auf einen kleinen Pappdeckel: Mein Vorhaben/Meine Ressourcen/Wer oder was unterstützt?/Wann?

Anstelle eines Pappdeckels verwende ich eine elegante schwarze Moderationskarte und schreibe mit einem ebensolch eleganten silbernen Stift. Auch du kannst statt eines Bierdeckels gerne das für dich passende Schreibmaterial verwenden.

MACH DEN PLAN ZUR NEBENSACHE UND VERTRAU AUF DICH!

Ja, Pläne schaffen eine Verbindlichkeit und unterstützen uns durchaus darin, unser Ziel nicht aus den Augen zu verlieren. Aber kein Plan überlebt den Kontakt mit der Realität. Wir unterliegen nur der Illusion, dass wir durch sie alles unter Kontrolle haben. Haben wir aber nicht. Was dazwischenkommt, das nennt sich »Leben«. Aus diesem Grund empfehle ich dir, deinen Plan nicht zur Haupt-, sondern nur zur Nebensache zu machen. Du kannst dich mit ihm vorbereiten und dich auch an ihm entlanghangeln. Wichtiger aber ist dein Blick auf dich, denn du bist der wichtigste Bestandteil des Plans. Ich hatte es ja schon geschrieben: Alles, was du brauchst, ist bereits in dir. Also werde dir deiner selbst bewusst – mit alledem, was an Großartigem in dir steckt.

Der Unterschied zwischen Selbstbewusstsein, Selbstvertrauen und Selbstwirksamkeit ist übrigens ein kleiner, wenn auch feiner. Im umgangssprachlichen Gebrauch wird »Selbstbewusstsein« häufig gleichgesetzt mit der Art und Weise, wie jemand auftritt. Wir Psychologen verstehen unter dem Begriff eher ein Wissen über die gegenwärtigen eigenen Fähigkeiten, Stärken, Schwächen, Eigenschaften und auch Werte. Dieses entsteht durch Beobachtung und Reflexion der eigenen Persönlichkeit. Selbstbewusstsein im Sinne von »sich seiner selbst bewusst zu sein« richtet seinen Blick auf das Hier und Jetzt, auf die Gegenwart. Viele meiner Fragen und auch der Ressourcencheck mit den Energietöpfchen folgten der Intention, dass du dir dessen bewusst wirst, was Tolles in dir steckt.

Selbstvertrauen hingegen lenkt deinen Blick auf die Zukunft und die Zuversicht, diese nach deinen Wünschen und Vorstellungen gut zu gestalten und dir selbst darin zu vertrauen, dass du es kannst. Selbstvertrauen ist also dein persönlicher Glaube an dich, deine eigenen Stärken und Fähigkeiten, auch mit Unvorhergesehenem gut umgehen zu können. Aus dem Selbstvertrauen erwächst wiederum die Selbstwirksamkeit – nämlich immer dann, wenn du »Erfolge« erlebst. Die Frage bei der Timeline-Übung, wie du wichtige Situationen in deiner Vergangenheit gemeistert hast, zahlt sowohl auf dein Selbstvertrauens- als auch auf dein Selbstwirksamkeitskonto ein: Wenn du es einmal geschafft hast, dann packst du es immer wieder. Vielleicht hast du die Situation damals nicht perfekt gemeistert, aber darum geht es ja auch gar nicht. Perfektion schafft wirklich nur Aggression, und diese kann sich in einem stummen Schrei gegen dich selbst richten und dich sabotieren. Selbstvertrauen zu gewinnen, bedeutet daher, dich von deinen hohen inneren Ansprüchen, Einschränkungen und Hemmnissen zu lösen, deine Komfortzone zu verlassen und die damit verbundenen Ängste abzulegen. Jeden Tag aufs Neue. Im Kleinen, für das Große.

Du kannst Selbstvertrauen also dadurch aufbauen, dass du Neues wagst und dir erlaubst, Fehler zu machen und auch zu scheitern. Schiefgehen kann immer etwas, und sei es nur, wenn die Straße ein kleines bisschen zu eng für dein Wohnmobil ist. Für die Brücke zum Parkplatz an den Dünen vom Golden Cap hat es hingegen großzügig gereicht! Links und rechts waren immerhin noch jeweils 1 Zentimeter Platz zwischen den Rädern und der Brückenbegrenzung. Was will das Herzlein mehr? Es darf ruhig kurz in die Hose rutschen, um nach vollbrachter Tat wiederaufzutauchen und sich selbstbewusst ein Lächeln zu schenken.

Was auf der Brücke übrigens geholfen hat, war der Blick geradeaus. Schon in der Fahrschule lernt man: Die Blickrichtung führt deine Bewegung. Das gilt meines Erachtens nicht nur fürs Autofahren, sondern auch für deine Lebensgestaltung. Und wenn mal gar nichts mehr gehen sollte, dann hilft nur noch eines: herzhaft über dich selbst zu lachen! Ob bei Barbra Streisand oder bei einem nicht mehr enden wollenden »Krscht«-Geräusch von Brombeerhecken an deinem gemieteten Wohnmobil – Lachen hilft. Vergiss aber nicht, dir ein Fotoalbum deiner ganz persönlichen Glücksmomente anzufertigen – auch sie zahlen auf dein Selbstvertrauenskonto ein. Feiere den Moment für alle zukünftigen Momente!

NIMM DEIN LEBEN IN DIE HAND. WAGE DIE VERÄNDERUNG

Viele Menschen bewundern mich für meine Geduld. Inzwischen kennst du ja mein Pokerface, denn genau diese »Geduld« ist es, die mir am meisten abverlangt. Als »schnelle Macherin« muss ich mich häufig zurückhalten, wenn mein Coachee zögert und hadert – obwohl eigentlich alles klar zu sein scheint, die Entscheidung längst hätte gefällt und sogar schon umgesetzt werden können. Im Sinne der »Utilisation der Gefühle« thematisiere ich dann mein eigenes Gefühl der »Ungeduld« und frage meinen Coachee, ob er/sie das kennt, dass Menschen mit ihm/ihr ungeduldig sind. Manchmal liegt es ja an einer inneren Zerrissenheit – dann hilft die Tetralemma-Übung. Manchmal fehlt aber einfach nur ein Quäntchen Mut. In diesem Fall kann ich gut beobachten, dass – obwohl eigentlich der Schritt nach vorne der einzig logische und emotional richtige wäre – die Bewegung genau in die entgegengesetzte Richtung geht. Nach hinten. Als ob eine unsichtbare Hand meinen Coachee an den Schultern fassen und sanft zurückziehen würde.

Wenn du magst, dann gib in der Suchmaschine mal bitte die Wörter »Dare Change YouTube« ein.[30] Du wirst als Ergebnis einen etwa einminütigen Film erhalten, der mich bis heute zutiefst beeindruckt und fast alle meine Coachees in Bewegung gebracht hat. Der Film zeigt verschiedene Frauen, die jeweils in einer ganz eigenen Situation vor einem bedeutsamen Abschnitt in ihrem Leben stehen. Es ist der Moment, in dem sie eigentlich mutig auf sich selbst und ihre Fähigkeiten vertrauen müssten. Alle verspüren den Impuls, nach vorne zu gehen, werden dann aber von einer unsichtbaren Kraft zurückgezogen. Ab einem bestimmten Punkt überwinden sie jedoch ihr Zögern, werfen mutig ihr Herz voran und gehen nach vorne, stolz und souverän, und spüren mit jedem Schritt vorwärts ihre Selbstwirksamkeit.

Eine der Frauen hat eine wirklich gefährliche Situation zu meistern. Sie steht im Wald einer Wölfin gegenüber. Ein Zurückweichen ist eigentlich logisch, nachvollziehbar und auch zutiefst menschlich, aber angesichts des wilden Tieres zugleich vollkommen aussichtslos. Auch sie überwindet ihre Angst und läuft – wobei sie ihre gesamte Energie aufwendet – mutig und entschlossen auf die Wölfin zu. Diese setzt sich ebenfalls in Bewegung: Ein Zusammenstoß scheint nicht mehr abwendbar. Und dann, gerade wenn du denkst, dass die Wölfin und die Frau aufeinanderprallen, löst sich das Tier in nichts auf. Was bleibt, ist ein leichter Nebel, der sich jedoch im Bruchteil einer Sekunde verzieht.

Jede von uns kennt solche Situationen, in denen wir uns im Vorfeld das Schlimmste ausgemalt haben und nichts – aber auch rein gar nichts – von alledem eintraf.

Der Kurzfilm entstand übrigens im Auftrag eines Einzelhandelsunternehmens in Peru. Das Management hatte bemerkt, dass sich über die Jahre die Bedürfnisse der Kundinnen verändert hatten, und wagte daraufhin selbst einen kompletten Imagewandel samt neuer Produktpalette. Leitmotiv der Kampagne: Dare Change – Wage die Veränderung! Die Botschaft für die Kundinnen: »Um dein Leben zu verbessern, gehe in deine ureigene Verantwortung, und nimm dein Leben selbstbestimmt in die Hand.«

In meinen Coachings sehe ich mir diesen Film gemeinsam mit meinen Coachees an und schaue ihnen danach durchaus etwas provokant in die Augen: »Dein Leben? Also ganz klar: deine Verantwortung!« Keine Frage, sondern eine klare Ansage.

DEIN LEBEN? DEINE VERANTWORTUNG!

Wann ich damit begonnen habe, mir die Frage zu stellen, was wir Frauen brauchen, um uns wieder mehr nach uns und unseren Bedürfnissen auszurichten, kann ich so genau gar nicht mehr sagen. Ich denke jedoch, dass es der Fluss der Selbstverständlichkeit ist und die Tatsache, dass wir Dinge auch gerne für andere tun und es vielen von uns gar nicht auffällt, wenn wir unsere Bedürfnisse zurückstellen.

In meiner eigenen Biografie gibt es einen Punkt, dem ich in aller Klarheit zuschreiben kann, dass ich mich gefragt habe: »Was mache ich denn jetzt mit all meiner freien Zeit, die mir plötzlich zur Verfügung steht?« Ich saß an der Seepromenade in Konstanz auf einer Parkbank. Dort, wo der Rhein sich sichtbar vom Becken des Bodensees verabschiedet und wieder seinen eigenen Weg findet. Strahlend blauer Himmel, Schnee auf den Bergen des Alpenpanoramas der Schweiz und Österreichs. Und ich. Alleine auf einer Parkbank unter einer Platane, die noch keine Blätter hatte. Sinnbildlicher hätte es für meine damalige Situation nicht sein können. Die Trennung von meinem Mann war keine vier Wochen her, und ich war das allererste Wochenende seit Gedenken alleine unterwegs. Mein Sohn war bei meinem Mann. Und ich? Freilich hätte ich das Haus putzen können. Ist ja durchaus praktisch, wenn keiner da ist. Aber ich habe das Haus Haus sein lassen und bin nach Konstanz gefahren.

Wie der Rhein sich vom Bodensee, so hatte ich mich aus meiner Ehe gelöst und ging nun meinen eigenen Weg. Im Hintergrund lockte all das, was ich in Zukunft in voller Selbstbestimmung für mich würde entscheiden können. Ein fantastisches und sehr verlockendes Panorama, ohne die Details zu kennen. Wie die Blätter der Platane durfte auch bei mir alles nach und nach wachsen.

In all dieser Glorie drängte sich mir aber eine Frage immer wieder auf: »Warum habe ich so einen Ausflug eigentlich nicht schon früher mal gemacht?« Hätte ich ja durchaus tun können. Mein Mann hätte mir das ganz bestimmt gerne ermöglicht. Da bin ich mir sicher. Es lag also in meiner Verantwortung, den Fluss der Selbstverständlichkeit für eine schöne Ich-Zeit zu verlassen, um später voller guter Impulse wieder in ihm weiterzuschwimmen. Da gab es sicherlich unzählige verpasste Möglichkeiten, die ich hätte für mich gestalten können. Habe ich aber nicht. Und es ist auch müßig, darüber nachzudenken. Fakt ist: Ich bin nicht in die Verantwortung für mich hineingegangen. Und das, obwohl ich mich lange mit dem Konzept der Verantwortung auseinandergesetzt hatte. Da war er wieder – der Schuster und seine schlechten Schuhe oder die Psychologin und ihre eigenen Entwicklungsthemen.

In einem Experiment wollte ich vor einiger Zeit herausfinden, wie Menschen reagieren, wenn ich ihnen die Verantwortung übergebe. Dafür engagierte ich sogar ein eigenes Filmteam, welches das Experiment dokumentieren sollte.[31] In der Anfangsszene kannst du mich sehen, wie ich eine große und eine kleine Papiertüte mit dem Wort »Verantwortung« beschrifte und mich dann auf den Weg in ein Einkaufszentrum mache, um dort den Menschen symbolisch die Verantwortung zu übergeben.

Was mich während des Drehs sehr überraschte, war, dass alle Frauen die große Verantwortungstüte haben wollten. Ausnahmslos. »Ich übernehme gerne Verantwortung.« Die Männer hingegen gingen sehr differenziert vor. Entweder winkten sie schon von Weitem ab und verwiesen auf ihre Frau. Oder sie wägten ab und entschieden sich dennoch für die kleine Tüte. Nur ein einziger Mann übernahm die große Verantwortung. Er war Geschäftsführer eines Unternehmens.

Aus heutiger Sicht darf ich durchaus selbstkritisch feststellen, dass ich eine wesentliche Nachfrage bei den Frauen vergessen hatte: »Verrate mir, wie du deiner Eigenverantwortung nachkommst, sodass auch deine Wünsche und Bedürfnisse nicht zu kurz kommen?« Ich bin mir ziemlich sicher, dass ich viele verdutzte Gesichter gesehen hätte.

Wenn man die Komplexität des Verantwortungskonzepts in einen Satz bringen muss, dann bleibt eine relativ einfache Trias übrig: Jemand (eine Person) ist für jemanden (eine Person oder einen Bereich) vor jemandem (einer höheren Instanz) verantwortlich. Würde übersetzt bedeuten: Du bist (auch) für dich verantwortlich. Die höhere Instanz wäre dann dein eigenes Ich in der Zukunft, das sich nun folgende Frage stellen dürfte: »Was nicht getan zu haben würde ich bereuen, wenn ich wüsste, dass morgen mein letzter Tag wäre?«

Müsste ich meinem Spiegelbild auf diese Frage antworten, so kann ich reinen Herzens sagen: »Den unterlassenen Hausputz würde ich definitiv nicht bereuen. Bereuen würde ich vermutlich, wenn ich diesen Tag in Konstanz und den wunderschönen Moment der Freiheit in meinem Herzen nicht für mich eingefangen hätte.« Aber ich hab ihn! Sogar als Foto! Weißt du übrigens, was das Beste an alledem ist? Mein Haus kann sich überhaupt nicht daran erinnern, dass ich damals nicht geputzt und stattdessen meinen eigenen Bedürfnissen und Sehnsüchten gefrönt habe …

DER HÜTER DER SCHWELLE. VON DER ÜBERWINDUNG KOSTEN

Gewiss ist mein Verantwortungsexperiment alles andere als repräsentativ, aber es ist ein wirklich guter Aufhänger, um mit Frauen darüber ins Gespräch zu kommen, was sie bräuchten, um sich wieder vermehrt den eigenen Wünschen und Bedürfnissen zuzuwenden. Fast alle berichten mir, sie hätten das Gefühl, dass sie wie bei den Frauen im Kurzfilm Dare Change irgendwer oder irgendwas Unsichtbares zurückhält. Es sind die typischen Ängste beim Verlassen der Komfortzone, die sich in diesem Unsichtbaren widerspiegeln: die Angst vor dem Scheitern, die Angst vor der Anstrengung oder die Angst vor der Ablehnung.

Wie du mit all diesen Ängsten umgehen kannst, dazu habe ich dir in Kapitel 6 gute Tipps gegeben. Für das Ausprobieren dieser guten Hinweise bist du jedoch selbst verantwortlich. Lass uns aber trotzdem diesem Unsichtbaren mal ein Gesicht geben. Dann wird es für dich vielleicht ein bisschen klarer, mit welch furchtbarer Gestalt du es da zu tun hast. Wie sieht er aus, derjenige, der so viel Macht über dich hat, dass du zögern könntest? Ich habe ihm einen Namen gegeben: der *Fiesling*. Und sogar noch mehr: Ich habe ihn als kleine Puppenfigur anfertigen lassen, damit ich ihn immer dann, wenn er sich zeigt, zur Seite schieben kann: den Hüter der Schwelle. Denjenigen, der dafür sorgt, dass ich meine Komfortzone nicht verlasse und mich außerdem oft zugunsten von anderen zurücknehme, statt zu sagen: »Sorry, aber jetzt bin ich mal dran!«

Fünfzig Zentimeter groß, sieht er aus wie ein Geschöpf aus den Achtzigerjahren: blond gefärbte Haare, Vokuhila-Frisur und eine grüne Jacke mit Schulterpolstern. Könnte Limahl sein. Du weißt schon, der, der *Never Ending Story* gesungen hat. Bis heute mag ich dieses Lied, und ich liebe auch das Buch *Die unendliche Geschichte* von Michael Ende nach wie vor heiß und innig. Aber irgendwann ist es Zeit, einen Punkt zu machen und zu sagen: »Jede gute Geschichte hat auch mal ein Ende. Damit eine neue beginnen kann.«

Den Hüter der Schwelle zur Seite zu schieben, hilft mir, mich in aller Klarheit für mich zu entscheiden. Das hat übrigens nichts mit Egoismus zu tun. Sondern mit Selbstfürsorge. Und dieser wiederum entspringt die Kraft für alles andere. Es ist bekanntlich der erste Schritt, der die meiste Energie kostet. Mit einem Augenzwinkern nenne ich das gerne »die Überwindungskosten«. Nicht aufgrund der notwendigen Energie, sondern weil du dann von all den wunderschönen Dingen kosten kannst, die dich erwarten, wenn du dich überwindest. Die Glücksforschung nennt es übrigens »Glück der Selbstüberwindung«, anders ausgedrückt: »Mutsteht-dir-gut-Glück«.

UNSERE FAMILIE. EIN BESONDERER HÜTER DER SCHWELLE

Vielleicht hast du dich ja schon gefragt, wo denn nun das Kapitel mit dem Umgang mit der Familie bleibt. Es gibt den sogenannten Endankereffekt. An das, was als Letztes geschrieben wird, erinnert man sich besser. In den meisten Büchern findest du ein eigenes Kapitel vom Umgang mit der Herkunftsfamilie in Veränderungsprozessen – mindestens eines, wenn nicht sogar das ganze Buch davon handelt. Ich glaube, uns allen ist bewusst, dass wir durch unsere

Familie und andere enge Bezugspersonen unsere größte Prägung erfahren haben. Ausnahmen würden die Regel bestätigen.

In zahlreichen Büchern findest du gute Ausführungen, wie familiäre Glaubenssätze unsere Persönlichkeit formen. Glaubenssätze, das sind wie gesagt innere Überzeugungen und Annahmen über uns selbst, zu unserem Umfeld und zu unserer Umwelt. Es sind Gedanken wie »Ich muss Leistung bringen, um die Anerkennung meiner Eltern zu bekommen«, »Erst die Arbeit, dann das Vergnügen«, »Ein Urlaub darf kosten, aber nicht zu viel, und er darf außerdem nicht länger als zwei Wochen dauern!« oder »In einem Wohnwagen machen wir keinen Urlaub«. Die Liste solcher inneren Sätze ist gefühlt unendlich lang; und auch wenn ich mich schon vor langer Zeit auf den Weg zu mir gemacht habe, so entdecke ich immer wieder einen neuen.

Glaubenssätze lenken und beeinflussen uns maßgeblich darin, wie wir unsere Umwelt wahrnehmen, interpretieren und darauf reagieren. Sie können durch Überzeugungen entstanden sein, die es innerhalb unserer Familie gibt, aber auch durch prägende Erfahrungen in unserer Kindheit oder Sätze, die ihre Wirkung zeigten und es in sich hatten. Und nach wie vor noch in sich haben.

Negative Glaubenssätze behindern uns. Sie grenzen uns ein, bremsen uns aus und halten uns klein. Sie nehmen uns den Mut, die Zuversicht und den Willen, Neues zu entdecken und selbstbestimmt unseren Weg zu gehen. Und manchmal sorgen sie auch dafür, dass wir der Bequemlichkeit den Vorzug geben und unser Dasein als Couchpotato fristen, statt den Aufbruch und erfrischend neue Schritte zu wagen. Positive Glaubenssätze hingegen fordern und fördern uns. Sie machen uns Mut, stärken unser Selbstvertrauen und lassen uns an uns selbst wachsen. Kurz gesagt, bieten sie uns Möglichkeiten, uns frei in dieser Welt zu bewegen und sie so zu gestalten, wie wir uns in ihr wohlfühlen und glücklich sind. Neue positive Glaubenssätze entstehen, indem wir uns Selbstvertrauen schenken, unsere Komfortzone verlassen und auf diesen neuen Wegen mit all unseren Sinnen erleben, was alles Tolles in uns steckt.

Du hast dich in diesem Buch von allen Seiten mit dir selbst befasst und mit dem, was du möchtest und wie es dir gelingen kann. Rufe dir an dieser Stelle nochmals in Erinnerung, was ich dir ans Herz gelegt habe, auf was du achten solltest, wenn du die Rolle als dein eigener Coach einnimmst. Die wesentlichen Aspekte waren:

1. Die Frage nach der Schuld stellt sich nicht. Das eine beeinflusst das andere und das andere das eine. Und das Ganze ist wiederum mehr als die Summe seiner Teile. Wenn du deinen Eltern im Geheimen oder auch offen die Schuld für irgendetwas in deinem Leben geben möchtest, dann pack deine Vorwürfe symbolisch in einen Karton, und stell diesen in dein Seelenregal.
2. Fokussiere dich auf die Lösung und deine Zukunft, denn das Problem ist nur ein Zwischenschritt. In diesem Sinne rate ich dir, alles, was deine Familie dir Positives mitgegeben hat, wertzuschätzen und mit in deine Zukunft zu nehmen. Und das, was dir Hemmendes mitgegeben wurde, legst du in den Karton zu den Vorwürfen und machst diesen gut zu. Räume den Inhalten keine weitere Macht mehr in deinem Leben ein. Es kann sein, dass der Karton sich hin und wieder meldet und etwas von dir will. Hör's dir zumindest an, und dann entscheide, wie du damit umgehen möchtest. Vielleicht hast du ja auch mal eine Frage an die Inhalte des Kartons. Feel free! Wer sucht, wird Antworten finden. Vielleicht an einem ganz anderen Ort, als du vermutest. Vielleicht in der Kindheit deiner Eltern.

EINE KURZE ZEITREISE ZUR KINDHEIT DEINER ELTERN

Ich würde dich jetzt gerne noch einmal an die Hand nehmen und mit dir eine allerletzte Zeitreise machen. Zurück in die Vergangenheit. In eine Zeit vor unserer Zeit. In die Zeit, als die meisten unserer Eltern geboren wurden oder nur erst wenige Jahre auf der Welt waren. In die furchtbare Zeit des Zweiten Weltkriegs. Erinnerst du dich, dass ich dir noch eine Antwort schuldig bin? In Kapitel 2 hatte ich meinem ersten Lebensfilm den Titel Springerstiefel, Psychologie & schottischer Dudelsack gegeben, Untertitel: Eine lebensfrohe Frau auf der Suche nach … ja, nach was denn eigentlich?, und die folgende rhetorische und noch unbeantwortete Frage gestellt: »Und was glaubst du, welchen Einfluss die Kindheit deiner Eltern auf deine innere Unruhe und Suche hat?«

Das Gefühl, nie wirklich anzukommen, zeigt sich häufig bei Personen, deren Eltern im Zweiten Weltkrieg selbst Kinder und auf der Flucht waren. Das Gefühl, immer etwas leisten und ein latent schlechtes Gewissen haben zu müssen, wenn »man« sich mal was gönnt, auch das zeigt sich häufig bei Menschen, deren Eltern zum Zeitpunkt des Krieges noch Kinder waren.

Wenn du jetzt denkst: »Der Zweite Weltkrieg – das ist doch lange her!«, dann nicke ich dir zu und sage: »Stimmt!« Die Kölner Journalistin Sabine Bode hat jedoch gerade in Bezug auf die Nachkriegskinder das treffende Zitat »Krieg hört nicht auf, wenn die Waffen schweigen«[32] ins Spiel gebracht. Ihr Buch *Die vergessene Generation*[33] hat mir die Augen geöffnet und einen völlig anderen Blick auf meine Eltern geschenkt – einen versöhnlichen Blick, denn sie sind gute Menschen. Liebe Menschen. Sie gehören zur Generation der Kriegskinder; das sind die Personen, deren Kindheit durch den Zweiten Weltkrieg geprägt war. Sie wurden in der Regel zwischen 1928 und 1946 geboren und waren dem Kriegsgeschehen oftmals schutzlos ausgeliefert. Sie waren zu jung für den direkten Fronteinsatz, aber alt genug, um furchtbare Geschehnisse zu erleben. Im Zusammenhang mit Bombardierung, Flucht, Vertreibung, Hunger, Gewalt sowie Verlust von nahestehenden Menschen haben diese Kinder traumatische Erfahrungen gemacht, die sie in den meisten Fällen bis heute nicht verarbeiten konnten. Die Kinder von damals erfuhren in der Regel keine angemessene Anteilnahme und auch keinerlei Begleitung durch erwachsene Bezugspersonen, geschweige denn im Rahmen therapeutischer Hilfe.

Wer jetzt glaubt, dass die Kleinsten der Kleinen ja gar nicht so viel mitbekommen haben können, weil sie damals zu jung waren, der täuscht sich gewaltig. Aus der heutigen Forschung wissen wir: Je jünger, umso schlimmer ist die Traumatisierung. Der Zusammenhang zwischen frühkindlicher Traumatisierung und Verhalten im Erwachsenenleben ist wissenschaftlich bewiesen und auch gut untersucht.[34]

Warum aber wirken Traumafolgen so lange nach? Ganz einfach: Wenn eine Situation als bedrohlich wahrgenommen wird, dann gibt es nur drei Möglichkeiten: erstarren, fliehen oder kämpfen! Für die Kriegskinder damals gab's keine wirkliche Alternative. Sie konnten nicht kämpfen, weil sie zu klein waren. Viele von ihnen waren auf der Flucht, aber selbst vor dieser Flucht konnten sie nicht fliehen. Sie erstarrten innerlich. Was wir heute wissen, ist Folgendes:

1. Ein Drittel dieser Kinder von damals kam relativ unbeschadet durch den Krieg. Sie hatten zwar Verluste, aber sie wuchsen relativ behütet auf.
2. Ein Drittel dieser Kinder wurde schwer traumatisiert.

3. Und ein Drittel dieser Kinder wurde aufs Schwerste traumatisiert. Sie wurden selbst Opfer von massivster Gewalt und Zeugen von Gräueltaten, die unser aller Vorstellungsvermögen übersteigen.[35]

Stell dir nun vor, dass es innerhalb unseres Gehirns eine Art »Gedächtnis für Traumata« gibt. Dort werden traumatische Ereignisse gespeichert. Ein Prozess, der unbewusst abläuft. Wenn du dich jetzt fragst, warum erlebte Traumata überhaupt gespeichert werden, habe ich eine vereinfachte Antwort für dich. Das hat nur eine einzige Funktion, nämlich Menschen frühzeitig davor zu bewahren, neue Bedrohungen zu erleben. Also eigentlich ein sinnvoller Mechanismus. Es gibt Leute, die verarbeiten ihr Trauma derart, dass sie unaufhörlich über das schlimme Geschehnis sprechen und genau deswegen viele Mitmenschen das Erlebnis nicht mehr hören können und auch nicht mehr zuhören wollen.

Sicher erinnerst du dich daran, was ich im Vorwort über uns, unsere kunterbunten Lebensläufe und das Statement einiger unserer Eltern geschrieben habe: »Du hast was? Deine Bedürfnisse zurückgestellt? Schätzchen, *wir* damals! *Wir* haben uns zurückgenommen. Ihr hingegen durftet euer Leben gestalten, wir ihr es wolltet, und es in vollen Zügen genießen!« Eigentlich ist dies die typische Aussage eines Kriegskinds, das sein Trauma verarbeitet, indem es diese Erfahrung permanent als Bezugspunkt benennt.

Und es gibt Menschen, die das erlebte Trauma nicht aushalten können. Um zu überleben, dissoziieren sie (lat. *dissociare* [vereinzeln, trennen]). Das bedeutet: Sie beamen sich samt Traumageschehen weg. Du kannst dir das so vorstellen, als ob es im Gehirn einen engen Schlitz gäbe. Wie bei einer Spardose. Durch diesen wird das schlimme Erlebnis durchgeschoben. So ist es weg, aber eben nur scheinbar. Erinnerungen an solche Erfahrungen, die sich nun auf der anderen Seite des Schlitzes befinden, sind nur schwer zugänglich. An ihre Stelle tritt eine Leere – quasi ein schwarzes Loch.

Menschen, die ein Trauma erlebt haben und dissoziieren, haben keine Erinnerung mehr an das traumatische Erlebnis, aber an das schwarze Loch. Und da schwarze Löcher wiederum nicht gut auszuhalten sind, werden sie gefüllt. Wenn ich meine Mutter frage: »Sag mal, wie war das denn mit deiner Flucht als Kind aus Ostpreußen und mit den Jahren im Lager in Dänemark?«, dann antwortet sie: »Och, das war nicht so schlimm. Uns ging es eigentlich gut. Wir haben uns über eine Erdbeere gefreut!« Aus meinen persönlichen Recherchen der Kriegsvergangenheit meiner Eltern und Großeltern weiß ich jedoch, dass meine Mutter sowohl auf der Flucht als auch im Flüchtlingslager Katastrophales erlebt haben muss. Aber diese Generation durfte nicht darüber reden, wie schlimm es für sie gewesen ist. »Hör auf zu heulen, und sei froh, dass du überlebt hast!«, lauteten die Antworten der Mütter. Denn die Väter waren ja tot, in Kriegsgefangenschaft oder selbst schwer traumatisiert. Als für den Tod von Millionen von Menschen verantwortliches Volk durfte niemand jammern. Auch nicht die Kinder. Obwohl darüber zu sprechen zumindest der kleinen Kinderseele ein wenig geholfen hätte, die schlimmen Erlebnisse zu verarbeiten.

LEG DEN UNSICHTBAREN STAFFELSTAB ZUR SEITE, UND LEBE DEIN LEBEN

Die Kinder dieser Kriegskinder werden übrigens als »Kriegsenkel« bezeichnet.[36] Das sind wir. Also du und ich und Sabine und Verena und Petra und Margit. Typische Frauennamen unserer Generation. Wir gehören in der Regel zu den geburtenstarken Jahrgängen zwischen 1960 und 1975 und stehen in der Mitte unseres Lebens. Inzwischen zeigen Forschungen der Psychologie sowie der Humangenetik, dass sich unverarbeitete Traumatisierungen auf Nachfolgegenerationen auswirken können. So ist es möglich, dass wir von Ereignissen belastet sein können, ohne diese selbst erlebt zu haben.[37] Wie ein unsichtbarer Staffelstab, der von Generation zu Generation weitergegeben wird.[38]

Aber wie wird nun dieser unsichtbare Staffelstab weitergegeben? Wie werden die Gefühle, die unsere Eltern damals erlebt haben, zu unseren eigenen? Ganz einfach: über Resonanz. Resonanz ist der wichtigste Faktor, der die unbewusste Weitergabe des Traumas ermöglicht.

Ich gebe dir mal ein Beispiel. Bestimmt kennst du das auch, wenn du jemandem begegnest und du relativ schnell spürst, ob diese Person angespannt ist. Meist passiert dann auch bei dir etwas: Du fühlst dich ebenfalls plötzlich nicht mehr ganz so relaxt. Das Gefühl der Anspannung überträgt sich auf dich, wenn auch nicht in der vollen Stärke. Dieser Prozess ist gut untersucht und erfolgt im Gehirn über spezialisierte Hirnzellen, die »Spiegelneuronen« genannt werden. Hattest du schon einmal Lampenfieber? Ich schon, kurz vor einem Auftritt vor vielen hundert Menschen. Mein Kollege und ich hatten einen Raum, in dem wir uns aufhalten konnten. Unruhig lief ich hin und her, bis mein Kollege genervt aufsprang und mir sagte, dass ich ihn langsam selbst ganz kirre machen würde. Auch er bekam plötzlich Lampenfieber, obwohl er das in der Regel nicht hat.

Und genau so funktioniert das mit der Übertragung des Traumas. Kinder spüren bei ihren Eltern quasi ein Geheimnis (das sich aber auf der anderen Seite des Schlitzes befindet und durch ein schwarzes Loch kompensiert wurde) und strengen sich aufgrund dessen besonders an, diesem auf den Grund zu gehen. Dabei entwickeln sie besondere Antennen und nehmen die Gefühle, selbst Gefühlsnuancen wahr. Irgendwann können die Kinder es nicht mehr unterscheiden, wo es herkommt, und die Gefühle der anderen werden durch die Resonanz zu den eigenen. Die Eltern selbst empfinden diese Gefühle jedoch nicht, eben weil diese abgespalten sind. Es heißt ja immer, die Zeit heile alle Wunden. Dem ist bei einem Trauma nicht wirklich so. Die Zeit heilt keine Wunden. Sie bewirkt aber, dass die schwarzen Löcher überwuchert werden und sich ein schützender Mantel aus Laub und auch Unkraut des Alltags über sie legt.

Dem Therapeuten-Ehepaar Dr. Udo Baer und Dr. Gabriele Frick-Baer zufolge zeigt sich der unsichtbare Staffelstab, den wir von unseren Eltern übernommen haben, neben anderen Verhaltensauffälligkeiten vor allem in einer eingeschränkten Fähigkeit, Bedürfnisse anzumelden und unsere Wünsche und Sehnsüchte genussvoll auszuleben.[39] Wobei wir wieder bei diesem Buch und seinem Titel Vorwärts heißt zurück zu mir angekommen sind.

Du siehst, auch in puncto »Energietöpfchen Familie« ist das Ganze mehr als nur die Summe seiner Teile. Und zwar deutlich mehr als nur familiäre Glaubenssätze und Wertesysteme. Wir alle haben verschiedene unsichtbare Staffelstäbe überreicht bekommen, die wir durchaus in einem therapeutischen Prozess bearbeiten könnten.[40] Wenn wir es denn wollen. Ich persönlich habe mich dazu entschlossen, bis in eine gewisse Tiefe zu wissen, was meine Eltern damals erlebt haben, dass ich aber nicht mehr tiefer graben möchte. Durch meine Recherchen vor allem zur Kindheit meiner Mutter tauchen in ihr immer wieder bruchstückhafte Erinnerungen auf. Aber ehrlich gesagt bin ich mir inzwischen bewusst geworden, dass ich als Tochter nicht das Recht habe, so tief zu wühlen.

Die Generation unserer Eltern wurde geboren, um die Trümmer des Krieges zur Seite zu räumen und Deutschland wiederaufzubauen. Unsere Generation – die in der Mitte ihres Lebens – wurde geboren, um die zahlreichen seelischen Trümmer zur Seite zu räumen. Und unsere Kinder? Diese wurden geboren, um ihr Leben zu leben. Und genau das dürfen wir unserer Nachfolgegeneration ermöglichen. Das geht aber nur, wenn wir in uns »aufräumen« und damit beginnen, unser eigenes Leben zu leben. Sei dir sicher, diese Klarheit wird dann ebenfalls über Resonanz an die Nachfolgegeneration weitergegeben. Was kann es Schöneres geben? Lasst uns diese »ansteckende Gesundheit« leben!

Die Therapeutin Ingrid Meyer-Legrand drückt es in ihrem Buch *Die Kraft der Kriegsenkel* wie folgt aus: »Ein krummer Weg ist noch lange keine komplizierte Persönlichkeit!«[41] Und mahnt dazu aber ganz leise, nicht alle Erklärungen für den Ist-Zustand in der Vergangenheit zu suchen. In uns Kriegsenkeln samt unseren kunterbunten und auch häufig sehr krummen Wegen steckt nämlich auch eine unbändige Kraft, die wir nutzen sollten, um unser Leben selbstbestimmt zu gestalten.

Meinen unsichtbaren Familien-Staffelstab habe ich daher vor einiger Zeit respektvoll in einen Karton gepackt und in mein Seelenregal gestellt. Wenn ich eines Tages wieder Lust habe und neugierig bin, kann ich den Staffelstabkarton ja jederzeit hervorholen und mich weiter auf diese Entdeckungsreise in die Kindheit meiner Eltern machen. Auch das ist Selbstbestimmung.

Falls deine Eltern erst nach dem Zweiten Weltkrieg in die Zeit des Wirtschaftswunders hineingeboren wurden, so gilt auch für sie, dass sie unsichtbare Staffelstäbe von ihren Eltern und Großeltern mitbekommen haben. Es handelt sich allerdings um eine Generation, die sich wie kaum eine andere der Arbeit und der Leistungsbereitschaft verschrieben und daher ihren Kindern ganz besondere Glaubenssätze vor allem in Sachen »Leistung« mit auf den Weg gegeben hat: »Wer rastet, der rostet!«, »Ohne Fleiß kein Preis«, »Erst die Arbeit, dann das Vergnügen«, »Sei ein braves Kind, und leiste was!« – Sätze, die du allesamt auf den Prüfstand stellen solltest, ob sie für das heutige Weltgeschehen und unsere Gesellschaft und vor allem für dich noch gültig sind. Falls nicht: ab damit in den Mülleimer. Das Seelenregal hat nur noch freie Plätze für erinnerungswürdige Dinge.

Wenn deine Neugier nun geweckt ist, empfehle ich dir eine Reise in die inzwischen umfassende Literatur der Kriegskinder und -enkel. Eine spannende Reise, die durchaus tränenreich sein kann, dir aber Erkenntnisse und Einsichten schenken wird, die dich vor allem innerlich reifen lassen und durch die du klarer für dich wirst. Was nicht unbedingt »ruhiger« bedeutet. Denn die kommenden Jahre dürfen gerne quirlig werden. Wenn du es denn so willst.

VOR DEM PLAN IST NACH DEM PLAN

Der Alltags-Tsunami rollt im Jahresverlauf auch über mich hinweg, und so stelle ich mich mindestens einmal im Jahr der Aufgabe, mich wieder aus seiner Umklammerung zu befreien. Dafür verabrede ich mich wie gesagt einmal jährlich im Rahmen der Rauhnächte zu einem Rendezvous mit mir selbst. Um mich wieder einzufangen, mir Orientierung zu schenken und meinen persönlichen Plan vom Glück weiterzuentwickeln. Zur Erinnerung: Die Rauhnächte sind die Zeit zwischen den Jahren, zwischen dem ersten Weihnachtsfeier- und dem Dreikönigstag. Dort habe ich Zeit und Ruhe, um mir ziemlich passgenau die richtigen Fragen zu den wichtigsten Themen eines selbstbestimmten Lebens zu stellen. So entwickle ich mich Jahr für Jahr weiter. In meinem Tempo. Jede Schleife ist wertvoll und kostbar und bringt mich ein Stück voran meinem Kern entgegen. Und so kann ich heute für mich sagen: Ich habe niemals je zuvor ein glücklicheres und zufriedeneres Leben geführt.

DU BIST DRAN

ICH HABE EINE ALLERLETZTE FRAGE FÜR DICH

Welche Frage müsste ich dir stellen, damit du in das nächste Geschäft springst, um dir einen wirklich schönen und zu dir passenden »Vorwärts-zurück-zu-mir«-Lippenstift zu kaufen? Denk mal drüber nach ...

Ein einziger Tisch war auf der Terrasse vor der Hütte noch frei. Als ob er auf uns gewartet hätte, mit unverstelltem Blick auf das einzigartige Panorama. »Ich glaub, ich gönne mir erst mal ein kühles Radler!« Der Aperol Spritz würde sicher gleich auch noch Platz haben. Der Weg nach oben hatte mich durstig gemacht.

Sabine ließ ihren Blick über die Landschaft gleiten: »Schaut mal, wie klar von hier oben alles zu erkennen ist. Ah, da drüben ist der Turm! Den hätte ich jetzt etwas weiter östlich vermutet. Du hast recht, der gibt echt Orientierung!«

»Das ist das, was ich den Coachees immer mit auf den Weg gebe. Sie sollen sich für ihre Vorhaben Erinnerungsanker für den Alltag schaffen, die ihnen außerdem auch als Orientierung dienen. Sonst kommt der Alltag, und schwups, sind all die guten Vorsätze und Pläne wieder zur Seite geschoben. Also mir persönlich hat mein Bommelmützen-Foto im Coaching-Raum geholfen. Wobei ich in-

zwischen das Gefühl habe, dass ich es jetzt langsam mal abnehmen kann. Platz für Neues schaffen.«

»Ich denke gerade noch mal über dein Buch nach.« Verena wandte sich mir zu. »Ich glaube, es ist echt wichtig, in aller Klarheit auszudrücken, dass wir Frauen auch selbst unser ›Lieblingsmensch‹ sein und uns ganz legitim in den Mittelpunkt stellen dürfen. Dinge einfach mal ausprobieren und auch mal was Neues trauen. So wie du mit deinem Wohnmobiltrip durch England. Da hätte ich übrigens auch Lust drauf.«

»Na dann!? Dann sollten wir in die Planung gehen. Schottland ruft nach Wiederholung! Wobei Norwegen mit euch auch etwas hätte!«

Wir erhoben unsere Gläser und stießen darauf an. Ich genoss das vertraute Zusammensein mit den beiden. Die herrliche Aussicht auf meine Heimat und auf das soeben beschlossene Vorhaben war das Sahnehäubchen des Tages. Ganz gewiss würde dieser Augenblick einen schönen Platz in meinem inneren Fotoalbum meiner Glücksmomente finden.

»Mädels, war das ein schöner Tag mit euch! Wobei sich mal wieder gezeigt hat, dass Arbeit und Vergnügen doch sehr gut zusammenpassen!«

Sabine gab das Signal, dass es wohl Zeit zum Aufbruch wäre. »Was meint ihr, wollen wir wieder los?«

Die Luft war angenehm und etwas kühler als beim Aufstieg. Die Sonne verabschiedete sich langsam am Horizont, aber es würde noch lange hell sein. Ich nahm einen tiefen Atemzug, hob den Kopf, lächelte zuerst meinen Hund und dann meine Mädels an. »Dann würde ich mal sagen: Los geht's! Vorwärts! Zurück zu mir!«

Ein sehr, sehr kurzes Nachwort

Treffen sich eine rote Bommelmütze und eine schwarze »Happiness-is-the-best-Make-up«-Mütze in einem Karton. Fragt die eine die andere: »Hast du gesehen, ob sie wieder Lippenstift aufgetragen hat?« Sagt die andere: »Ich glaube, ja! Sie hat davon gesprochen, mit ihrem Wohnmobil nach Frankreich loszufahren – sie will sich dort mal eine Baskenmütze anschauen, ob die was für sie wäre.«

Danke buchstabiert man nicht, danke fühlt man

Danke an meinen Lieblingsmenschen Mika: Der Moment in den Dünen von Calais und deine beruhigenden Worte im Wohnmobil am nächsten Morgen werde ich für immer in meinem Herzen tragen. Sie zählen zu den schönsten und glücklichsten Augenblicken in meinem Leben.

Danke an meine Eltern: Es streichelt meine Seele, dass ihr so viel Freude daran habt, wie gut mir mein neuer Lebensabschnitt als Wohnmobil-Frau und Hundegefährtin gefällt.

Danke an Luke: Du bist der Gefährte an meiner Seite, der mit mir durch dick und dünn geht. Manchmal sogar im wahrsten Sinne des Wortes.

Danke an meine Freundinnen Sabine, Verena, Elke, Ruth, Katja, Tanja, Petra, Pam, Anne, Ulla, Myri, Alice, Bitschi, Su, Micky, Karin, Isabel: dafür, dass ihr die »einsame Wölfin« in mir akzeptiert und mich trotzdem oder gerade deswegen seit so vielen Jahren auf meinem Weg begleitet. Danken möchte ich freilich auch noch meinen weltbesten Freunden Thomas und Lutz: Ohne euch wäre mein Leben weniger bunt.

Danke an Katja und Michael: Eure Hochzeit am Strand von Brouwersdam hat mich nicht nur meine Liebe zu den Niederlanden entdecken lassen. Euer Wohnwagen im charmanten Stil der Achtzigerjahre war der Einstieg in mein Leben als Wohnmobil-Fan und die Neudefinition eines nicht hinterfragten Glaubenssatzes: »Doch! Genau so gestalte ich meinen Urlaub!«

Danke an Silke und Ralf: Ich bin mir immer noch nicht sicher, ob ihr die Brombeer-Tattoos nicht gesehen oder aus Freude an meiner Wohnmobil-Begeisterung mit einem Augenzwinkern großzügig übersehen habt.

Danke an Sabrina Haja: Du bist die weltbeste Literaturagentin. Falls du Lust auf eine neue Freundin haben solltest, so weißt du ja, wie du mich erreichen kannst.

Danke an meine fantastische Lektorin Claudia Bitz: für das gemeinsame Entwickeln und Wälzen von Ideen, den sehr coolen Wortwitz und den Freiraum, den Sie mir beim Schreiben meines Herzensbuches geschenkt haben.

Danke an Ralf Lay: für die wertvolle redaktionelle Arbeit und dafür, dass Sie es so gut verstanden haben, mich, mein Wesen und meinen Schreibstil zu unterstreichen und meinen Blick auf Wesentliches zu lenken.

Danke an alle Frauen, die dieses Buch lesen: Tragt es raus in eure Welt, und macht sie so, wie sie euch gefällt.

Und zu guter Letzt auch noch ein *Danke* an mich selbst: Sich selbst zu danken bedeutet, die eigene Leistung und das persönliche Engagement auf ganzer Linie anzuerkennen und als nicht selbstverständlich wertzuschätzen. »Gut gemacht, Tanja! Vorwärts heißt zurück zu dir!«

Anhang

VERZEICHNIS DER ÜBUNGEN

ARBEITE MIT MIR – ANGEBOT FÜR DEINE PERSÖNLICHE ENTWICKLUNG

Das Buch zu lesen und dir die Inhalte alleine oder mit deinen Freundinnen zu erarbeiten, ist das eine. Das andere ist die Unterstützung und phasenweise Begleitung durch einen Profi. Auf meiner Autoren-Webseite www.die-tanja-koehler.de findest du einen bunten Blumenstrauß an begleitenden Angeboten: zum Beispiel fokussierte Online-Kurzseminare zur Vertiefung der im Buch genannten systemischen Methoden, Angebote zur Supervision und Einzel-Coachings sowie ein »Schwarzes Brett« für den Fall, dass du auf der Suche nach Gleichgesinnten bist und dich gerne mit anderen austauschen möchtest. Gerne bin ich an deiner Seite und freue mich über deine Kontaktaufnahme.

Den Download für die »Kerzenschein-Methode« findest du übrigens auf meiner Website unter
www.die-tanja-koehler.de/vorwaerts-methoden

LITERATURTIPPS

Dobelli, Rolf: *Die Kunst des klaren Denkens. 52 Denkfehler, die Sie besser anderen überlassen*, München 2021 (Neuausgabe komplett überarbeitet, mit großem Workbook-Teil)

Köhler, Tanja. *Rauhnächte – 12 Tage nur für dich. Klarheit schaffen, loslassen und Neues wagen*, München 2023

Levine, Peter A.: *Trauma und Gedächtnis. Die Spuren unserer Erinnerung in Körper und Gehirn. Wie wir traumatische Erfahrungen verstehen und verarbeiten*, München 2016

Rauwald, Marianne: *Vererbte Wunden. Transgenerationale Weitergabe traumatischer Erfahrungen*, Weinheim 2020

Reichhart, Tatjana / Pusch, Claudia: *Selbstbestimmt. Wie wir mit Erwartungen umgehen und ein authentisches Leben führen*, München 2022

Scheuermann, Ulrike: *SELF CARE – Du bist wertvoll. Das Selbstfürsorge-Programm*, München 2019

Van den Boom, Maike: *Wo geht's denn hier zum Glück? Meine Reise durch die 13 glücklichsten Länder der Welt und was wir von ihnen lernen können*, Frankfurt am Main, 4. Auflage 2015

Vollmer, Klaus: *Perspektivenwechsel als Methode: Strategien, Tools und Übungen zur Persönlichkeitsentwicklung*, Weinheim 2019

Wolynn, Marc: *Dieser Schmerz ist nicht meiner. Wie wir uns mit dem seelischen Erbe unserer Familie aussöhnen*, München 2017

ANMERKUNGEN

1 Vgl. Weber, Simon: »Wie Geschichten wirken – Grundzüge narrativer Psychologie«, in: Chlopczyk, Jacques: Beyond Storytelling: *Narrative Ansätze und die Arbeit mit Geschichten in Organisationen*, Berlin/Heidelberg 2017

2 Kindl-Beilfuß, Carmen: *Fragen können wie Küsse schmecken. Systemische Fragetechniken für Anfänger und Fortgeschrittene*, Heidelberg, 10. Auflage 2021

3 Ich war durchaus ein wenig amüsiert, als ich während der Recherche zu diesem Buch auf einen Hinweis stieß, der Erfinder der Methode Bullet Journal solle der New Yorker Designer Ryder Carroll sein. Ich denke, der Titel »Erfinder« ist etwas hochgegriffen, weil sich viele Menschen seit Jahren auf eine ganz eigene Art und Weise organisieren. Manches macht man einfach intuitiv richtig. Allerdings war Carroll wohl der Erste, der auf die Idee gekommen ist, diese großartige Methode auch für andere zugänglich zu machen und als Buch zu veröffentlichen.
Carroll, Ryder: *Die Bullet-Journal-Methode. Verstehe deine Vergangenheit, ordne deine Gegenwart, gestalte deine Zukunft*, Reinbek 2018

4 Vgl. Seligman, Martin: *Flourish – Wie Menschen aufblühen. Die Positive Psychologie des gelingenden Lebens*, München 2012

5 Vgl. ebenda

6 Vgl. Van den Boom, Maike: *Wo geht's denn hier zum Glück? Meine Reise durch die 13 glücklichsten Länder der Welt und was wir von ihnen lernen können*, Frankfurt am Main, 4. Auflage 2015

7 Vgl. z. B. Esch, Tobias: »The ABC Model of Happiness – Neurobiological Aspects of Motivation and Positive Mood, and Their Dynamic Changes through Practice, the Course of Life«, in: *Biology* 2022, 11 (6): 843

8 Art. 2 Abs. 1 GG

9 Vgl. Hagen, Norbert: »Der Lippenstift-Effekt: So hängen Kosmetik, Konjunktur und Kurssteigerungen bei Aktien zusammen«, in: dasinvestment.com, 18.05.2016 [Zugriff: 24.05.2023]; Hill, Sarah E. / Rodeheffer, Christopher D. / Griskevicius, Vladas / Durante, Kristina / White, Andrew E.: »Boosting beauty in an economic decline. Mating, spending, and the lipstick effect«, in: *Journal of Personality and Social Psychology*, 28.05.2012, 103: 275–291

10 Rauen, Christopher: *Coaching. Innovative Konzepte im Vergleich*, Göttingen, 2. Auflage 2001
Christopher Rauen ist unter anderem Gründungsmitglied und inzwischen Vorstandsvorsitzender des Deutschen Bundesverbandes Coaching e. V. und außerdem Herausgeber des Coaching-Magazins.

11 Vgl. Adegoke, Yomi: »Impostor syndrome is a response to a world that doesn't believe in women«, in: *theguardian.com*, 17.07.2019 [Zugriff: 09.03.2023]

12 Vgl. Buenaventura, Barbara: »Impostor-Phänomen: Bin ich insgeheim ein Hochstapler?«, in *nationalgeographic.de*, 02.06.2021 [Zugriff: 19.05.2023];
Weinard, David: »Hochstapler-Syndrom. Wenn Menschen ihre eigenen Erfolge nicht schätzen können – und was man dagegen tun kann«, in: *stern.de*, 16.10.2019 [Zugriff: 19.05.2023]

13 Es sind vor allem diejenigen Menschen, die mit ihrem Budget eng haushalten müssen, die mehr Geld glücklicher macht. Bei ihnen zeigt sich nämlich der größte Nutzen, da der größere finanzielle Spielraum mit einem Gefühl von mehr Selbstbestimmtheit einhergeht. Dass mehr Geld allerdings immer mit einem höheren Glücksempfinden einhergeht, wurde jüngst in einer Studie widerlegt. Bei einer Minderheit nimmt ab einem Jahreseinkommen von 100 000 US-Dollar das Glücksempfinden nicht mehr zu. Zudem befinden sich in jeder Einkommensgruppe 15 bis 20 Prozent Menschen, die chronisch unzufrieden sind. Bei ihnen hellt sich weder die Stimmung auf noch steigert sich ihr Wohlbefinden, wenn ihr Einkommen steigen würde.
Fazit: Vgl. Killingsworth, Matthew A. / Kahnemann, Daniel / Mellers, Barbara: »Income and emotional well-being: A conflict resolved«, in: *PNAS*, 01.03.2023, Vol. 120 (10): e2208661120 [Zugriff: 19.05.2023]

14 Vgl. zur Herkunft und Entwicklung des Gelassenheitsgebets z. B. auch Württembergische Landesbibliothek: »Gelassenheitsgebet«, auf: *wlb-stuttgart.de,* 08.10.2020 [Zugriff: 24.05.2023]

15 Vgl. z. B. Buzan, Tony / Buzan, Barry: *Das Mind-Map Buch. Die beste Methode zur Steigerung Ihres geistigen Potenzials*, München 2013

16 Vgl. dazu auch z. B. Lieb, Hans: »Veränderung aus systemtheoretischer Sicht. Unveröffentlichte Manuskripte von Dr. Hans Lieb«, in: *www.hans-lieb.de* [Zugriff: 10.03.2023]; Dr. Hans Lieb ist Lehrtherapeut des Instituts für Familientherapie in Weinheim.

17 Vgl. Levitt, Steven D.: »Heads or Tails. The Impact of a Coin Toss on Major Life Decisions and Subsequent Happiness«, in: *The Review of Economic Studies* 2021, 88 (1): 378–405, nber.org [Zugriff: 24.05.2023]

18 Vgl. z. B. https://www.bucketlist.net/ [Zugriff: 08.06.2023]

19 Die Arbeit mit der Timeline geht bis in die Siebzigerjahre zurück. Breiteren Einsatz fand die Technik dann ab den Achtzigern durch den Hypnotherapeuten Tad James. Er entwickelte die Timeline-Therapie gemeinsam mit dem NLP-Trainer Wyatt Woodsmall.

20 Wenn ein Flugzeug von Mailand nach Berlin fliegt, dann sind das circa tausend Kilometer. Wenn auch dieses Flugzeug eine Abweichung von sechs Winkelgrad auf seinem Weg hätte, dann würde es nicht weit entfernt von Magdeburg oder bei Frankfurt an der Oder landen. Gewiss, beides sind schöne Städte, aber ungefähr tausend Kilometer weit weg vom eigentlichen Ziel, dem Berliner Flughafen.

21 Meine Empfehlung dazu, falls du es nicht schon kennst: Sick, Helma / Schmidt, Renate: *Ein Mann ist keine Altersvorsorge. Warum finanzielle Unabhängigkeit für Frauen so wichtig ist*, München 2015

22 Lionni, Leo: *Frederick*, Weinheim 1967/2003

23 Vgl. Scheuermann, Ulrike: *Freunde machen gesund. Die Nummer 1 für ein langes Leben: deine Sozialkontakte*, München 2021;
Vgl. auch Holt-Lunstad, Julianne / Smith, Timothy B. / Layton, Bradley J.: »Social Relationships and Mortality Risk. A Meta-analytic Review«, in: *PLOS Medicine* 7 (7), 27.07.2010 [Zugriff: 28.05.2023]

24 Vgl. Hall, Jeffrey A.: »How many hours does it take to make a friend?«, in: *Journal of Social and Personal Relationships* 03/2018, 36 (4) [Zugriff: 23.05.2023]

25 Lieb, Hans: »Krise – Herausforderung und Chance«, in: *Systema* 1/2009, 23. Jahrgang, S. 25–39
https://www.ifw-mitgliederverein.de/files/mitgliederverein/systhema/2009/1_2009/Sys_1_2009_Lieb.pdf [Zugriff: 20.05.2023]

26 Seligman: Flourish, a. a. O.

27 Vgl. Storch, Maja: *Das Geheimnis kluger Entscheidungen. Von Bauchgefühl und Körpersignalen*, München 2011;
Storch, Maja: »Besser entscheiden: Mit Kopf und Bauch«, in: https://www.majastorch.de/wp-content/uploads/2020/04/BESSER__ENTSCHEIDEN__MIT_KOPF__UND_BAUCH_.pdf [Zugriff: 20.05.2023]

28 Vgl. Welch, Suzy: *10:10:10. 10 Minuten, 10 Monate, 10 Jahre. Die neue Zauberformel für intelligente Lebensentscheidungen*, München 2009

29 Vgl. Vargavon Kibéd, Matthias / Sparrer, Insa: *Ganz im Gegenteil. Tetralemmaarbeit und andere Grundformen Systemischer Strukturaufstellungen – für Querdenker und solche, die es werden wollen*, Heidelberg 2009

30 Siehe https://www.youtube.com/watch?v=RHDCF3WV-kQ [Zugriff: 08.05.2023]

31 Siehe https://www.youtube.com/watch?v=C3NbRKB8aWw[Zugriff: 08.06.2023]

32 Sabine Bode bei »Kriegsenkel – wie wir den Krieg bis heute spüren«, Minute 12:30 in: *phoenix Runde* 07.05.2015 (abrufbar auf YouTube) [Zugriff: 19.06.23]

33 Bode, Sabine: *Die vergessene Generation. Die Kriegskinder brechen ihr Schweigen*, Stuttgart 2015

34 Vgl. z. B. Herzog, J. I. / Schmahl, C.: »Adverse childhood experiences and the consequences on neurobiological, psychosocial, and somatic conditions across the lifespan«, in: *Frontiers in Psychiatry* 2018, 9: 420

35 Vgl. Meyer-Legrand, Ingrid: *Die Kraft der Kriegsenkel. Wie Kriegsenkel heute ihr biografisches Erbe erkennen und nutzen*, Berlin 2016, S. 57, darin Verweis auf Stambolis, Barbara: *Kriegskinder. Zwischen Hitlerjugend und Nachkriegsalltag*, Münster 2006

36 Tipp: Der gemeinnützige Verein Kriegsenkel e. V. bietet auf seiner Internetseite www.kriegsenkel.de eine Übersicht über Literatur und veranstaltet rund um das Thema »Kriegsenkel« Seminare, Vorträge und Tagungen [Zugriff: 08.06.2023].

37 Das Max-Planck-Institut forscht seit vielen Jahren dazu. Siehe z. B. https://www.mpg.de/13846531/traumata-hinterlassen-epigenetische-spuren; https://www.mpg.de/11396064/epigenetik-vererbung; https://www.wipub.net/epigenetik-koennen-traumata-vererbt-werden/#_ftn5 [Zugriff: 28.05.2023]

38 Vgl. Rauwald, Marianne: *Vererbte Wunden. Transgenerationale Weitergabe traumatischer Erfahrungen*, Weinheim 2020; Wolynn, Marc: *Dieser Schmerz ist nicht meiner. Wie wir uns mit dem seelischen Erbe unserer Familie aussöhnen*, München 2017

39 Vgl. zum Beispiel Baer, Udo / Frick-Baer, Gabriele: *Kriegserbe in der Seele. Was Kindern und Enkeln der Kriegsgeneration wirklich hilft*, Weinheim 2015, S. 42 ff.

40 Van der Kolk, Bessel: *Das Trauma in dir. Wie der Körper den Schrecken festhält und wie wir heilen können*, Berlin 2023

41 Meyer-Legrand, a. a. O., S. 167